Collana

messaggi per l'anima

Nandra Schilirò

# IMMORTALI

*indagini in altri mondi*

Anima Edizioni

Immagine di copertina: AdobeStock_Denis Agati



Direzione: Jonathan Falcone
Redazione: Rossana Saullo
Amministrazione: Loredana Brondin
Impaginazione: Emanuele Bellisario

ANIMA s.r.l.
C.so Magenta, 83 – 20123 Milano
e-mail: redazione@animaedizioni.it
www.animaedizioni.it

I edizione Anima, gennaio 2025
Ristampe: feb. 2025

Tipografia Italgrafica
via Verbano, 146
28100 Novara

# Introduzione

*Per risvegliarsi alla gioia,*
*bisogna prima morire e poi*
*accogliere l'Amore, che ti schiude*
*il non tempo e ti restituisce a te stesso.*

Pensare di potersi evolvere e di aiutare gli altri senza prima aver superato l'inferno è come illudersi di essere un filantropo perché si è regalato un euro a un mendicante. Chi non sprofonda prima nel proprio dolore e lo perlustra come il corpo dell'amato o lo smonta come farebbe un bambino con un giocattolo, difficilmente troverà la forza di risalire, ancora più difficilmente avrà voglia di arrivare in cima e quasi mai di aiutare gli altri. Se non sei stato calpestato, offeso, denigrato, umiliato, deriso e diffamato, è improbabile che tu abbia il desiderio di scoprire chi sei, anche solo per far tremare il tuo nemico, facendogli vedere chi sei e portandolo a rimpiangere di averti sfidato.

Io sono stata all'inferno e l'inferno mi ha quasi ucciso. Sono stata il caso più disperato che abbia mai conosciuto e se lo Spirito prima e l'Amore poi mi hanno salvato, significa che tutti, in potenza, possono aspirare alla stessa sorte. Le parole Spirito e Amore sono solo due facce della stessa moneta e nel capitolo conclusivo capirete perché scrivo Amore con la "a" maiuscola. Solo l'Amore ci restituisce liberi a noi stessi. Liberi dai condizionamenti, dai giudizi – nostri e degli altri – dalle ferite, dalle paure, da ogni insicurezza e di questo vi darò prova soprattutto nell'ultima parte di questo libro, quando racconterò la storia di una quasi cinquantenne che ha riconosciuto il suo Amore, nonostante fossero trascorsi molti secoli dal loro primo incontro.

Ho sentito spesso affermare che siamo tutti medium, ma non ho mai conosciuto nessuno in grado di spiegare come attivare questi presunti poteri medianici. Il mio potrebbe essere un altro libro in cui qualcuno racconta le sue presunte canalizzazioni, portando anche delle prove, come testimonianze e previsioni sul futuro che si sono poi verificate.

Quasi tutto lo scibile umano è un insieme di parole già dette, per questo faccio sempre molta fatica a scrivere, perché vorrei evitare di raccontare fatti già narrati da altri. Ho deciso, perciò, di raccontarvi non solo com'è possibile che un avvocato prima e un dirigente di Polizia poi decida di farsi licenziare per laurearsi in psicologia clinica e occuparsi di spiritualità ma, soprattutto, di evidenziare quanto poco conosciamo noi stessi, le nostre origini, il senso di questa vita, del dolore, il mondo che ci circonda e il numero delle persone che possiedono poteri straordinari.

Nell'ultima parte, vi racconterò alcune delle storie di persone che definiremmo "normali", perché non svolgono nessuna professione legata all'occulto né si professano sensitivi, che però durante le sedute di risveglio evocativo ricevono messaggi da entità spirituali (o da entità di luce o guide o Maestri, all'invisibile non interessa il nome con cui ci rivolgiamo a loro) o parlano con qualche loro defunto trapassato o visitano mondi apparentemente inesistenti o viaggiano nel tempo e nello spazio, spostandosi in passati remoti come quello dell'antico Egitto o in epoche future, lontane da noi molti decenni.

In questo libro, troverete la sintesi di tutto quello che ho appreso dai risvegli evocativi che ho effettuato sugli altri in due anni di lavoro e su di me in un tempo molto più lungo. Non ha alcuna importanza sapere a chi appartengano quei racconti, visto che non si tratta di una gara al "canalizzatore" più capace o alla vita più strabiliante. A contare sono i messaggi, le parole usate, i simboli e come vi sentirete al termine di queste pagine.

Prima di iniziare a scriverle, ho atteso di arrivare a un numero rilevante di casi, ritenendo di dover prima superare le mille sedute di risveglio evocativo. Io stessa mi sottopongo con regolarità a queste sedute, perché i benefici che si manifestano nel lungo periodo sono eccezionali e non ho mai trovato nulla di simile, perciò non mi sono stupita quando ho scoperto che la CIA si è interessata anche di ipnosi regressiva e meditazione trascendentale, due componenti essenziali della tecnica principale che uso.

Uno dei miei sogni è quello di poter dare, un giorno, incontrovertibili prove scientifiche sui benefici di tali pratiche spirituali e questo è uno dei motivi per cui mi sono laureata in psicologia clinica. Come si può pensare di occuparsi di Anima e spiritualità se prima non si conoscono almeno i rudimenti del nostro funzionamento cerebrale? Come si può ambire a vedere oltre, se non si è in grado neanche di comprendere la mente umana? Come fa una persona razionale a voler aiutare gli altri se prima non conosce almeno la maggior parte degli strumenti, utilizzati da molti decenni, per lenire le sofferenze dell'animo umano? Come si fa a distinguere un malato di mente da un mistico? Questi sono solo alcuni degli interrogativi che mi hanno spinto ad approfondire gli studi.

Per comprendere a fondo questo libro, inoltre, sarà necessario che abbandoniate la pura razionalità e vi affidiate anche al sentire. I più pensano troppo e non sentono. Qualcuno, spesso, mi dice: «il problema è che il mio sentire non è lo stesso degli altri ed entra in conflitto con tutto e tutti». Ecco dove sbagliamo. Del *sentire* non si parla! È intimo, e chi ci sta di fronte può solo *sentirlo*. Se ne parliamo, smette di essere sentire e diviene ragionamento. Per questo, in genere, non ci si capisce, perché si usa un unico canale comunicativo. Quasi tutti siamo squilibrati o lo siamo stati e, finché non capiremo cosa davvero significhi tornare in equilibrio, ci affideremo solo a una parte di noi, quella che può essere uno dei nostri limiti maggiori, quella esclusivamente razionale.

Da molti anni avrei voluto scrivere quanto leggerete, ma ora comprendo perché l'invisibile e la mia essenza mi sussurravano di aspettare. *Ancora non sai niente*, mi ripetevano i Maestri durante le mie prime sessioni di quella che anch'io, allora, chiamavo ipnosi regressiva e oggi comprendo quanto avessero ragione. La prima volta che ho incontrato l'invisibile ho pensato di essere impazzita e, dopo averlo confidato a uno psichiatra, non ne ho più parlato per diciassette anni. Anche di questo, vi racconterò e di tutte le prove di cui ho avuto bisogno, non per credere che siamo immortali, ma per scoprire chi siamo, qual è il senso di questa vita e come rendere piacevole il viaggio. Credo che l'intera mia vita sia stata una preparazione per ricordarmi come svolgere il lavoro per cui sono qui.

Ho iniziato la mia attuale professione a ottobre 2022 e, da allora, moltissime delle mie convinzioni sono crollate; ho scoperto mondi e dimensioni meravigliosi e ho capito sul serio cosa significa che l'unico viaggio davvero importante che tutti dovremmo compiere è quello dentro di noi. Ed è per questo che ora conosco il valore di condividere quanto appreso sulle nostre origini e sul motivo della nostra permanenza sulla Terra. "Ricercatore", è così che chiamo chi si sottopone a queste sedute, essendo desideroso di verità e, in primis, di passare dalla teoria alla pratica.

Conoscersi significa, innanzitutto, avere il coraggio di portare fuori tutto ciò che, restando chiuso in noi, diventa una palude e ci avvelena. Non siamo fatti per stare soli, né fermi, dunque, quello che stagna e viene relegato nei nostri abissi più profondi monta di rabbia. Ciò che non accettiamo della realtà, ciò che ci ha ferito, in genere, lo seppelliamo e, per smettere di sentire quel dolore, ci stacchiamo dalla nostra interiorità. Là dentro, tuttavia, non ci sono solo i nostri traumi e quello che non ci piace, ma anche i nostri talenti, la nostra essenza, quella scintilla divina che resta soffocata da tutte le esperienze che, rifiutandoci di analizzare, diventano macigni che sbarrano la strada alla conoscenza di sé. Bisogna fare spazio al proprio interno per far brillare quella luce che abbiamo dimenticato di possedere.

In queste pagine, ho deciso di racchiudere tutto ciò che non mi aspettavo di scoprire con il mio nuovo lavoro. Sapevo che molte persone avrebbero superato problemi che si portavano dietro da molti anni e che non erano riuscite a risolvere con nessuna delle tante strade intraprese (Brian Weiss lo aveva già illustrato molto bene), quello che mi ha sorpreso, invece, sono stati gli incontri, i messaggi, le previsioni sul futuro e i posti più incredibili che si possano immaginare. Tante storie, molte analogie, innumerevoli mondi da esplorare, ma soprattutto una conoscenza che non è ripetizione di contenuto di altri testi, ma pura sperimentazione pratica. Un sapere che, con la sola ragione e con la pura teoria, resterebbe inaccessibile.

Non mi interessa se quello che racconterò sarà considerato pura fantasia o realtà. Credo sia importante offrire anche solo la possibilità di aprire una porta su un mondo sconosciuto, che sta fuori e dentro di noi, perché "oltre" e "dentro", così come "inizio" e "fine", coincidono, esattamente come hanno insegnato i grandi iniziati della storia, tra cui Ermete Trismegisto e Giordano Bruno, come ha documentato persino la CIA, e lo vedremo nelle prossime pagine.

# PARTE I

# 1. Lasciare il prestigio sociale per un mestiere senza nome

Io sono stata il caso più disperato che abbia mai conosciuto e avendo lavorato alla squadra mobile di Roma di casi disperati ne ho visti tanti, ma nessuno aveva fatto della forza di volontà il suo unico dio. La forza di volontà è un impulso feroce, che può anche uccidere, basti pensare alle anoressiche, che ci muoiono per troppa forza di volontà. Se lo Spirito (o Assoluto o Uno o Fonte o Dio o Invisibile o chiamatelo come vi pare) ha salvato me, che neanche lo meritavo, significa che può davvero tutto. Era il lontano 2005 quando ebbi la mia seconda esperienza fuori dal corpo ma, quella volta, si trattava di una *NDE* (*near death experience*) un'esperienza di premorte[1]. Come faccio a essere sicura che non si sia trattato di un sogno o di un'allucinazione? La mia certezza non deriva dal fatto di aver superato, ogni volta e in modo eccellente, tutti i test per valutare il mio stato mentale. Per scelta, infatti, mi sono sottoposta a tutte le prove riconosciute valide, visto che, avendo avuto da sempre grossissime difficoltà a inserirmi in questa società, che mi sembrava un guazzabuglio di folle stupidità, volevo essere sicura di essere sana di mente. È indubitabile, per me, che non si trattasse neanche di suggestione, non perché ho superato in maniera egregia anche i colloqui psicologici e le prove psicoattitudinali per entrare in Polizia, ma perché sono tornata da quell'esperienza totalmente guarita. Inoltre, molto di quello che ho vissuto non è possibile raccontarlo, perché mancano le parole per comunicare esperienze e sentimenti mai avvertiti prima, oltre che indimenticabili. Per di più, è come se durante quel viaggio fossi stata programmata con migliaia di informazioni che, piano piano, riaffiorano. Non ho mai sentito di una donna arrivata a pesare meno di trentasette chili, affetta da una grave forma di anoressia, ammalata di una broncopolmonite così forte da farle perdere i sensi che si risveglia sorridente e chiede di mangiare. Dopo quella esperienza, tornai completamente guarita dall'anoressia, che mi affliggeva da moltissimi anni, e, qualche giorno dopo, anche dalla broncopolmonite.

Dentro di me, sapevo da almeno ventisette anni cosa dovevo fare, dal mio primo incidente, ma la mente non era d'accordo con l'Anima, volevano due cose diverse, io però ero totalmente identificata con la personalità o ego di questa vita. E ciò è il principale meccanismo di difesa che ci rovina la vita. La mia mente aveva altri progetti per me, come quello di vendicarsi di tutte le ingiustizie subite (che non posso elencare ora altrimenti scriverei un'inutile enciclopedia, perché la maggior parte degli esseri umani si sente vittima di troppe ingiustizie, esattamente come mi sentivo io). Il tipico inganno della personalità per sprecare energie e non sentire il lieve sussurro di Anima.

Per vendicarsi, in genere, si sceglie una di queste due strade: diventare un fallito, sperando che i genitori muoiano per la vergogna, oppure essere un vincente, per dimostrare a mamma e papà che non hanno mai capito niente, soprattutto il nostro valore. Tutti i rapporti con il resto del mondo seguono una delle due direzioni. Naturalmente, io avevo scelto di diventare perfetta, una vincente in tutto e a ogni costo. Meglio morta che perdente. Mi sono dovuta schiantare mille volte per capire quanta follia ci fosse nel mio bisogno di primeggiare. Ero convinta che solo i primi e i migliori in ogni cosa potessero essere amati e che se io non lo ero significava soltanto che non ero abbastanza e, allora, se non fossi stata la più bella, la più intelligente, la più magra, la più simpatica, la numero uno in tutto, chi avrebbe mai potuto amarmi? Devo ringraziare i miei fallimenti e gli errori e le cadute se sono riuscita a uscire da quella disperata infelicità e dall'ansia che genera la continua competizione.

Anche se dopo l'esperienza del 2005 ero tornata completamente guarita dalla mia malattia e anche se per qualche anno ero stata molto bene, la situazione, poco tempo dopo, iniziò a precipitare di nuovo. L'invisibile, infatti, può salvarci diverse volte, com'è successo a me in tre occasioni, ma poi sta a noi restare in contatto con i piani alti! E quando ci disconnettiamo dalla nostra essenza (o bambino interiore o Anima o chiamatela come volete, purché ci intendiamo) ripiombiamo nella disperazione della materia. Si può vivere tutta la vita senza mai occuparsi di spiritualità ma, in questo modo, si rinuncia per sempre a quell'entusiasmo, a quella gioia, a quella pace, a quell'Amore e a quella forza che solo la connessione con l'Anima possono garantire. Scrivo Anima con la "a" maiuscola perché riconnettersi con essa vuol dire tornare a casa e tornare a casa significa tornare a essere Uno. Quando ritorniamo in connessione con la nostra essenza, infatti, automaticamente ci riconnettiamo con i mondi spirituali e con tutto ciò che esiste, perciò possiamo intuire qualsiasi cosa ed essere ovunque contemporaneamente. Non a caso, molti dei miei ricercatori mi ritrovano in Egitto o in uno dei mondi spirituali o nel Medioevo comprendendo perché hanno sempre provato un forte senso di familiarità con la sottoscritta, pur non conoscendomi apparentemente. Chi si rivolge a me non lo considero né un paziente né un cliente, ma un ricercatore di essenza e verità, come sono io.

Devo ringraziare chi mi ha licenziato tre volte in tre mesi perché altrimenti non avrei mai avuto il coraggio di fare il lavoro che la mia Anima voleva io facessi. Per chi non lo sapesse, sono stata licenziata due volte dalla Polizia (persino da già licenziata!) e una volta da un'azienda privata, in cui mi ero rifugiata. Naturalmente mi sono subito accorta che quell'ultimo non era il posto per me, ma non sapevo come uscirne e così ho chiesto aiuto all'invisibile, che è ciò che facevo sempre negli ultimi anni e che faccio tuttora, e dopo tre giorni è arrivato il licenziamento.

Può sembrare paradossale ma la via d'uscita dall'infelicità dilagante in questo mondo esiste ed è dentro di noi: conoscere o meglio ricordarsi chi si è significa evadere dai limiti dello spazio-tempo, del corpo, della pura razionalità e di questa Terra, scoprendo le proprie origini e il senso di questo viaggio. La porta d'uscita verso l'immensità è dentro di noi. Se non si comprende questo, nessun cambiamento, anche se voluto, produrrà mai effetti.

Molti pensano che occuparsi di psiche sia un lavoro provvisorio o un ripiego, ma non è un argomento su cui si può improvvisare. Giusto chi non conosce l'ambito può pensarlo. Se fosse così, però, non camperei di questo lavoro. Ho incontrato tanta gente che pensava di essere in missione per conto del Cielo ma che non riusciva a mantenersi neanche due giorni con il suo lavoro e, così, ho capito che se qualcuno è mosso da intenti di puro aiuto ed è davvero in missione per conto dell'invisibile non avrà mai problemi economici e che, anzi, avrà la sensazione che i soldi gli piovano dal cielo. Non nel senso che starà immobile e il suo conto in banca sarà rimpinguato da qualche sconosciuto, ma che facendo un lavoro che ama e, dunque, faticando a chiamarlo lavoro, avrà sempre di che vivere. Questa intuizione è stata poi confermata da uno dei miei tanti incontri con i Maestri, che non amano essere etichettati con titoli e nomi! I nomi, mi ripetono spesso, sono un limite tutto terrestre, tra loro non esiste competizione, né bisogno di essere riconosciuti. Se sei in missione per conto del Cielo, dunque, devi solo pensare a diffondere i messaggi che essi ti inviano. Non ti faranno mai perdere tempo a preoccuparti di cose materiali. Avrai sempre tutto ciò che ti serve per portare avanti il tuo compito. In genere, è quando arranchi che non sei sulla tua strada.

Per far capire perché un avvocato prima e un dirigente di Polizia poi lascia tutto, devo aprire una piccola parentesi sulla mia vita.

Io sono sempre stata attratta da tutto ciò che è invisibile. Da piccola, per esempio, chiedevo e mi interrogavo in continuazione su chi fossi. *Chi sono? Perché sono qui? Cos'è la morte?* Domande senza risposta si alternavano a un'ancestrale paura e a una implorazione. La preghiera era quella di farmi tornare a casa prima della fine della quinta elementare. Non era possibile che vivessi più a lungo in un pianeta a me così alieno! Mi sentivo lontana anni luce da tutte le strane creature che lo popolavano. Doveva esserci per forza qualcosa di sbagliato nel mio essere qui, su questa terra. E proprio dalla terra ero terrorizzata. Ero sicura, infatti, che se mi fossi addormentata, mi avrebbero sepolta viva, un'altra volta! Ai tempi, non sapevo che le vestali venissero sepolte vive, se solo infrangevano il voto di castità, ma sentivo che mi sarebbe toccata di nuovo quella sorte. Prima di addormentarmi, dunque, andavo in giro per la casa, ripetendo che andavo a dormire e pregando che, durante il sonno, non venissero a prendermi per seppellirmi. Non mi sentivo derisa solo per quella mia paura di essere sepolta viva, ma soprattutto perché andavo in giro volendo raccontare che cosa facevo prima di nascere. Iniziavo dicendo che vedevo tutto dall'alto per poi troncare, quando mi accorgevo che non venivo presa sul serio, dicendo che dentro la pancia di mamma guardavo i puffi alla televisione. Tutti ridevano divertiti e io pensavo di essere finita in un manicomio, di cui avevo precisa cognizione, essendo figlia di uno psichiatra che aveva lavorato anche con Basaglia. Sarà per questo che l'ho scelto, pensavo. Sembrava un po' più intelligente degli altri, da lontano. Crescendo poi ho capito che non viviamo in un manicomio, ma in uno *psicopenitenziario*.

In terza elementare, compresi che dovevo smettere di fare domande e iniziare a chiedere segni, parlando con l'invisibile. Dovevo avere dei segreti. Gli adulti erano troppo ciechi e sordi per aiutarmi. Neanche si accorgono che il figlio fa finta di dormire, quando litigano in automobile. Come si fa a non capire che se discuti fumando con i finestrini chiusi è improbabile che qualcuno riesca a dormire? Tutta la crudeltà degli uomini mi fu svelata a otto anni, quando mi ruppi una gamba. La mia compagna di banco mi incitava al suicidio perché ero grassa, brutta e, soprattutto, figlia di genitori separati. A quell'età, vivere mi sembrava una tortura e così la mia vita iniziò a essere priva di senso. Crescendo, sono diventata atea, agnostica e iper-razionale, ma non ho mai smesso di studiare e di chiedere prove all'invisibile della sua esistenza.

Il 16 gennaio 1997 sono stata investita mentre mi trovavo alla guida della mia moto e per anni ho pensato di aver vissuto la mia prima esperienza premorte, ma senza averla capita né averla mai raccontata a qualcuno. Avevo appena compiuto diciannove anni e non mi fidavo di nessuno: tutti mi avevano tradito e da tanto tempo avevo imparato che la vita era solo una tragedia, recitata peraltro malissimo. È da quel momento che so cosa devo fare, allora lo compresi. Però in quegli anni avevo anche cambiato idea vivendo sulla Terra, perciò non volevo sentir parlare di Anima, spirito e aldilà, benché leggessi tutti i libri che potevo sul tema.

Quel giorno, prima dell'incidente, avevo litigato con il mio primo amore perché lui voleva andare a vedere *Il ciclone* al cinema, ma io intuivo che volesse farlo solo perché gli piaceva una delle protagoniste, e dato che non voleva ammetterlo io decisi di tornare a casa, ovviamente con la mia moto e come sempre senza casco. Poi ricordo di essermi fermata a comprare dei biscotti e del gelato per consolarmi con mia sorella davanti alla televisione ma, appena ripresi la marcia, sbalzai dalla sella e diedi una fortissima botta con la testa sul finestrino di un'automobile. Immediatamente, e senza sentire alcun dolore, mi ritrovai a osservare il mio corpo volare oltre la macchina e atterrare sull'asfalto, dall'altra parte. Vedevo tutto dall'alto, *mi vedevo* sollevarmi dalla moto e cadere, e capii subito che quella Twingo viola sulla strada non si era fermata allo stop e mi aveva tagliato la strada. Oltre a questo, non ricordavo più nulla fino al risveglio in ospedale. Avevo perso la memoria: trauma cranico commotivo. Appena ripresi conoscenza, cominciai a chiedere: «Che essere sono? Che anno è? Dove sono?». Volevo dunque conoscere la mia natura e avere le coordinate di spazio-tempo. Dopo qualche minuto e vari controlli, un'infermiera comprese e mi rispose che ero un essere umano. Mi tranquillizzai. Poi a mia madre raccontai quello che mi venne in mente. Sembrava una favola o un sogno per entrambe. Tanti esseri di un bianco-oro luminoso in un posto naturale meraviglioso da cui non volevo più andare via. Questi individui mi avevano detto che era necessario che io tornassi perché avrei dovuto compiere una missione e che solo io avrei potuto portarla a termine, visto che non avevo paura di essere giudicata per tutto ciò che avrei fatto. La missione era importante, ma sarebbe stata preceduta da una marea di errori e strade sbagliate prima di essere realizzata. Questo era necessario per far comprendere a molti l'importanza di quelli che, sbagliando, chiamiamo errori. Uno degli errori più comuni, per esempio, è quello di pensare che l'insicurezza sia indice di umiltà. Tutt'altro! Si tratta di pura presunzione, mi avevano spiegato. La presunzione di pensare che si troveranno tanti esseri pronti a riempire di complimenti l'insicuro in modo che così si possa nutrire il suo ego. Al contrario, l'umiltà risiede nell'essere sicuri di sé. Se si è connessi con la propria Anima e, di conseguenza, con i mondi spirituali, si è consapevoli di possedere la scintilla divina e, dunque, si sa di non essere mai soli e di avere delle peculiarità uniche. In sostanza, non è possibile essere umani senza possedere almeno un talento! Ragion per cui mostrarsi insicuri significa offendere chi ci ha donato la scintilla divina e tutti coloro che, istante dopo istante, cercano di proteggere e guidare i nostri passi. Quando dite, per esempio, che siete soli, significa che siete disconnessi dalla vostra essenza o Anima, chiamatela come preferite. La nostra essenza sa tutto ed è per questo che studiare è tanto importante. Studiando, si diventa consapevoli di ciò che si sapeva già senza aver mai studiato e si comincia a intuire che dentro di noi ci deve essere qualcosa di più intelligente! «Ti spiegheremo tutto a suo tempo» mi dissero, prima di rispedirmi sulla Terra.

Sono sempre stata amante delle storie e, anche se ero ancora giovane per capirne le ragioni che avrei intuito in seguito, quella che avevo vissuto mi sembrava interessante quanto basta da non essere dimenticata.

Ai tempi era il 1997 e sognavo di scrivere per il cinema, così, grazie alla persona che amavo di più al mondo, mi decisi a sostenere il test di ammissione per il master in "Tecniche della narrazione" della scuola Holden di Torino. Il giorno prima dell'inizio dei corsi, però, proprio la persona che amavo di più al mondo e che io consideravo come un figlio (visti i tanti anni di differenza) morì in un incidente stradale. Da allora, per almeno quattordici anni, mi sono sentita responsabile della sua morte perché, se non fossi partita, quel maledetto autobus non lo avrebbe mai travolto, visto che sarai andata io a prendere il mio fratellino a scuola, come sempre. Ovviamente desideravo dare fine alla mia vita, ma non potevo farlo perché oltre a me stessa avrei ucciso anche mia madre e mia sorella, quindi, la mia mente escogitò una morte più lenta e dolorosa. Vivevo senza più alcun interesse. Tutto mi era indifferente. Il mio cuore era soltanto un muscolo come gli altri. L'unica amica che avevo era *Ana*, la mia anoressia. Ho provato a distruggermi in ogni modo, naturalmente sempre con l'astuzia di non dare troppo nell'occhio, fino al 2005, quando una broncopolmonite aveva finalmente iniziato a portarmi via. Non arrivavo a trentasette chili, perciò, in aggiunta all'infiammazione, persi i sensi e fui trasportata in ospedale.

Fu allora che vissi la mia esperienza premorte e penso che vi siano dei segnali inequivocabili per capire se si è vissuta una vera NDE. Credo, infatti, che durante il mio primo incidente, nel 1997, si sia trattato della mia prima esperienza fuori dal corpo, una *Out of Body Experience* (OBE), e solo la seconda, quella del 2005, una vera NDE. Da quest'ultima, infatti, si deve tornare completamente cambiati, con un'immensa gioia e voglia di vivere e io tornai completamente diversa, guarita in un istante da ciò che mi affliggeva, con una gioia immensa e voglia di vivere incredibili, senza paura di morire e con una pace e delle certezze che nessuno poteva togliermi. A salvarmi fu la conoscenza, la *vera* conoscenza. Essa è la via per la felicità. In quel periodo, però, io ero ancora atea, agnostica e iper-razionale e non volevo più complicazioni di vita, ma solo sentirmi, per una volta, come tutti gli altri. Per questo, dopo l'incidente finsi di dimenticare tutto ciò che avevo percepito e iniziai una guerra contro la spiritualità, una battaglia durata diciassette anni, una lotta tra materia e spirito, realtà e onirico, ragione e sentimento. Ed è anche molto esilarante la cosa perché ho risolto molti casi di competenza della squadra mobile di Roma, quando lavoravo lì come dirigente della IV Sezione grazie al contatto con quella spiritualità in cui non volevo credere. La guerra è terminata a ottobre 2022, quando ho trovato il coraggio di intraprendere la professione che svolgo oggi.

Se non avessi avuto quell'esperienza, forse non sarei sopravvissuta a sette procedimenti disciplinari e due licenziamenti. Bisogna avere la certezza di essere spirito per mettere a rischio tutto solo per fare ciò che si ritiene giusto, per non tradire la propria essenza. Lo ricordo brevemente per chi non lo sapesse. Io avevo un certificato di esenzione vaccinale, un capo che mi adorava, un posto di lavoro da vicequestore della Polizia di Stato in carriera e potevo fregarmene di quanto stava accadendo. Forse non me lo avrebbero neanche mai chiesto il green pass, ma io non potevo vivere in una società in cui alcuni dei cittadini che avrei dovuto proteggere sarebbero stati discriminati. Non ero entrata in Polizia per quello, ma ciò che accade in quel periodo mi fece riflettere su una frase che mi era stata detta da un grande uomo molti anni prima: «Non è la Polizia a essere sbagliata, è lei nel posto sbagliato». Io ribattei che non avevo mai pensato che la Polizia fosse sbagliata, tanto meno di essere nel posto sbagliato, perché volevo stare lì. Quel grande artista scoppiò a ridere e mi salutò dicendo: «Lei racconta una Polizia che non esiste». Dopo numerose fallimentari battaglie all'interno del corpo istituzionale, come quella contro il green pass nelle mense, anziché intuire che piccoli fallimenti erano proporzionali a piccoli gesti e che grandi gesti avrebbero provocato grandi fallimenti, il 25 settembre 2021, decisi di salire sul palco di quella che viene ricordata come una delle manifestazioni più partecipate contro l'imminente introduzione del green pass – certificazione introdotta per lavorare e accedere praticamente ovunque. Quel giorno, a San Giovanni, e per la prima volta nella mia vita, ebbi il coraggio di mostrarmi pubblicamente per ciò che davvero ero. Ero convinta che avrei perso il lavoro perché sapevo che i miei colleghi, molti dei quali in piazza con me quel giorno, si sarebbero fatti sospendere in massa. Dunque, pensavo, "chi controllerà la tessera verde se la maggior parte degli appartenenti alle forze dell'ordine sarà sospesa? E chi scorterà i politici?" E invece…

Da quel giorno, ho commesso una sfilza di errori, perché mi fidavo sempre più degli altri che di me stessa. Quando la vita mi ha preso a sberle sulle ferite aperte e mi sono ritrovata sola e senza nessun lavoro, ho deciso che era giunto il momento di essere me stessa non per dieci minuti, ma per sempre. Ancora una volta, contro tutti, ho creduto in me stessa e in quel mondo invisibile che mi incitava a realizzare il motivo del mio essere qui su questa terra e ho iniziato a occuparmi di spiritualità e di tutto quello che leggerete in questo libro.

A distanza di tre anni, alcuni giudici hanno riconosciuto l'illegittimità del green pass[2]; altri, invece, ancora la avvalorano, a riprova del "dilemma giustizia" in cui viviamo: che giustizia è una giustizia a opinione del giudice di turno? Com'è possibile che esistano sentenze totalmente opposte sulla medesima questione? (Questo è solo uno dei tanti motivi per cui non sarei potuta tornare a fare l'avvocato.) I magistrati che hanno riconosciuto l'illegittimità del green pass hanno sottolineato che, già nel 2021, si sapeva che il cosiddetto vaccino non avrebbe funzionato! Nel frattempo, però, i processi che mi riguardavano, iniziati a ottobre 2021 e dovuti a ogni sanzione disciplinare ricevuta, a cui si sono aggiunti due ricorsi straordinari al Presidente della Repubblica per i miei licenziamenti dalla Polizia, si sono fermati e lo sono tutt'ora; nessuno si è scusato e il sistema è andato avanti come se niente fosse. Credo che questo sia uno dei tanti esempi di ipocrisia del nostro mondo. Si fa finta di riconoscere i propri errori ma, nel frattempo, si eliminano tutti coloro che possono mettere anche solo in discussione il potere costituito. Il gioco della vita consiste proprio nel cercare di ricordarsi chi siamo e vivere della gioia del nostro Essere, benché reclusi in uno psicopenitenziario. Per evadere e non fare più ritorno in questo mondo assurdo serve ricordarsi di sé e, dunque, giungere alla vera conoscenza, quella di chi ha il coraggio di passare dalla teoria alla pratica e perseverare, nonostante tutto e tutti, alla ricerca di sé, del suo senso, delle sue origini e dei motivi che lo hanno condotto sulla Terra. Senza conoscere il passato e il motivo per cui si vive, alcune esistenze diventano molto difficili da comprendere, come quella di un quarantenne canadese, per esempio, già affetto da disturbi mentali, le cui condizioni di salute si sarebbero aggravate dopo essere stato costretto a tre dosi di vaccino[3]. Per risolvere il problema dei suoi dolori, la scelta sarebbe ricaduta sull'eutanasia. Evidentemente nessuno deve averlo informato del fatto che ci portiamo dietro tutte le nostre questioni irrisolte e che dobbiamo ritornare sulla Terra per risolvere ciò che, nella vita precedente, abbiamo lasciato incompiuto. Non è la prima volta che si sceglie l'eutanasia come soluzione ai problemi[4]. Scelte di comodo, che spesso generano ancora più dolore, sembrano essere la via di fuga dalla confusione, dalla falsità e dal disinteresse sempre più dilagante, come se davvero nulla dipendesse da noi... Dimenticando il passato esso perde la sua funzione di monito (fare in modo cioè che non si verifichino più le aberrazioni già accadute) e si resta a vivere in un eterno loop. Quali lezioni puoi assimilare se dimentichi in continuazione e rivivi lo stesso copione, anche se interpreti un ruolo diverso dal precedente?

Il pensiero di occuparmi di ipnosi regressiva (prima di capire che non era né ipnosi né regressiva, la chiamavo anch'io in questo modo) mi venne già quando, da adulta, mi sottoposi alla mia prima seduta e lo feci per capire il motivo di un problema che non ero riuscita a risolvere attraverso nessun altro metodo. Fu un pensiero che abbandonai immediatamente, visto che ero un vicequestore con nessuna intenzione (almeno conscia) di cambiare lavoro. Quel desiderio, però, tornava spesso a visitarmi, perché mi ero resa immediatamente conto che era la cosa più simile all'esperienza premorte che avevo avuto. Persino il senso di liberazione e la gioia che provai sul finire della seduta e nei giorni successivi erano identici. Dopo qualche incontro, ebbi il mio primo dialogo con un maestro, il quale mi disse che avrei fatto un lavoro attinente alla spiritualità, con le meditazioni evocative. Io scoppiai a ridere: era proprio impossibile! Ai tempi, ero ancora un dirigente di Polizia e non avevo alcuna intenzione di cambiare lavoro. Pensavo di essere impazzita e che fosse tutto fantasia. Quel maestro, allora, mi disse che mi avrebbe chiesto qualcosa che la mia mente non era in grado neanche di formulare e che mi avrebbe dato delle prove, preannunciandomi accadimenti futuri. Nonostante le innumerevoli testimonianze ricevute, mi sembrava tutto folle e assurdo. Iniziai a studiare tutto quello che riguardava l'ipnosi regressiva e a intuire ciò che, poi, con la pratica diventò un dato di fatto: non era né ipnosi né regressiva, tanto meno fantasia. Capii che volevo fare un lavoro attraverso cui far conoscere alle persone la gioia e i benefici delle esperienze premorte, senza però portarli in fin di vita. Inoltre, volevo che la gente potesse scoprire chi fosse, il proprio potere, imparando a costruirsi il proprio angolo di paradiso e provando a sviluppare quei poteri psichici[5] di cui non sappiamo di essere dotati. Ho sempre voluto aiutare gli altri, ma quando esercitavo la professione di avvocato ero frustrata perché sentivo di non fare abbastanza e quando ero dirigente di Polizia, invece, andavo in sostegno solo di chi si rivolgeva a me. Inoltre, proprio facendo la poliziotta, ho capito che la gente non ha bisogno di sentirsi al sicuro soltanto quando cammina per strada o è in metropolitana o sta seduta sul divano della suocera. Le persone hanno bisogno soprattutto di sentirsi al sicuro dentro, di imparare a conoscersi, di scoprire le proprie emozioni, governare le proprie reazioni e, così, oltre a svolgere il mio lavoro quotidiano, iniziai a studiare anche psicologia e tornai a scrivere. Poi, un giorno, dopo il mio primo licenziamento, a settembre 2022, mi sono chiesta cosa davvero volessi. Questa la risposta: contribuire a realizzare un mondo diverso, molto più felice e giusto. Per fare questo, dovevo occuparmi di essenza e di tutto ciò che va oltre il visibile, così iniziai ad affiancare teoria e pratica per imparare a svolgere al meglio il mio lavoro per forza di cose senza nome. Ogni definizione, infatti, è una limitazione, perciò rifiutavo qualsiasi etichetta, incapace di esprimere l'essenza di quello che siamo: un'immensa energia sconosciuta e condensata dagli incredibili poteri che nessuno può insegnarci a usare. Qualcuno sarà in grado di indicarci una via e ricordarci il nostro potere, ma nessuno potrà mai sostituirsi a noi nella scoperta di chi siamo davvero.

Anche per questo il lavoro che svolgo non ha nome e nasce dal coraggio di condividere quello che ho imparato per esperienza diretta (oltre che per studio e ricerca). In sostanza, ecco in cosa consiste ciò che faccio: aiuto le persone a entrare in contatto con la loro Anima, cercando di rimettere in equilibrio e coerenza i due emisferi cerebrali, con il fine di conoscersi, riscoprire la gioia e imparare a costruire il proprio angolo di paradiso.

## 2. Tornare in contatto con l'Anima. Test di autovalutazione e psicologia dell'Uno

Da quando ho avuto il coraggio di raccontare qualcosa del mio passato, in molti mi hanno chiesto il perché io abbia avuto delle esperienze straordinarie, diversi viaggi fuori dal corpo, e loro nessuna di queste cose. In genere, rispondo con ulteriori domande: "perché la gente non ha quello che vuole? Perché la gente non trova quello che cerca?" Forse perché non sa quello che cerca? Forse perché lo squilibrio e l'ignoranza in cui viviamo non permettono ai più di capire cos'è davvero importante? Se tutti sapessimo tenere in equilibrio la nostra parte razionale con quella spirituale e conoscessimo il senso e lo scopo del nostro esistere, sapremmo anche rendere questo mondo un posto felice. Sapremmo che le armi più forti che abbiamo per cambiare la realtà che non ci piace sono la meditazione e la preghiera. Preciso che si può meditare anche senza meditare, esattamente come si può pregare con la propria vita, ma la maggior parte lo ignora, perché non ha la pazienza di sperimentare e perseverare. Non si comprende per quale motivo i più sono disposti ad allenarsi per vent'anni, a cercare un figlio per altrettanto tempo, quindi a pazientare, ma quando si tratta di riaccendere la propria parte divina, spenta da secoli, debbano invece riuscirci in pochi minuti e al primo tentativo.

Meditare è la capacità di saper fermare la mente vivendo nel momento presente, osservandosi e dirigendo l'attenzione là dove effettivamente si desidera. Potremmo dire che meditare è pregare la propria essenza di risvegliarsi, perché quando si esce da ogni condizionamento mentale e si entra in uno stato che noi identifichiamo come vuoto, dove esistiamo senza alcuna identità, allora ci ricongiungiamo al mistero più grande: la nostra essenza (verso la fine del libro, sarà più facile comprendere sia questo che tutti i concetti finora solo accennati). Pregare, invece, è rivolgersi a uno o più degli abitanti del mondo invisibile. In realtà, le due attività sono più simili di quanto si pensi visto che quando torniamo in connessione con la nostra Anima automaticamente ci riconnettiamo con il mondo spirituale dal quale proveniamo (ma questo lo vedremo meglio nel prosieguo). Per ora sappiate che non vi è preghiera di cuore puro che resti inascoltata e meditare è una delle preghiere più potenti che esistano, perché fatta senza supplicare, ma nel modo in cui bisognerebbe comportarsi per realizzare i propri progetti.

Uno dei motivi per cui mi sono laureata in psicologia clinica è proprio il poter studiare gli effetti delle tecniche meditative che uso, sia quelle dirette all'autoconoscenza e alla conoscenza in genere, all'esplorazione delle vite passate, parallele e interiori, sia quelle dirette a realizzare i propri obiettivi, superando limiti e paure. Solo gli psicologi, infatti, sono abilitati all'uso dei test di personalità che, da diverso tempo, sono ritenuti attendibili scientificamente. Questo significa che potrò valutare attraverso strumenti standardizzati e di *biofeedback* i cambiamenti effettivi in coloro che si sottoporranno alle mie tecniche. Sappiamo, infatti, quanto siano labili e relativi i giudizi individuali, anche se rappresentano il carburante principale delle professioni di aiuto.

Una volta superato l'Esame di Stato e divenuta psicologa, potrò utilizzare gli strumenti messi a disposizione da quella professione per conseguire le prove scientifiche (visto che oggi la psicologia viene considerata la scienza della mente), dalle quali risulteranno incontrovertibili i benefici di ciò che chiamo "risveglio evocativo"[1] e della meditazione personalizzata. Il mio sogno, dunque, è quello di ibridare due rami del sapere a mio avviso complementari. Se la mia ipotesi di lavoro fosse poi confermata dai risultati, potrò iniziare a parlare di psicologia dell'Uno, un metodo, dunque, finalizzato a riunire l'essere umano prima in sé stesso e poi con tutto ciò che esiste. Anche per questo ritengo sia fondamentale che a occuparsi di spirito siano persone che hanno avuto e hanno esperienze dirette con i mondi invisibili e/o dotate di particolare sensibilità, ma che, allo stesso tempo, conoscano molto bene la mente umana. A mio avviso, non è possibile occuparsi dell'invisibile se prima non si comprende il visibile e si ignora il funzionamento della psiche umana. Per questa ragione, ritengo che bisognerebbe avere una formazione neuroscientifica, e di conseguenza una laurea in psicologia o in medicina, prima di addentrarsi nei meandri dell'animo umano. Tanto più che chi ignora il funzionamento cerebrale ed emotivo di un essere umano come potrà mai distinguere un visionario o un mistico da uno schizofrenico o delirante? Quali competenze possiedono coloro che sostengono di lavorare con le energie sottili per valutare lo stato psico-fisico di una persona e sapere quale tecnica sarà più adatta alla sua personalità? Noi non siamo solo spirito, perciò penso sia indispensabile riqualificare la professionalità di coloro che vogliono offrire un nuovo modo alla gente per stare bene. La spiritualità è qualcosa di molto serio e richiede altrettanta serietà e professionalità per essere utilizzata. Oggi, invece, viviamo in una giungla di offerte di ogni tipo e, benché ciascuno sia naturalmente libero di usufruire dei trattamenti che ritiene, penso che sia doveroso distinguere chi si dedica al mondo dell'invisibile provenendo da altre professioni o affiancandole, dopo aver magari effettuato un semplice corso di formazione da weekend, e chi, invece, dimostra quanto tiene e quanto crede al proprio lavoro al punto da aver conseguito anche titoli di studio riconosciuti dallo Stato. Il sapere e la conoscenza sono ancora dei valori fondamentali e credo che esista una differenza tra un ingegnere o un giornalista o una guardia giurata o un operaio che si occupa di ipnosi regressiva, pur chiamandola ipnosi spirituale o esoterica, e un laureato in medicina o psicologia che utilizza la stessa tecnica. Come spesso accade nel nostro mondo alla rovescia, si rischia di svilire strumenti eccezionali utilizzandoli semplicemente come un nuovo business.

Se non sono convinta di qualcosa con ogni fibra del mio essere non posso parlarne, perché quando ti riconnetti ai piani superiori cambi completamente. Inizi a vivere in uno stato di totale coerenza e non puoi più fare ciò che non senti. Quando, infatti, ti forzi ad azioni che non vuoi realizzare, solo perché non sai come rifiutare o non vuoi sentirti in colpa o ti ritieni troppo buono o hai giudicato senza conoscere, il tuo corpo ti invierà dei segnali di crescente dolore, fino addirittura a bloccarsi completamente, perché risponderà al tuo stato mentale autentico. La parte immateriale dell'essere umano, quella che il potere vorrebbe farci credere che non esiste, custodisce un potere inimmaginabile. Per questo, dopo che per tutta la vita ho desiderato fare un lavoro attraverso cui poter aiutare gli altri, mi sono stati rivelati i segreti per una vita felice: l'Amore, in tutte le sue forme, con un posto speciale per la passione per la conoscenza, la verità e l'aiuto. Sottolineo *mi sono stati rivelati* perché nessuno inventa niente qui su questa Terra. Al massimo, noi possiamo ascoltare per primi o scoprire ciò che il mondo invisibile cerca di comunicarci. Non ho mai desiderato essere una medium o una sensitiva. "A che serve – mi dicevo – sfoggiare i miei presunti poteri se poi la gente quando va a casa sta di nuovo male e torna tale e quale a prima?". Con questo non voglio dire che i medium siano inutili, ma che io non avevo interesse a sviluppare quel tipo di poteri e non solo perché ci sono troppi ciarlatani in giro, ma soprattutto perché la mia missione è un'altra. I medium sono indispensabili quando qualcuno ha bisogno di alleviare il dolore della perdita di una persona cara, ma il mio compito è quello che – spero – emergerà chiaramente al termine di questo libro. Innanzitutto, desidero fare qualcosa che aiuti i testardi a diventare Maestri di loro stessi e padroni della loro vita. Vorrei far scoprire ai tenaci il proprio potere. Ai testardi, appunto, non a tutti. Il Cielo ama i tenaci. I superficiali e i mutaforma li affida al vento. Mi occupo del mondo invisibile, che costituisce il novantasei per cento della realtà[2] e cerco di fare in modo che le persone possano farne esperienza concreta. L'astrofisico Panek è uno dei tanti a sostenere quanto sia limitata la conoscenza di quella che noi definiamo realtà, che arriverebbe appunto soltanto al quattro per cento[3]. Come ha scritto l'insegnante di fisica e ricercatore Vittorio Marchi:

> Noi osserviamo la luce elettromagnetica che interagisce con un solo tipo di materia, quella ordinaria... la realtà dell'invisibile è ben più vasta di quella che appare ai nostri limitatissimi sensi... chi vive il mondo di scena vede solo quel segmento discontinuo di realtà costituito dalla materia nucleare da cui partono le radiazioni elettromagnetiche che impressionano la retina dell'occhio... l'apparato visivo umano riesce a cogliere solo quelle di lunghezza d'onda compresa tra i 400 e i 700 nm[4].

Nell'universo non vi sarebbe solo una materia oscura, ma anche un'energia oscura, fenomeno che

> è stato scoperto in epoche recenti, nel 1998, e da allora ha giocato un ruolo sempre più pesante nella conoscenza del cosmo. Gli astronomi hanno, infatti, calcolato che il 74% dell'universo è composto da energia

oscura... quindi viviamo in un universo invisibile... L'energia oscura è un termine coniato dal cosmologo Michael Turner, ma la sua esistenza teorica l'aveva preconizzata Albert Einstein inventando la "costante cosmologica" per contrastare gli effetti della gravità e far tornare i conti dell'idea di un universo stazionario allora in voga[5].

Per occuparmi dell'invisibile, non potendo augurarmi che la maggior parte della gente viva un'esperienza premorte, utilizzo la tecnica che più di tutte può produrre benefici simili, quella che viene chiamata ipnosi regressiva, ma che io ho ribattezzato, per tante ragioni, "risveglio evocativo". La principale motivazione è che, a mio avviso – e lo dico da ipnologa –, l'ipnosi regressiva non è né ipnosi né regressiva, visto che nella pratica dell'ipnosi è chi conduce a fornire precise indicazioni all'ipnotizzato, mentre nel risveglio avviene l'esatto contrario. Inoltre, i più la chiamano "regressiva" perché pensano si occupi solo di vite passate. Il "risveglio evocativo", invece, partendo dal presupposto dimostrato dalla fisica quantistica che il tempo non esiste, permette di sperimentare non solo le vite precedenti, ma anche quelle interiori e parallele. L'assenza, al di fuori della percezione umana, dello spazio-tempo è stata dimostrata da tre scienziati, Alain Aspect, John F. Clauser e Anton Zeilinger, i quali hanno conseguito il Premio Nobel per la Fisica nel 2022, dimostrando la correlazione istantanea a distanza delle particelle che si trovano in uno stato di *entanglement*, un intreccio tale per cui quello che succede a una di esse si verifica istantaneamente anche a quella distante, con cui non sta interagendo ma con la quale vi è stata un'interazione nel passato.

Il mio lavoro dunque è quello di fare in modo che le persone possano tornare in contatto con quella parte d'invisibile contenuta in loro stessi che è l'Anima. Detto così, sembra qualcosa di strampalato, assolutamente campato per aria, ma in realtà è qualcosa di molto concreto. "Tornare in contatto con la propria Anima" significa arrivare alla vera conoscenza, quella che ti porta a vivere meglio nel presente, perché diventa utilità pratica una volta che si comprende quanto tutto ciò che accade nel piano fisico sia solo un riflesso di quello spirituale-invisibile ai nostri occhi limitati. L'obiettivo finale del percorso è quello di poter giungere alla conoscenza di sé, diventandone Maestri ed essere in grado di costruire il proprio angolo di paradiso (nonostante viviamo in uno psicopenitenziario!). Gli antichi Greci avevano scritto sul frontone dell'oracolo di Delfi: «Conosci te stesso e conoscerai l'universo e gli dèi». Quello che, però, non hanno aggiunto è che il portale principale per accedere all'oltre è dentro di noi. Uno dei paradossi di questa vita è proprio questo: per uscire fuori, devi entrare dentro di te. Di questo mi occupo. Non tutti possono riuscire a conoscere se stessi, perché non siamo tutti uguali, provenendo da posti diversi (è ciò che hanno riferito i Maestri durante svariati risvegli), e perché qualcuno si arrende prima... ognuno ha i propri tempi, ma viviamo nell'epoca del tutto e subito e quindi è facile lasciar perdere se non si ottiene qualcosa nell'immediato.

Quasi tutti aspirano alla felicità e la perseguono come obiettivo di vita, ma la felicità è la conseguenza di un modo di essere. Solo chi si ricorda di sé e ha il coraggio di manifestarsi per quello che è diviene felice. Quando lasci i falsi io e ti riconnetti alla tua Anima, la tua vita si trasforma. Il risveglio spirituale ti fa comprendere che la materia esiste per permetterti di ricordare e diventare consapevoli del nostro potere, il potere dello spirito di plasmare la materia, facendoci diventare co-creatori della realtà. Come ci insegna il Premio Nobel per la fisica nel 1933, Erwin Schrödinger, è la realtà invisibile a determinare quella visibile[6]. Nei primi anni del Ventesimo secolo si scoprì che le particelle possono comportarsi come onde e come particelle e che questo dipende dall'osservatore; che le entità quantistiche possono trovarsi in due posti contemporaneamente e che possono spostarsi da un posto all'altro senza attraversare lo spazio. Tutto questo si può sperimentare durante una seduta di risveglio evocativo: il passato può smettere di essere ciò che rovina la nostra attuale vita, perché esso dipende da noi, e se decidiamo di osservarlo, in quel momento, ne determiniamo il cambiamento. Inoltre, come compresi ascoltando le parole di un famoso fisico, Carlo Rubbia, vincitore del Premio Nobel per la fisica nel 1984, durante una conferenza a Gorizia, città in cui anch'io sono cresciuta: solo la miliardesima parte di ciò che vediamo è reale, nel senso che possiede una consistenza visibile materiale. Tutto il resto è energia e, di conseguenza, invisibile. Io mi occupo proprio di questo invisibile attraverso la meditazione evocativa. Evoco, infatti, il mondo invisibile e cerco di fare in modo che quelli che si rivolgono a me e che come me sono viaggiatori, ricercatori di essenza e verità, possano ascoltarne i messaggi. Potrei definirmi anche come "spirito umano". Cerco di far capire e, soprattutto, sperimentare cosa significa essere *spirito umano* a chi ha il coraggio di scoprire se stesso. Conoscendo davvero se stessi, ci si accorgerà di quanto aumenti la sicurezza in sé, il senso di ironia, di umorismo e poi divertimento e pura allegria. Ciò accadrà quando si giungerà a un livello avanzato di autoconoscenza e verranno sperimentati i mondi spirituali, dove regnano entusiasmo e gioia, un grado di euforia mai provato. La nostra vera natura possiede la forza sbalorditiva del vento che, anche quando soffia leggero, può incidere su ogni cosa incontri, trasformandola. La nostra energia ha questo stesso potere e nessuno resterà identico al momento precedente dopo essere entrato in contatto con un uomo connesso con la propria Anima. Spesso il cambiamento è impercettibile all'inizio, perché pochi sono coloro educati a sentire. Andando avanti, però, l'intuito verrà così affinato che basterà uno sguardo per comprendere l'energia di chi si ha di fronte. Per capire se bisogna che una persona debba intraprendere un percorso di risveglio evocativo, consiglio un semplice test. Rispondendo in modo affermativo a tre o più delle seguenti domande, si può facilmente comprendere se il percorso fa o meno al caso proprio.

- Hai un problema che non sei riuscito a risolvere con niente?
- Oppure hai tutto ma non sai perché non sei felice?
- Senti di avere tutto tranne l'essenziale?
- Vorresti capire perché sei qui? Che senso ha la tua vita?
- Vorresti sapere cosa sei venuto a fare su questa terra e qual è la tua missione, se ne hai una?
- Vorresti capire cos'è la morte, se hai avuto altre vite e a che serve conoscerle?
- Vorresti capire se davvero esiste qualcos'altro oltre alla tua mente con cui purtroppo ti identifichi?
- Vorresti superare i tuoi blocchi, le tue paure, il tuo karma?
- Vorresti diventare maestro di te stesso?
- Vorresti passare dalla teoria alla pratica?
- Vorresti fare un viaggio dentro di te?
- Vorresti capire cosa significa entrare in connessione con l'Anima?
- Vorresti sapere se esistono davvero i mondi invisibili, i maestri, le

vite passate, parallele e interiori?
- Vorresti ricevere messaggi dal mondo invisibile?
- Vorresti parlare con persone care che non ci sono più?
- Vorresti sapere se hai delle qualità fuori dall'ordinario e se le puoi sviluppare?
- Vorresti una guida per la tua vita e vorresti scoprire che quella guida sei tu?
- Avresti bisogno di qualche anticipazione sul futuro?
- Vorresti ricordarti chi sei davvero?
- Vorresti conoscere te stesso?
- Vorresti arrivare a quella conoscenza salvifica che diventa utilità pratica e ti aiuta a vivere meglio?
- Vorresti rimettere in equilibrio i tuoi due emisferi cerebrali?
- Vorresti trovare almeno un po' di pace?
- Vorresti scoprire la gioia di vivere?
- Vorresti sentirti davvero padrone del tuo destino?
- Vorresti smetterla di sentirti una vittima? Vittima del tuo patrimonio genetico e, dunque, destinato ad avere gli stessi scatti d'ira, la stessa incapacità a gestire la rabbia e i conflitti dei tuoi genitori. E vittima dell'ambiente sociale, di quello che ti hanno fatto gli altri, la scuola, gli amici, gli amori, le ferite, i tradimenti.
- Vorresti toglierti la corazza (magari di grasso o indifferenza) che hai indossato per proteggerti dal mondo?
- Vorresti imparare a vivere con leggerezza?

# 3. L'osservazione, il ricordo di sé e il gioco geniale chiamato vita

I miei percorsi di risveglio attraverso la meditazione evocativa servono anche per comprendere uno dei messaggi più ironici del mondo invisibile: *la vita è un gioco geniale: chi lo comprende se ne va; chi non lo capisce resta qua*[1]. Si sottolinea così l'illusione del nostro mondo, che ci causa sofferenza proprio perché siamo attaccati a una falsa idea di ciò che siamo, e soltanto diventando nessuno in senso spirituale potremmo liberarci da ogni attaccamento che ci imprigiona[2]. Noi siamo impermanenti e non sostanziali[3], come vuole la tradizione orientale e quella buddista in particolare. Se non fossimo impermanenti, non potremmo neanche trasformarci da bambini in adulti. La nostra personalità, inoltre, rappresenta un falso sé, il prodotto di una mente che crea tanti io, totalmente incapaci di comprendere che noi, in realtà, siamo onde dello stesso mare e, come tali, siamo influenzate dal resto dell'universo e ci manifestiamo con una nostra specifica forma, pur essendo parte dello stesso oceano[4]. Il mondo è un grande palcoscenico, per questo la maggior parte di noi ama ascoltare, vedere o leggere racconti. La nostra vita non è che un insieme di storie ed è sempre attraverso di esse che impariamo, perché sono in grado di emozionarci. Potremmo dire che quando il cuore passa per la testa, sentiamo accelerare i battiti, avvertiamo dei brividi o le famose farfalle nello stomaco. Sono i segni di un momento indimenticabile che stiamo vivendo, qualcosa in grado di farci sentire vivi. Gli antichi Greci conoscevano bene il potere catartico delle tragedie e quanto servissero a conoscersi e a comprendere che il male è parte di questa vita. Attraverso i risvegli evocativi, le storie che vediamo risultano ancora più istruttive, proprio perché le viviamo in prima persona, essendone registi, sceneggiatori e spettatori, oltre che protagonisti. Le emozioni che ci dona quell'osservazione ci aiuta a comprendere moltissime lezioni, tra cui i ruoli del male e del dolore. La nostra Anima è priva di giudizio, perciò a lei non interessa se la storia che vivrà sarà rivolta al bene o al male, purché serva per farla evolvere più velocemente. Le Anime che scelgono il bene sono le più evolute, quelle che sono divenute consapevoli di sé prima, cosa che accade, in genere, attraversando in poco tempo sofferenze che la maggior parte incontra in dieci e più vite. Da quanto mi è stato riferito durante i risvegli, miei e di numerosi altri, ogni Anima arriva sulla Terra con almeno un obiettivo personale e uno collettivo. Inoltre, avrà talenti e/o doni da sviluppare, lezioni da imparare e, vita dopo vita, anche karma o blocchi da superare. Se, per esempio, un'Anima ha scelto di imparare a sviluppare soprattutto le capacità mentali superiori, le interesserà arrivare il prima possibile a quell'obiettivo. Mettere troppa foga in un solo intento, spesso, fa dimenticare la missione collettiva e genera karma. In questo pianeta è tutta questione di equilibrio! Ecco perché i percorsi di risveglio sono anche percorsi di equilibrio: bisogna imparare a dosare le proprie forze, distribuendole in maniera eguale tra amore per se stessi e amore per gli altri. Lo squilibrio di chi vive solo per sé e di chi, al contrario, si dedica totalmente al prossimo non potrà mai portare benessere. Chi agisce solo per gli altri si costruisce in questo modo, più o meno consapevole, un alibi per deresponsabilizzarsi, sprecando la propria vita! È molto più facile, infatti, occuparsi degli altri che della propria – spesso misera – condizione. Si diviene più facilmente accettabili e si elemosina quel po' d'amore che ci illude di essere brave persone.

In realtà, però, chi agisce per gli altri, sovente, maschera il proprio bisogno, molte volte karmico, di approvazione, dimentica la propria natura divina e mette in secondo piano la propria vita. Inoltre, chi opera per il prossimo dimentica che, in realtà, sta lavorando per il proprio benessere, ma in modo irresponsabile, perché eliminando il tempo da dedicare a se stessi non ci potrà essere conoscenza della propria interiorità e, dunque, la crescita sarà sempre parziale.

Riprendendo l'esempio di chi ha come obiettivo lo sviluppo di capacità mentali superiori, ho potuto constatare che, spesso, queste persone commettono reati di ogni tipo, proprio per sviluppare scaltrezza, lungimiranza, attenzione e potenziare l'autostima. Questo produce inevitabilmente karma perché, in modo più o meno consapevole, si procurerà del male ad altre persone. Di frequente, quindi, queste Anime presentano problemi con la giustizia, si sentono perseguitate, vivono al limite e soffrono di solitudine e/o diffidenza cronica. Questo accade perché hanno dimenticato la missione collettiva, concentrate com'erano a evolvere esclusivamente per proprio benessere personale. Una volta presa coscienza di quella che si crede essere la propria indole, osservando diverse vite da delinquente, si sceglie da quale parte stare e quale sia la via più proficua. Quasi sempre queste Anime scelgono il bene, avendo compreso che delinquere e/o farsi giustizia da sé sono attività poco evolutive, in quanto esiste un ordine supremo che rimette in equilibrio ogni apparente ingiustizia. Apparente perché tutto dipende sempre dal punto di vista da cui si esamina una situazione. Anche il marito che uccide la moglie, infatti, pur rendendosi conto di quanto sia sbagliato, spesso compie questo gesto perché si sente vittima di una qualche ingiustizia, come potrebbe essere il tradimento. Tutto su questa Terra è sempre relativo, ma le Anime inconsciamente ricordano i mondi spirituali da cui provengono e, pertanto, perseguono degli ideali assoluti di giustizia e bene incompatibili con l'equilibrio di questo pianeta. *Non è infatti che il presunto bene lasci fare al male per servirsene, come molti sostengono, ma di comprendere quanto la vita sia un gioco geniale*, ricordano i Maestri. Questo, però, lo abbiamo dimenticato, perciò ci sembra tutto assurdo. Non verrà mai un tempo senza male su questa Terra, perché essa è stata creata come dimensione duale proprio per permetterci di diventare consapevoli, di ricordarci chi siamo, di evolverci e scegliere da quale parte stare. Le forze invisibili, in modo appunto impercettibile agli occhi, cercano di condizionarci per farci prendere una via piuttosto che l'altra, visto che uno degli obiettivi del gioco è proprio quello di capire cosa sceglierebbero Anime a cui è stata cancellata la memoria. Il fine è quello di per poter fare esperienze in grado non solo di renderci coscienti della nostra scintilla divina, ma anche di diventare molto più potenti di com'eravamo in partenza. Vincere in questo gioco geniale, infatti, non significa solo svegliarsi, trovare il proprio senso e avere come scopo la condivisione di esso per favorire il risveglio di altri, ma anche sviluppare sempre più quei poteri che ci porteranno a diventare creatori di un mondo tutto nostro. Le regole di questa competizione sono soltanto due: libertà e non fare male a nessuno! Se vengono violate, si produce karma e questo rallenta il raggiungimento degli obiettivi per cui si è scelta l'incarnazione. Ora si intuisce perché spesso i potenti mettono a conoscenza la massa dei loro piani diabolici attraverso film, canzoni e libri? Queste leggi esoteriche sono note a chi comanda, perciò essi stanno ben attenti a non violare il libero arbitrio. Se io ti informo *prima* di quello che intendo fare, tu avrai tutto il tempo di riflettere e la libertà di scegliere. Ecco, dunque, svelato il motivo per cui soprattutto attraverso i film fantasy e fantascientifici, che sono tra i più visti, si fanno passare messaggi quali quelli del necessario spopolamento, delle armi biologiche, del controllo mentale e dell'importanza dell'intelligenza artificiale molto più "umana e perfetta" di noi. Naturalmente, essendo noi anche co-creatori della realtà, terrorizzare in anticipo la popolazione attraverso serie tv apocalittiche, serve a manifestare prima quell'intento. La realtà in cui viviamo è sempre più sbilanciata in favore della pura materialità e questo significa vibrazioni basse: ansie, paure, angosce, preoccupazioni e dipendenze di ogni sorta. Abbassando il nostro livello energetico, non solo diveniamo cibo per le entità inferiori, ma perdiamo totalmente il nostro potere di creazione. Vincere in questo gioco significa non farsi condizionare dai tranelli del male, non cedere alle negatività e imparare a costruirsi il proprio angolo di paradiso. Per riuscirci, bisogna nutrirsi delle energie più elevate. Ecco perché è così importante fare cose che amiamo, gioire ed entusiasmarsi. Non esistono altri modi per alzare le proprie vibrazioni. Questo è uno dei motivi per cui chi comanda ha ideato sistemi lavorativi che ci privano di quasi tutto il nostro tempo. In questo modo, ci scarichiamo e più perdiamo energie più scendiamo verso il basso.

Tra l'altro, anche nel Vangelo della Maddalena si parla della vita come un gioco e in esso leggiamo:

> Bisogna uscire dal sogno dei mondi perché la gioia nasce nel Sogno che ha concepito il gioco dei sogni e dei mondi. Comprenda chi vuole comprendere. Dorma chi si compiace nel lamento dei sogni. Vi dico questo: L'Uno sta nel risvegliarsi al Sogno[5].

Esistono Anime ovviamente che sono uscite dal ciclo continuo di nascita e morte e arrivano, ogni tanto, su questo pianeta con lo scopo di aiutare altre Anime a evolversi e a uscire da questa ruota di reincarnazioni. Non sono facilmente riconoscibili, soprattutto nei loro primi anni di vita, perché anche esse devono ricordarsi chi sono. La legge dell'oblio vale per tutti. A differenza, però, degli esseri umani non impiegano innumerevoli vite per ricordarsi di sé, ma molte meno e, comunque, sono destinate a risvegliarsi. Queste Anime uscite dal ciclo di reincarnazione sono solo apparentemente umane e, pur essendo molto diverse tra loro, con peculiarità uniche proprio perché ciascuna deve richiamare il proprio gruppo di affini, hanno una caratteristica in comune: servono a fare in modo che chi le frequenta riesca a risvegliare il proprio potere, perdendo le peculiarità terrestri che impediscono di progredire. L'insicurezza, la mancanza di amore, il lamento, il giudizio, la depressione e l'odio sono alcune delle caratteristiche che bloccano l'evoluzione e che caratterizzano la nostra epoca storica. In questa fase, infatti, coloro che si stanno lasciando condizionare dalle forze oscure sono la maggioranza, ma questo non deve incutere timore. Tutto è ciclico e la nostra era non è diversa dalle altre. *Accadranno catastrofi che si sono già verificate in passato, solo faranno più scalpore, perché saranno enfatizzate dal sistema con lo scopo di usufruirne per i loro scopi e perché saranno più concentrate nel tempo*, hanno riferito alcuni Maestri in diversi risvegli. *Poi, arriverà una nuova età dell'oro, ma il male non scomparirà da questa Terra come profetizzano molti falsi guru. Semplicemente vivrete in un periodo in cui la maggior parte delle persone si avvicinerà alla vera luce*, riferiscono sempre le guide, aggiungendo che è sufficiente frequentare un essere in missione su questo pianeta perché rabbia, odio ed emozioni basse diventino un lontano ricordo. Ecco spiegato perché nel taoismo si dice che il saggio non fa niente eppure cambia il mondo! All'Anima fuori dal ciclo di nascita e morte basta *essere* per cambiare il mondo intorno a sé. Il primo scalino, dunque, è quello di ricordarsi di sé. Poi, bisognerà comprendere che l*e innumerevoli vite che viviamo fanno parte di un'unica esistenza, perché appartengono alla stessa Anima multidimensionale e questo concetto sarà chiaro per chi saprà arrivare alla fine del libro, che parte in sordina, proprio per selezionare i lettori. Quando riuscite a risvegliarvi in una delle innumerevoli vite che vivete, ritrovate la connessione con la vostra Anima in maniera costante e la vostra vita cambia, per sempre.* Se, invece, abbiamo solo saltuari momenti di illuminazione, se solo in brevi istanti riusciamo a sentirci ispirati, guidati, amati, protetti e abbiamo intuizioni e sensazioni che poi trovano riscontro nei fatti e nella realtà concreta o se viviamo senza neanche mai porci il problema di chi siamo e della nostra Anima, allora passeremo da una vita all'altra in modo del tutto inconsapevole, con delle piccole tregue nei regni invisibili, ma senza svegliarci. La Terra, infatti, è così importante anche perché è uno dei pochi posti nelle galassie in cui è possibile risvegliarsi e prendere coscienza di sé. È stata creata anche per questo, insegnano i Maestri.

Come molti avranno intuito, noi scendiamo su questa Terra arrivando da luoghi diversi e, dunque, abbiamo obiettivi diversi da perseguire. Difficilmente, però, scopriremo quali sono i nostri scopi se prima non facciamo ordine dentro di noi e ricordiamo chi siamo. Esattamente come i traumi infantili rimossi generano mostri e spesso problemi psichici[6] (inoltre superare il disturbo mentale significa ricordare i fatti di un'infanzia apparentemente dimenticata, sepolta nell'inconscio e, proprio per questo, libera di muoversi indisturbata e di rovinarci la vita, senza che noi ne siamo coscienti), allo stesso modo, per superare i blocchi e i problemi che non trovano cura né causa in questa vita bisogna andare ancora più indietro. Questo accade perché, per l'Anima, non esistono spazio e tempo, ma solo innumerevoli esperienze, che avvengono e restano tutte insieme nell'istante presente. Siamo noi che non ce ne rendiamo conto, finché siamo identificati con la mente. Per questo abbiamo talenti e capacità di cui spesso neanche siamo consapevoli! Un giorno, magari, com'è successo a diverse persone che si sono sottoposte ai risvegli evocativi, seguendo quanto emerso, si inizia un'attività che era stata impensabile fino a quel momento e si scopre di esserne incredibilmente portati! Non si perdono mai le qualità che provengono da un'altra vita, proprio perché noi siamo impermanenti! Ed è proprio perché siamo non sostanziali che, spesso, la stessa idea geniale bussa alla porta di persone distanti milioni di chilometri. Attingiamo quasi tutti alla stessa fonte. Non posso generalizzare perché, come hanno riferito i Maestri in diversi risvegli, *sul pianeta Terra, in questo momento storico, ci sono appartenenti a diverse galassie, con finalità divergenti. Come non si perdono mai doni e inclinazioni, allo stesso modo i traumi continuano a essere rivissuti nel presente, proprio perché l'Anima disconosce il tempo.* Ed ecco, dunque, la paura dell'acqua o di volare o l'incapacità di dire no o i dolori in un punto specifico del corpo o un senso di colpa inspiegabile, l'incompatibilità con alcuni familiari o amici e molti altri sentimenti incomprensibili, se non si volge lo sguardo altrove. Un altrove che per noi terrestri si identifica come passato. Se la causa dell'attuale malessere è unica, conoscendola, in genere, il problema si risolve. Quando, invece, esistono più cause, sarà necessario andare a perlustrarle tutte, così come mi è successo con una donna che nutriva un odio viscerale nei confronti del genere maschile e ha scoperto di essere stata prima tradita dall'uomo che amava, poi venduta e costretta a prostituirsi in un'altra vita, a causa del padre, e ancora violentata da un gruppo di uomini, che le hanno provocato lesioni permanenti, rendendola probabilmente sterile anche nella vita attuale. Non è la conoscenza del passato a liberare dall'angoscia, ma l'osservazione, cardine delle dottrine sapienziali di tutti i tempi e della fisica quantistica. Esattamente come quando siamo piccoli apprendiamo, osservando i nostri genitori, che il coltello taglia senza bisogno di amputarsi un dito, allo stesso modo veniamo liberati da una tristezza immotivata o da una paura ingiustificata quando ne conosciamo le cause. L'osservazione, come spiega la fisica quantistica, per esempio con l'esperimento della doppia fenditura[7], è in grado di cambiare anche il passato. Il primo passo per liberarsi, dunque è proprio questo: osservare. Senza osservazione non vi potrà mai essere vera conoscenza, perché qualsiasi esperienza (indispensabile alla vera conoscenza) prevede sempre una certa dose di osservazione, se non vogliamo schiantarci a ogni più piccolo accadimento per troppa impulsività, quasi sempre figlia della mancata osservazione. Tornare in contatto con la propria Anima significa soprattutto conoscere se stessi, scoprendo il proprio potere. La vera conoscenza come unica via salvifica per la felicità, che è sempre conseguenza di ciò che si è. Più si lascia libera la propria essenza di essere quello che è più arriva la vera conoscenza, perché la nostra Anima sa tutto. Dobbiamo solo spogliarci di tutte le falsità di questo piano.

Tornare in contatto con la propria Anima significa anche entrare in uno stato di totale coerenza, quella già nota agli antichi Egizi e di cui oggi si è tornati a parlare soprattutto in riferimento alla cosiddetta "coerenza cardiaca"[8]. Lasciare che l'Anima riprenda il timone della vita significa approdare a uno stato di totale coerenza, in cui azioni, pensieri, parole ed emozioni sono in armonia. Si pensa, si dice e si agisce come effettivamente si *sente* di voler fare. Ed evidenzio *sentire* non *desiderare* di voler fare. Abbandoniamo la volubilità dei desideri per immergerci nel mare calmo del *sentire*, sorretto dalle massicce colonne portanti dell'essenza. È la mancata conoscenza di sé ad ammalare, spalancando le porte alla psicopatologia, come ha spiegato anche Hillman[9], sulla base delle scoperte junghiane. Fino a quando gli adulti saranno concentrati solo sul denaro, l'approvazione e il riconoscimento sociale, nonché il corpo, sarà molto difficile trovare un po' di pace e trasmettere gioia di vivere ai nostri giovani. Come spiegava bene Jung, se non vogliamo che gli sconosciuti che ci portiamo dentro si ribellino conducendoci alla malattia (chi non diventa ciò che è si ammala), dobbiamo imparare a conoscerci e per farlo bisogna tornare in contatto con quell'inconscio spirituale condiviso collettivamente[10]. Il primo passo è scegliere una delle tecniche che permettono il dialogo interiore: le libere associazioni, le meditazioni, la scrittura automatica, i sogni e la rappresentazione figurativa[11], a cui aggiungerei la vera arte in genere. E chi sono gli sconosciuti che ci portiamo dentro se non quello che siamo stati in altre vite? Falsi io con cui ci identifichiamo e che ci impediscono di sentire la voce della nostra Anima. Ecco perché è così importante incontrare quello che siamo stati (e che siamo ancora, ma di cui non ci rendiamo conto, spesso). Quando comprendiamo, per esempio, che quella rabbia feroce che ci prende in alcuni momenti, che ci possiede e ci spinge a fare e dire cose che non pensiamo davvero, appartiene a uno o due o dieci altri che siamo stati cento o mille anni prima, immediatamente essa si affievolisce e poi scompare. Prestare attenzione a ciò che non ci piace o ci disturba è il primo passo per farla scomparire. Se non vi è chiaro il concetto, pensate a due gemelli cresciuti nello stesso identico modo. Come mai uno diventa un filantropo e l'altro un criminale? Perché noi siamo il risultato di ciò che non ricordiamo e, dunque, delle innumerevoli vite vissute che abbiamo cancellato. Usare la meditazione evocativa per arrivare al risveglio spirituale significa anche cercare di rimettere in equilibrio, sincronizzare, i nostri due emisferi cerebrali, come ha spiegato Roger Sperry[12], uno psicobiologo che ha vinto il Premio Nobel per la medicina nel 1981 per le sue scoperte sulla specializzazione emisferica. Sperry ha evidenziato come il malessere contemporaneo sia dovuto in gran parte al fatto che l'essere umano viva soprattutto utilizzando l'emisfero sinistro, ovvero razionale, e che, per stare bene, sia necessario che egli attivi anche quello destro in modo che i due emisferi lavorino in equilibrio tra loro, siano appunto sincronizzati. Di estrema importanza, dunque, risulta essere l'armonia tra queste due parti, ragion per cui ho svolto una sperimentazione su alcuni soggetti – ho esaminato l'effetto delle meditazioni attraverso alcuni test condotti da una apparecchiatura di *biofeedback*, "Brain Monitor"[13] – confermando gli effetti della meditazione anche sulla sincronizzazione degli emisferi cerebrali[14]. Effetti che, naturalmente, risultano diversi da individuo a individuo, anche perché, come cercherò di dimostrare, non siamo tutti uguali, non proveniamo tutti dallo stesso posto e non abbiamo tutti la stessa missione. Vi è stato un tempo in cui gli uomini utilizzavano molto meglio l'emisfero destro e questo consentiva loro di udire le voci degli dèi, come sostiene Jaynes[15]. Perduta questa capacità arcaica, gli individui hanno iniziato a sentirsi soli e a cercare nuovi modi per entrare in contatto con il divino, bisogno insopprimibile dell'animo umano. Basterebbe chiedersi da dove nasca questa necessità, per capire quanto sia intrinseco al nostro modo di essere cercare l'invisibile. L'emisfero destro è deputato proprio al contatto con il divino e, visto che non vi è nulla di inutile nel nostro corpo, sarebbe l'ora di utilizzare queste capacità fin dall'infanzia. Le prime tecniche divinatorie come il lancio dei dadi o la lettura dei movimenti del fumo o delle forme disegnate dall'olio sull'acqua sono nate proprio quando l'uomo ha perduto la sua capacità naturale di comunicare con il trascendente[16]. Si è in sostanza iniziato a cercare fuori ciò che, in passato, si sapeva vivere dentro di noi, rendendo di fatto inutilizzata una parte essenziale del nostro essere. La mia missione, come quella di tanti altri (perché soli si può veramente poco), è proprio quella di permettere agli uomini di riscoprire la loro parte più essenziale, anche perché, come scriveva in una lettera del 1945 il grande Jung,

> l'accesso al numinoso [al sacro] è la vera terapia, e nella misura in cui si arriva all'esperienza numinosa si è salvati dalla maledizione della malattia [psichica][17].

Questa consapevolezza, unita al fare esperienza di un altro concetto fondamentale appreso in questo mio percorso, rappresenta il punto di partenza di un nuovo modo di vivere. Il concetto a cui mi riferisco è questo: ognuno ha non solo ciò che si merita, ma anche ciò che pensa di meritare! Alla base del nostro potere di co-creazione di cui i più devono riappropriarsi, infatti, è necessario che ci siano queste convinzioni, che possono diventare tali solo attraverso la sperimentazione.

# 4. La CIA e il progetto Gateway. Mortali o immortali?

Quante volte vi arrabbiate perché gli altri non vi capiscono? Chi è che non ha mai detto «la gente non mi capisce» o «mia moglie non mi capisce, mio marito non mi capisce, mio fratello non mi capisce», per poi concludere «la gente non capisce proprio niente»? E quante volte, per calmarci, ci siamo sentiti dire «la gente siamo noi» e ci siamo arrabbiati ancora di più? In realtà, da quanto spiegano le guide in diversi risvegli, quando ci sentiamo incompresi, è probabile che neanche noi stessi ci capiamo o che siamo infastiditi dalla nostra stessa luce. Viviamo uno dei periodi più bui dell'umanità e chi emana maggiormente luce è destinato a non essere compreso all'inizio, anzi offeso e deriso. Pensate a una stanza piena di scarafaggi. Se una persona, entrando, accendesse la luce, le blatte comincerebbero ad agitarsi e qualcuna si renderebbe anche conto di essere uno scarafaggio, ora che riesce a vedersi, però nessuno vuole vedersi davvero per quello che è, soprattutto se è infelice. Ma il senso della vita può mai essere la felicità? Non è forse solo una conseguenza dell'essere se stessi? E chi possiede il coraggio e la libertà di scoprire e poi mostrare il suo vero sé? Cos'è questa vita? Qual è il suo senso? Perché siamo qui? Condivido quello che io ho scoperto attraverso le esperienze più tragiche della mia vita e questa pratica che, da ottobre 2022, è diventata il mio lavoro. Lo faccio proprio perché chi vuole riesca a trovare da solo le sue risposte, accorgendosi di poter essere sul serio maestro di se stesso e fare esperienza di quella conoscenza che lo porterà a vivere in modo nuovo. Ho ampiamente superato le mille sedute di risveglio evocativo e ciò che ho sperimentato personalmente durante i miei risvegli in aggiunta a ciò che ho visto, assistendo molte persone nel medesimo viaggio, mi ha portato ad avere molti punti in comune con il progetto Gateway[1]. Da quello che sappiamo, erano gli anni Settanta quando i servizi segreti americani iniziarono la ricerca sui poteri extrasensoriali, avendo saputo che il KGB stava svolgendo studi ed esperimenti sulle capacità psichiche, dalla visione remota o a distanza, alle canalizzazioni e alla psicocinesi, per ragioni di spionaggio. Nel 1983, la CIA produce il documento *Analysis and Assessment of The Gateway Process*, una panoramica scientifica sulla coscienza umana e la sua espansione, in cui si parla di esperienze extracorporee, proiezioni astrali, altre dimensioni e persino dell'esistenza dell'Assoluto[2]. Si parte dall'analisi dei suoni binaurali, per poi passare alla meditazione trascendentale, all'ipnosi regressiva e all'uso di sostanze psicoattive come il DMT, prodotto dalla ghiandola pineale durante il sonno e al momento della morte. Con queste tecniche si potrebbero sviluppare in alcuni soggetti predisposti (che la CIA ovviamente non svela quali siano) poteri psichici, arrivando al cento per cento dell'uso del cervello.

Nel 2017, la CIA ha desecretato diversi milioni di pagine di documenti, tra cui quelle relative appunto alla tecnica chiamata Gateway. Si tratta di una specie di allenamento per concentrare le onde cerebrali in modo da alterare la coscienza e sfuggire ai vincoli del tempo e dello spazio. Spegnendo un po' l'emisfero sinistro e attivando quello destro, alcune persone riescono a uscire dallo spazio-tempo, vivendo esperienze straordinarie e sviluppando la coscienza. In concreto, con l'utilizzo dei suoni binaurali, viene alterato lo stato di coscienza di un soggetto, facendolo passare dalle onde Beta a quelle Alfa e Theta, e lo stesso si verifica attraverso la meditazione trascendentale, l'ipnosi regressiva e il DMT. Si porta il cervello a funzionare intorno ai 7,5 Hz, sottoponendo il soggetto all'ascolto di suoni che per esempio possono essere 528,5 Hz all'orecchio destro e 521 Hz a quello sinistro (528,5 − 521 = 7,5). Questo porterebbe alla sincronizzazione degli emisferi cerebrali[3]. Lo studio in questione dovrebbe mettere a tacere una volta e per sempre tutti coloro che parlano della meditazione trascendentale e soprattutto dell'ipnosi regressiva come di un'inutile perdita di tempo, in cui un ciarlatano guida persone che inventano storie. Se si trattasse veramente di invenzioni del nostro cervello, come mai non tutti riescono a usare la fantasia? E perché si vedrebbero, spesso, cose impensabili? Se fosse un'invenzione, ognuno se la racconterebbe come meglio crede! Non ci sarebbero reazioni fisiche né emotive e non sarebbe possibile risolvere problemi fino a quel momento irrisolvibili, né ricevere anticipazioni sul futuro o raccogliere prove di epoche storiche molto indietro nel tempo.

L'autore del documento sul Gateway è il tenente colonnello Wayne M. McDonnell, il quale ricevette l'incarico dall'esercito americano di studiare la proiezione astrale e le esperienze extracorporee. Wayne lavorò con diverse persone, tra cui Itzhak Bentov[4], scienziato israelo-americano, pioniere dell'ingegneria biomedica[5]. Ricordo inoltre che nel 1971, Monroe aveva pubblicato il suo libro *I miei viaggi fuori dal corpo*, rendendo popolari i termini "esperienza extracorporea". Le conclusioni del progetto Gateway risultano sconvolgenti per chi pensa che la realtà sia soltanto quella visibile. Secondo questo programma, vivremmo in un ologramma, in cui presente passato e futuro coesistono e sarebbe possibile allenare questi cambi di coscienza per espandere il nostro potenziale.

Di come espandere il nostro potenziale parla, tra i tanti, anche il dottor Joe Dispenza[6], il quale punta molto sull'importanza dei nostri pensieri per cambiare la realtà. Questo è senz'altro facilmente verificabile, almeno quanto lo è constatare che, se si hanno blocchi o credenze limitanti, risalenti all'attuale esistenza o a vite precedenti o interiori, si potrà tentare per anni di diventare ricchi o di vivere un amore da favola, ma non si otterranno mai dei risultati. Spesso, il mancato funzionamento della legge di attrazione deriva proprio dal fatto di non tenere conto di altre leggi che esistono, come quella del karma. I Maestri riferiscono che è possibile cambiare il karma, ma non è detto che basti una sola vita per riuscirci. Se si hanno desideri da realizzare, inoltre, prima bisognerà comprendere se questi appartengono sul serio alla nostra Anima, poi se si hanno blocchi o credenze limitanti e, infine, essere consapevoli che la vita non è fatta per realizzare ogni nostro capriccio e, di conseguenza, non dà ciò che vogliamo, ma ciò che ci serve! Ecco dunque che diventa necessario conoscere qual è la propria missione e cosa vuole la nostra Anima e, per farlo, bisogna prima mettersi in contatto con lei. Il primo passo per superare il proprio karma è conoscerlo e dunque ricordarlo! Esattamente come avviene per i traumi infantili. Poi, bisognerà osservare, perché non è il passato (che dal punto di vista dell'Anima non esiste!) a curare, ma l'osservazione. Mi trovo in perfetto accordo con il dottor Dispenza sulla necessità di desiderare ciò che si vuole in stato meditativo, come se già lo si fosse ottenuto, perché è in quello stato che si possono oltrepassare le barriere della pura razionalità e, quindi, le credenze limitanti[7]. Per avere accesso a quel potenziale di cui parla il progetto Gateway, diventando co-creatori della propria realtà e aspirando a sviluppare poteri psichici, bisognerà prima superare i traumi di questa vita, spesso replicati anche in precedenti esistenze, altrimenti si continuerà a proiettare all'esterno ciò che è stato rimosso all'interno. Per esempio, quando siamo piccoli e uno dei nostri genitori è particolarmente crudele nei nostri confronti, potrebbe accadere che scegliamo di non ribellarci come strategia di sopravvivenza. Pensiamo di poter allontanare da noi quell'astio, quel disprezzo e quella rabbia che proviamo e, senza rendercene conto, seppelliamo le ferite nel nostro inconscio. Lì crescono e si muovono indisturbate, mentre noi manteniamo un atteggiamento accondiscendente e servile nei confronti del genitore spietato. Nel frattempo, interiorizziamo anche di non valere niente, visto che persino i nostri genitori, nostra madre o nostro padre, non ci amano, ci disprezzano, sono assenti quando ne avremmo bisogno o ci gridano contro o ci puniscono o non ci ascoltano... e mi fermo qui volutamente, ma la mia pregressa esperienza in Polizia mi ha fatto conoscere genitori ancora più maltrattanti e abusanti. Quella valanga di fuoco che si agita nel nostro inconscio, fatta di umiliazioni e solitudini, il più delle volte a nostra insaputa, per non travolgerci e distruggerci, trova sfogo proiettandosi all'esterno[8] e impedendo alla nostra anima di manifestarsi. I ricordi penosi vengono, dunque, rimossi e proiettati sulle persone intorno a noi[9]. La nostra mente diventerebbe il nostro protettore e, al tempo stesso, il nostro persecutore perché, con l'intento di proteggerci, ci condannerebbe all'isolamento[10] e impedirebbe alla nostra essenza di manifestarsi[11]. Così, se a ferirci è stata nostra madre, è molto probabile che tutte le donne che incontreremo saranno delle poco di buono, crudeli e spietate, pronte a distruggerci. Nei casi più gravi, quando i figli non sono riusciti a percepire alcun amore genitoriale, spesso insorgono i disturbi alimentari, come l'anoressia e le dipendenze in genere[12]. Per contrastare la tirannia di una madre e uscire dalla schiavitù, l'anoressica assume il controllo e inizia a punire sé stessa e l'intera famiglia, in modo che tutti ora siano costretti a vederla mentre lei scompare. Il suo disperato tentativo di affamare quella madre, che non le ha fatto sentire amore, ma le ha imposto solo regole, obblighi, sentenze, soffocandola attraverso continue privazioni di libertà, si trasforma in autodistruzione. Rigidità e carestia bloccano la sua vita esattamente come i traumi della sua infanzia hanno bloccato il suo sviluppo. Il rifiuto del cibo è il rifiuto di tutto quello che ci è stato insegnato e, soprattutto, il grido disperato di chi non vuole crescere e reclama la propria infanzia non vissuta. Meccanismi difensivi simili, e se vogliamo ancora più complessi, scattano nella bulimia, in cui il bisogno di riempire un vuoto affettivo incolmabile diviene frenesia di divorare quel mondo che non concede ciò che si dovrebbe dare a un bambino. In genere, con le cure adeguate, si evita che le varie forme di dipendenza sfocino in tragedia e si riesce a trovare un equilibrio apparente. In realtà, infatti, fino a quando non si deciderà di intraprendere un viaggio nel proprio inconscio, tutte le soluzioni che si adotteranno saranno solo palliativi o surrogati o maschere, con cui si eviterà di turbare il mondo circostante, si manterrà una parvenza di normalità, continuando però a "morire dentro". I traumi della nostra infanzia si ripetono giorno dopo giorno dentro di noi con la speranza di essere visti, così come richiede ogni cosa in questo mondo. La dottoressa Poli infatti scrive che «mostrare la ferita è il primo passo verso la leggerezza e verso la cura di sé»[13]. Con la meditazione evocativa andiamo indietro nel tempo e il primo step consiste sempre nell'esaminare un ricordo infantile che arrivi spontaneamente. I ricordi dolorosi, sovente, affiorano immediatamente, altre invece richiedono tempo ma una volta che vengono osservati e che si prende atto degli errori di uno o entrambi i propri genitori inizia la liberazione da quelle forze oscure che si sono impossessate del nostro inconscio. Non a caso Jung scriveva: «La mia vita è la storia di un'autorealizzazione dell'inconscio»[14]. Ogni volta che veniamo feriti, soprattutto quando siamo piccoli, si producono in noi emozioni negative, di rabbia, paura, disprezzo e, in questo modo, spalanchiamo le porte alle entità del mondo invisibile più basse, che si cibano proprio delle nostre vibrazioni inferiori, sottraendoci energia. I Maestri, infatti, hanno evidenziato più volte che la maggior parte degli abitanti di questo nostro povero pianeta, oggi, sono "inclusivi". Questo il termine esatto che hanno usato in diversi risvegli per indicare che i più ospitano al loro interno entità demoniache, che bloccano le vite, aggravando lo stato d'animo di partenza, divenendo ancora più rabbioso, scontento, irrequieto o depresso. Gli "inclusivi" potranno liberarsi da queste entità e smettere di esserne nutrimento rivolgendo lo sguardo al loro interno con tecniche quali quelle di risveglio evocativo che, naturalmente, non funzioneranno subito! I Maestri hanno confermato che la preghiera e alcune pratiche meditative specifiche dovranno supportare i risvegli, e saranno necessarie ripetute attività quotidiane in solitudine prima e con i risvegli poi, per liberarsi. Una delle caratteristiche dei traumi, infatti, è quella di non riemergere subito e, a volte, di non riemergere affatto. Quanto più un trauma resta latente, tanto più potrà compiere la sua opera di distruzione. I risvegli evocativi, dunque, rappresentano spesso una delle pochissime vie per sgattaiolare in un'interiorità inaccessibile. I Maestri hanno sottolineato come questi risvegli siano un dono concesso ad alcune Anime, quelle più evolute o in cammino, anche quando si tratta di risvegli non esattamente piacevoli. Per gli "inclusivi", infatti, saranno necessarie più sessioni ripetute nel tempo prima di riuscire, accompagnate appunto da circa una quindicina di minuti di esercizio quotidiano. Non esiste un tempo di riuscita universale, ma solo la perseveranza viene premiata. E in effetti, al momento, una donna detiene il record di sedute senza vedere nulla: ventisei. Alla ventisettesima volta, ha vissuto un risveglio commovente e oggi ha risolto completamente i problemi che la affliggevano quando si è rivolta a me: ansia, che lei definiva inspiegabile, immotivata e incurabile (essendosi sottoposta a molti anni di psicoterapia, prima di essere stata "abbandonata" dal suo stesso psicoterapeuta che, sempre a suo dire, si sarebbe arreso ai suoi mancati progressi) e totale apatia. Questo a riprova del fatto che ognuno deve trovare la propria strada: per qualcuno la psicoterapia tradizionale sarà la via migliore, per altri invece sarà necessario esplorare altri percorsi, più in linea con la propria essenza. Il primo passo per liberarsi, pertanto, consiste proprio nell'osservare la propria mente, soprattutto come replica in continuazione ciò che rifiutiamo di risolvere. Questo sarebbe indispensabile non solo per vivere una vita degna di questo nome, ma avrebbe anche un valore collettivo, essendo tutti parte dell'Uno, come insegnano le tradizioni orientali buddiste, taoiste e induiste. Secondo le teorie di Karl Pribram, neuroscienziato della Stanford University e David Bohm, fisico dell'Università di Londra, la mente umana è anche un ologramma che si sintonizza con l'ologramma universale per mezzo di uno scambio di energia, ottenendo lo stato che chiamiamo "coscienza"[15]. La nostra coscienza, quindi, è quell'aspetto differenziato della coscienza universale che risiede nell'Assoluto, ma è così solo quando viviamo nello spazio-tempo, perché al termine della vita la nostra energia tornerebbe all'Assoluto o fonte o coscienza universale, arricchendola della nostra esperienza. Da sempre, l'uomo ha cercato di capire cosa fosse la morte e come si potessero spiegare le esperienze premorte. Ne parlano non a caso già il *Libro egiziano dei morti*[16], gli scritti yogici del saggio Patanjali[17] e il *Libro tibetano dei morti*[18]. Tra gli studi che sono riusciti ad attestare l'assenza della morte, intesa come cessazione della coscienza, spicca senz'altro quello del cardiologo olandese Pin van Lommel, pubblicato sulla rivista scientifica «The Lancet»[19] nel 2001. Il dottor Lommel ideò un protocollo, applicato su 344 pazienti, che prevedeva che tutti coloro che raccontavano una NDE dopo un arresto cardiaco, rivelassero anche la frase che il dottore aveva fatto scrivere su un cartello visibile soltanto da chi fosse stato in grado di uscire dal corpo e di posizionarsi sul soffitto[20]. L'aspetto interessante è che non tutti i pazienti con arresto cardiaco hanno vissuto un'esperienza premorte e questo conferma le mie ipotesi sul fatto che gli abitanti di questo pianeta non siano tutti uguali. Di conseguenza, è lecito chiedersi: siamo tutti mortali? E chi tra noi, invece, sarebbe immortale? Solo coloro che hanno letto il cartello o che sono tornati da esperienze premorte totalmente guariti e cambiati o che riescono a sviluppare quei poteri psichici di cui parla la CIA nel progetto Gateway? Prima di rispondere a queste domande attraverso le risultanze delle sedute di risveglio evocativo, possiamo ipotizzare che a essere immortali siano coloro che sono riusciti a entrare in connessione con la propria Anima e, di conseguenza, con i mondi spirituali. Quella che io chiamo Anima, spesso gli scienziati la indicano come coscienza e la definiscono fenomeno quantistico. A sostenere ciò, il Premio Nobel per la fisica del 2020, Penrose, il quale ipotizza anche che la coscienza non risiederebbe unicamente nel corpo, ma nei microtubuli dei neuroni e, al momento della morte, tornerebbe nel multiverso, trattandosi di reazioni e informazioni quantistiche che, come tali, non possono essere mai distrutte. Questa sarebbe l'essenza della teoria della coscienza quantistica o "riduzione obiettiva orchestrata" (abbreviata in Orch-Or, da *orchestred objective reduction*[21]) di Penrose e Hameroff[22]. Inoltre, il fisico Penrose, insieme al collega Vahe Gurzadyan, ha elaborato una teoria denominata "cosmologia ciclica" che riguarda l'origine dell'Universo e la sua fine in un percorso ciclico in cui la fine coincide con l'inizio (Big-Bang)[23], in perfetta sintonia con le tradizioni sapienziali di tutti i tempi e con quanto riferito dai Maestri durante i risvegli evocativi. In sostanza, oggi, sempre più, scienza e misticismo si starebbero avvicinando e in una conferenza[24] Jack Sarfatti avrebbe dichiarato che presto la scienza arriverà a provare l'esistenza di Dio, visto che la fisica quantistica ci permette di mettere al centro di questa grande unità che non percepiamo la coscienza, e che tutti gli studi da Einstein a Bohm fino al teorema di Bell ci hanno condotto a comprendere che la non località e l'unità sarebbero i fondamenti della parte nostra più autentica. Per quante teorie possano essere elaborate e per quante se ne potranno citare, nessuno potrà mai riuscire a spiegare razionalmente qualcosa che razionale non è. Attraverso la razionalità, molto sopravvalutata oggi, possiamo conoscere solo quel quattro per cento della realtà che è visibile. Per tutto il resto abbiamo il sentimento, tutto ciò che va oltre il mero raziocinio, nonché le potenzialità dell'emisfero destro del cervello. Come scrive, infatti, il filosofo Colin McGinn, la coscienza è una specie di miracolo, perché

> ci vorrebbe un mago soprannaturale per estrarre la coscienza dalla materia. La coscienza sembra introdurre una rottura netta nell'ordine naturale ed è un punto in cui il naturalismo scientifico fallisce[25].

Le conclusioni dei miei studi e il documento della CIA hanno avvalorato quanto emerso dalle tante sedute di risveglio evocativo. La vita sarebbe un gioco geniale, comprensibile appieno soltanto da chi avrà imparato a sincronizzare in modo costante i suoi emisferi cerebrali, vivendo in totale equilibrio tra materia e spirito, razionalità e sentimento, realtà e onirico, con lo scopo di trascendere tutto questo e ricordarsi il senso del viaggio. Un viaggio alla scoperta di sé e dunque, come insegnano gli antichi Greci, l'ermetismo e il principio dell'universo olografico, alla scoperta dell'intero universo. Guardarsi dentro, soprattutto all'inizio, non sarà molto piacevole, perché si scopriranno aspetti di noi che neanche sapevamo di avere... se positivi, ci serviranno, se negativi, li lasceremo andare o li trasmuteremo. Dobbiamo sempre ricordarci che quando apriamo la porta della nostra interiorità per tentare di ricollegarci con la nostra Anima, sarà come entrare in una reggia disabitata da secoli. Cosa vi aspettate di trovare? Polvere, insetti morti, ragnatele e se prima non farete pulizia, sarà difficile che riusciate a visitare tutte le stanze, liberando tutto il potenziale inespresso di cui neanche siete ancora consapevoli.

# 5. Dalla mia storia al male insito nell'uomo

Chiudevo spesso gli occhi e ormai non avvisavo più nessuno. Se anche mi avessero seppellito viva, scambiandomi per morta solo perché mi ero addormentata, non mi interessava. Avevo otto anni e mi ero appena accorta che il mondo non era casa mia. Tutto mi sembrava estraneo e incomprensibile, come io lo ero per gli altri. Nessuno era interessato a quello che volevo raccontare. Tutti erano presi a guardare il mondo intorno a loro. E forse per questo io amavo chiudere gli occhi, dovunque mi trovassi, e partire per mondi lontani, in cerca di sollievo, conforto e senso a quella mia esistenza che mi sembrava così inutile.

Per tutta la vita ho cercato di piacere agli altri e di aiutarli. All'inizio, solo per avere un po' d'amore. Crescendo, per sentirmi meno inutile. Avrei voluto qualcuno che parlasse con me della morte, dell'invisibile, del posto in cui andiamo quando ci addormentiamo, del luogo da cui provenivo e di quando e se avrei potuto tornarci.

Non ero certa di aver scelto davvero la mia vita, ma sapevo che mi sentivo obbligata a stare in questo mondo. Fino a otto anni ero convinta che sarei tornata a casa entro la quinta elementare, perché non era proprio possibile che mi lasciassero in questo posto. Poi, in concomitanza con la separazione ufficiale dei miei genitori, capii che ero stata abbandonata e a niente servirono le rassicurazioni del 1996 e del 2000. Mio padre aveva definitivamente lasciato casa, non che prima fosse stato così presente, solo che dovevo abituarmi alla sua totale e costante assenza. Non fu un grande trauma, perché mi sentivo sola da sempre. Coincise soltanto con altri eventi tragici e mi portò a credere di essere finita all'inferno.

Non mi piace parlare di me e, infatti, lo farò il meno possibile, ma se non avessi vissuto per ventisette anni una doppia vita, oggi non potrei vivere del mio nuovo lavoro. Tutte le disgrazie che ho vissuto mi hanno permesso di liberarmi delle mie paure e di lasciare il comando, finalmente, a chi realmente sono, trovando il coraggio di dire: «mi occupo di Anima, di spiritualità e di invisibile e non sono mai stata così felice».

Adesso so che tutto quello che accade all'esterno, lo abbiamo scelto anche noi, seppur in un tempo di cui non siamo consapevoli.

Io sono stata all'inferno e quando stai all'inferno e la luce ti salva, capisci non solo che se lo spirito ha salvato te significa che può tutto, ma comprendi che non potrai più dimenticare né perdonare. Non puoi perdonare, se perdonare significa passarci sopra. Puoi perdonare se perdonare significa andare avanti, lasciar perdere, non sporcarsi le mani. Quello che però di sicuro non potrai più fare è dimenticare. Sai, infatti, che dimenticando, scorderesti anche il bisogno di Giustizia con la "g" maiuscola, che hanno tutti i casi disperati. E io sono stata il caso più disperato che abbia mai conosciuto! Se la mia vita fosse dipesa solo dal mio io cosciente, non ne parlerei mai e sarei ancora in Polizia, non avendo mai pensato di lasciarla. Ci sono cose, però, che decidiamo prima ancora di incarnarci e lo facciamo in accordo con forze superiori e per scopi più grandi di quelli puramente egoici.

Da quando sono piccola, mi domando chi sono, cosa sono venuta a fare qui, che senso ha questa vita, cos'è la morte. La vita mi ha semplicemente risposto. Questa, dunque, non è la storia di un eletto o di un maestro, ma di un caso disperato che ha trovato il suo modo per uscire dalla disperazione ed essere felice, e ha tramutato tutto questo in un lavoro. Un lavoro che so di dover fare da ventisette anni, dalla mia prima esperienza fuori dal corpo, come ho già ricordato, ed è anche per questo che lo esercito: per evitare che tante altre persone impieghino ventisette anni per realizzare ciò che sentono nel profondo.

Se sostieni di aver avuto un'esperienza premorte e sei rimasto tale e quale a com'eri prima, ti stai ingannando. Non si può vivere un'avventura così strabiliante e restare uguale all'istante prima. Si può, tuttavia, decidere di ignorare quello che si è visto e vivere come se non fosse successo niente. Quello che ho fatto io per diciassette anni. In realtà, però, si condurrà una doppia vita. In apparenza, si cercherà di essere come tutti gli altri, nella sostanza si faranno cose insolite che porteranno a risultati altrimenti irraggiungibili.

Ora so perché ho dovuto affrontare difficoltà di ogni tipo. Dovevo essere un caso disperato per studiare tanto, per sperimentare, per cercare ovunque uno strumento di salvezza, per poi alla fine comprendere che in ogni cosa esistono le risposte che cerchiamo. Tutto è un segno. Tutto esiste per noi, ma siamo ciechi e sordi e amiamo restare immobili a crogiolarci nell'infelicità. Perché? Semplice: è molto più comodo. Ogni cambiamento richiede coraggio, fatica, dedizione e pazienza. All'infelicità, invece, basta un divano.

Per trovare risposte e spiegazioni ai fenomeni straordinari che avevo vissuto e che non riuscivo a comprendere, mi sono avvicinata anche allo studio delle diverse culture religiose. Ero disperata e non sapevo più dove cercare dopo che fisica quantistica, neuroscienze, psicologia, diritto, filosofia, letteratura e storia non erano riuscite a darmi un motivo per continuare a vivere. Ben presto, però, mi resi conto che neanche l'antropologia gnostica e i grandi mistici alleviavano il mio male di vivere. Per questo, allo studio, iniziai ad aggiungere la pratica. Darmi degli obiettivi, praticare un po' di buddismo e fare sport alleviarono temporaneamente il mio malessere. Il sollievo, però, fu temporaneo perché nel 2000 fui colpita da un lutto di cui mi sentii responsabile. Sono morta mentre moriva la persona che più amavo al mondo. Credo di aver vissuto un fenomeno di *entanglement* perché, a distanza di molti chilometri, tremavo, mi mancava il respiro e sentivo un'angoscia inspiegabile che mi spingeva a voler chiamare casa. Dopo quell'esperienza, mi sono colpevolizzata e punita per anni, bloccata in una spirale distruttiva, fino all'esperienza di premorte vissuta nel 2005, che rappresentò un punto di svolta e di cui ho già raccontato. Appena mi risvegliai, ripresi a mangiare e, da allora, iniziai a conseguire risultati sbalorditivi. Sapevo di essere Anima. Non mi sentivo più sola. Avevo una missione da compiere, anche se non sapevo spiegarla a parole e non avevo idea di come diavolo avrei fatto a realizzarla. Sentivo, però, di essere guidata e che l'unica cosa che dovevo fare era fidarmi.

Non ho mai sentito "le voci", né visto cose strane, ma dentro di me intuivo la presenza di quei Maestri spirituali e quelle guide che avevo incontrato quando la polmonite mi aveva fatto perdere i sensi. Essi mi avevano spiegato che la separazione è una cosa tutta terrestre, pertanto loro sarebbero rimasti ugualmente in collegamento con la mia Anima. Ora sapevo che, soprattutto meditando e dormendo, avrei potuto tornare in contatto con loro. Il senso di abbandono, che per tutta la vita mi aveva accompagnato, era sparito.

Iniziai a creare dei metodi per raggiungere i miei obiettivi e per stare bene. Esattamente come facciamo quando mangiamo, sapevo che dovevo assimilare quello che studiavo e poi personalizzarlo. Il segreto era tutto lì. Dovevo unire la mia energia a pratiche spirituali che avevano funzionato per molte altre persone e creare qualcosa di nuovo, fatto su misura per me. Capii che il potere della suggestione, unito alla nostra energia, creava qualcosa di magico. Se, infatti, una persona, crede di avere un potere curativo nelle proprie mani o di poter guarire gli altri attraverso delle pietre piatte, vi assicuro che moltissimi beneficeranno di quelle pratiche. Era probabilmente questo che Gurdjieff intendeva quando sosteneva che studiare testi di Maestri antichi non servisse a nulla, perché erano ormai privi dell'energia di quella persona[1]. A curare non sono le mani, né le pietre, né altre sostanze. A curare è la nostra energia focalizzata su un obiettivo. Un'energia divina, un frammento di Dio che dimora negli esseri umani e che io identifico con l'Anima. Ciascuno può scegliere se impiegare quel frammento divino a servizio del bene o del male. È davvero così importante sapere se un uomo è buono o cattivo? Assolutamente sì, perché uno dei motivi principali dell'infelicità umana consiste proprio nell'ignoranza. Noi non sappiamo perché siamo qui, qual è la nostra missione, cosa siamo venuti a fare, ed è normale che in questa non conoscenza si perda il senso del nostro esistere. Di conseguenza, sapere se l'uomo è essenzialmente buono o cattivo serve per capire innanzitutto che il mondo non è un villaggio vacanza, perché ci sono entità demoniache che lo controllano! Questo significherebbe ancora una volta deresponsabilizzarci. Il mondo è diventato una specie di psicopenitenziario perché, nella nostra ignoranza, noi scegliamo la via più semplice. L'essere umano, infatti, a differenza di tutte le altre specie viventi non è adatto ad alcun ecosistema e questo non è un particolare di poco conto. Noi non abbiamo zanne, artigli, pelliccia, veleni o capacità di mimetizzazione, e anche se il nostro DNA differisce da quello dello scimpanzé per una percentuale minima, che oscilla tra l'uno per cento circa e il cinque per cento[2], siamo avulsi da ogni contesto terrestre[3], eppure abbiamo la mente che ci permette di adattarci a qualsiasi condizione. Siamo davvero una specie addomesticata? Da chi? E per quali fini? Siamo essenzialmente crudeli come i nostri creatori? Siamo tutti uguali? Porci almeno questo tipo di domande serve a riflettere ed eventualmente a scegliere di cambiare. Diventa un passo fondamentale in quel percorso di autoconoscenza che rappresenta l'unica via per la felicità. La nostra crudeltà deriva spesso proprio dalla nostra ignoranza, anche culturale. Ragioniamo poco e male e non sappiamo, per esempio, che possiamo opporci alle decisioni di un'autorità precostituita quando le sue pretese vanno a toccare dei princìpi che dovrebbero essere sacri e inviolabili per l'essere umano. Il più delle volte lo ignoriamo perché non conosciamo la storia e, dunque, non sappiamo che ci si può ribellare al tiranno e che Davide può battere Golia!

Come non sappiamo di avere molte altre qualità, come per esempio un potere di autoguarigione. Già i latini sapevano che il *medicus curat e natura sanat* (= il medico cura, la natura guarisce). In ognuno di noi, cioè, è insito il potere di autoguarigione e solo il tempo e la natura risanano ciò che il medico e i farmaci possono solo curare. Sia chiaro che curare è fondamentale, perché spesso è necessario aiutare i pazienti a sopportare il dolore, ma se non si impara ad attivare la connessione con la propria scintilla divina o parte spirituale, nessun farmaco da solo potrà ridare totale e completo benessere. La polmonite che mi stava uccidendo è stata curata con i farmaci, ma se in aggiunta non avessi ritrovato quel sentire profondo dentro di me, nessun farmaco avrebbe potuto salvarmi. Di anoressia si muore. Figuriamoci cosa può accadere a un'anoressica ammalata di polmonite. Fu nel 2005 che capii che tutto era già dentro di noi. Inferno e paradiso a portata di mano e la scelta tra male e bene come arma principale. Il dramma era che avevo compreso tutto questo a livello irrazionale, mentre razionalmente ero ancora schiava della posizione sociale, della famiglia, del giudizio altrui e di un'insicurezza che non è umiltà ma pura presunzione.

Preparatevi, molte delle cose che leggerete vi sembreranno assurde all'inizio, perché viviamo in un mondo alla rovescia, in cui la vera conoscenza è stata soppiantata dall'utilitarismo.

L'insicurezza, come ho detto, è presunzione. La presunzione di essere nati senza senso, senza valore e senza scopo e, dunque, di saperne più dell'Assoluto. In genere, chi non crede in Dio pensa che l'universo sia nato per caso e denigra e deride chi invece crede, pur sapendo che niente nasce a caso.

Essere sicuri di sé, invece, significa aver compreso che siamo particelle di Dio e che siamo su questa terra per acquisirne consapevolezza, come se ci fosse stata data la possibilità di avere coscienza del nostro potere e, dunque, non esistere più in quanto semplici cellule di un corpo più grande, ma diventare noi stessi esseri autonomi in grado di generare altri mondi. Quando capiremo che a ciascuno di noi è stato dato il dono di poter diventare padrone del proprio destino e co-creatore della propria vita, allora capiremo quale straordinario atto d'amore abbia determinato la nostra presenza su questo pianeta.

Un altro esempio di mondo alla rovescia lo troviamo quando si parla di fragilità. Più una persona è stata ferita più la si ritiene vulnerabile. Al contrario, più si è "rotti" più si ha la forza di scoprire e sentire cose che gli altri non comprendono e non percepiscono. Le persone davvero indistruttibili sono quelle che sono state fatte a pezzi, i "rotti", appunto. Quelli cioè che hanno incontrato schiere di approfittatori e ipocriti per prendere coscienza della diversità tra coloro i quali sono apparentemente sempre perfetti e altri che al contrario sono costantemente fuori dalle righe. I "rotti" sono indistruttibili per via delle loro fessure, da cui il mondo può ancora toccarli nell'intimo, e sono protetti da ciò che offrono: una grande profondità tirata fuori dai loro buchi neri, portali aperti sugli infiniti mondi abitati da entità di luce e vere Anime… solo chi ha avuto il coraggio di scontrarsi con il male lo ha conosciuto davvero e farne esperienza significa essere feriti, avere crepe e, nonostante tutti i segni e le cicatrici, continuare a sentire che ciò che più conta è l'Amore.

Chi è più forte? Il male o il bene? Alla fine chi vincerà? Che cosa serve per cambiare? Per uscire dalla propria infelicità? Pare che Tucidide abbia detto che il segreto della felicità sia la libertà e il segreto della libertà il coraggio. Ma per avere coraggio cosa serve? Conoscenza. E per acquisire conoscenza? Impegno, fatica, dedizione, pazienza e, soprattutto, amore. Amore per quello che già abbiamo e di cui, spesso, ci rendiamo conto solo nel momento della perdita. Quando si incontra l'Amore, anche aver fatto l'amore con l'amato una volta sola dovrebbe valere una vita intera o l'incarnazione in questo mondo. Siamo circondati di segni, ma nessuno ci ricorda di vederli. Ogni spettacolo della natura e ogni nostra facoltà sono doni, ma diamo tutto per scontato e, così facendo, ci sfugge il senso di questo viaggio. Il mondo è triste perché non conosce lo straordinario potere dell'Amore, cura di ogni male e pura manifestazione dello Spirito.

Sapevo, grazie ai miei studi, che le persone cercano essenzialmente sicurezza e che sono disposte a rinunciare a qualsiasi cosa pur di sentirsi sicure. Per questo, il mondo è pieno di gente infelice, che però esteriormente possiede tutto. Chi comprende la vita, invece, diviene sicuro di sé. Le apparenti contraddizioni e i paradossi sono solo un gioco nel gioco, un metodo per svelarci una verità più grande, quella di dover andare oltre tutto ciò che *appare*. Noi, invece, che non conosciamo niente di quest'esistenza, tanto meno le regole che governano questo mondo, siamo disposti a tutto pur di sentirci al sicuro e questo è uno dei motivi per cui esiste tanto attaccamento al denaro. Quando, però, ci ricongiungiamo con l'Anima, possiamo vivere anche nella totale apparente insicurezza materiale, perché finalmente comprendiamo che le uniche certezze possono arrivare solo dal profondo di se stessi. Questo significa, in genere, vivere di lavori insoliti o nuovi o che farebbero sentire precarie le persone immerse nella meccanicità della vita. Chi, invece, si è riconnesso con la propria essenza è sicuro, pur non avendo la certezza che domani il suo lavoro fuori dagli schemi gli porterà di che vivere, in quanto sente che mai sarà abbandonato alla miseria o gli mancherà qualcosa, essendo connesso con la sua Anima e, di conseguenza, con il mondo spirituale da cui proviene. Per arrivare a capirlo, quindi, era inevitabile che il mio percorso partisse dal bisogno di garantire la sicurezza fisica degli altri; passasse poi a quella psicologica e approdasse alla più importante, quella spirituale. Ora dunque so perché sono entrata in Polizia e ho compreso, seppur dopo molti anni, le parole del grande Battiato, quando, nel 2009, mi domandò cosa facesse una come me in Polizia, aggiungendo che non sarei durata molto lì… Mi arrabbiai per quella considerazione. Stavo combattendo ancora la mia guerra contro la spiritualità e volevo dimostrare a me stessa che con la ragione, la forza di volontà e la tenacia avrei potuto conquistare tutte le vette. Non avevo ancora compreso che con la ragione si arriva solo fino a un certo punto, che la forza di volontà è un dio feroce che può anche uccidere e che la tenacia senza amore è solo ossessione.

Se non fossi arrivata in punto di morte, nel 2005, non avrei mai compreso fin dove la sola forza di volontà ti può condurre. Ero prigioniera dei miei limiti mentali, frutto di tutte le credenze, i condizionamenti e le ferite subite. Per questo, a contare erano solo i risultati tangibili: il prestigio sociale, i soldi, la fama e una qualche forma di potere. La forza di volontà è una forma di potere ma, come forse ogni forma di potere, ti può disintegrare, avendo fatto di te un guscio vuoto. La straordinarietà di quello che ho vissuto consiste anche in questo: cosa si può fare con un uovo ormai rotto? Dovevo essere fritta, finita, ma, al contrario, sono rinata. Per molti anni, mi sono chiesta "perché io? non me lo merito, non sono una persona buona". Sentivo ancora così tanta rabbia in me – anche dopo che ero stata salvata – perché lo stato di grazia post esperienza premorte termina a un certo punto, se fai di tutto per tornare come prima. Questo è il motivo per cui ho sentito l'impellente bisogno di studiare la natura umana. Provare così tanta rabbia faceva di me una persona crudele? Ero nata in quel modo o lo ero diventata? Perché ero affamata di giustizia? E quella che chiamiamo giustizia, a volte, non è solo desiderio di vendetta? Nasciamo davvero tutti uguali? Veniamo al mondo buoni o cattivi? E per quale ragione proprio a me era stata data un'altra possibilità? Meritavo sul serio una nuova vita? Ero davvero buona solo perché onesta o la mia voglia di riscatto era puro egoismo? In fondo, mio fratello non era morto per colpa del mio desiderio di affermarmi? O vi è un destino a cui non si può sfuggire o che noi stessi concorriamo a stabilire prima di nascere? Sono più i geni e i caratteri ereditari a condizionarci o l'ambiente in cui viviamo?

Questi e altri interrogativi simili mi ossessionavano e arrivai alla conclusione che prima di intraprendere un qualsiasi percorso di conoscenza di sé, bisognerebbe interrogarsi sul male e sulla natura dell'essere umano. Spesso, infatti, molti dei ricercatori che incontro mi chiedono perché ci sia così tanto male nel mondo. Molto credo che dipenda dal fatto che non ci conosciamo, non conosciamo la nostra natura, e non sappiamo di poter scegliere. Non possediamo tutto il libero arbitrio che crediamo di avere, ma una delle poche scelte di cui abbiamo facoltà è proprio quella di discernere tra bene e male, solo che spesso è più comodo pensare di non avere opzioni e dunque fare il male. Faccio due esempi.

Una persona che ritengo amica riferisce in trasmissioni su YouTube piuttosto seguite tutto quello che le viene confidato in privato. Questa persona, quest'uomo viene pregato di non farlo, gli viene ricordato che la riservatezza è un valore e che non tutto si può dire, tanto più che, se fosse così, dovrebbe raccontare che lui stesso, che si professa persona spirituale, era alla disperata ricerca di un green pass falso durante il periodo delirante che abbiamo vissuto dal 2020 in poi. Come risposta, il chiacchierone continua a parlare di fatti personali altrui, racconta persino il giorno del matrimonio dell'amico, con tanto di elenco dei partecipanti! A quel punto, il rapporto di amicizia tra i due si interrompe e il pettegolo, in una trasmissione con alcuni altri amici, definisce l'ex amico riservato posseduto da entità demoniache. Ecco, questo amico molto loquace avrebbe potuto agire diversamente? Certamente, ma il chiacchierone ha scelto di far credere a tutti che la sua amicizia con il riservato si fosse interrotta perché quest'ultimo era posseduto, a suo dire. Il chiacchierone, quando è stato rimproverato dall'amico riservato di aver detto troppo, avrebbe potuto chiedere scusa e tacere, invece, per difendersi, pensando erroneamente forse di non avere scelta per salvare la sua reputazione, ha peggiorato la situazione, agendo con la cattiveria di offendere l'amico, pur sapendo di dire il falso solo per restare un altro po' al centro dell'attenzione.

Altro esempio, quello di Giordano Bruno. Avrebbe potuto abiurare e rinunciare alla sua libertà di pensiero? Certo, ma scelse di restare fedele a ciò che riteneva essere bene. Il filosofo scelse – in questo caso, sapendo molto bene che aveva due strade davanti – non la via più facile ma quella che ritenne giusta, anziché fare il male tradendo se stesso.

Ci sono tante teorie che sostengono la natura buona dell'essere umano, soprattutto alcune che si rifanno a certe religioni che affermano che l'uomo è fatto a immagine e somiglianza di Dio. A questi e a coloro che sostengono che il mondo stia andando verso il bene che, sempre a detta loro, starebbe trionfando, vorrei chiedere come mai allora nel mondo ci sono tante guerre, ingiustizie, malattie, stupri e violenze di ogni tipo? Ce ne sono altrettante, invece, che evidenziano la natura spietata dell'uomo e basterebbe pensare a Hobbes e al suo «homo homini lupus». In questo momento storico, però, più che mai mi interessano gli esperimenti, visto che oggi sarebbe impossibile ripeterli, in quanto vivendo in una società ipocrita, alcuni test vengono considerati immorali e, di conseguenza, sono banditi, salvo poi commettere ogni tipo di atrocità di nascosto o fingendo che sia necessaria a un qualche bene superiore.

I due più famosi esperimenti di questo genere sono quello di Milgram[4] e quello di Zimbardo[5]. Con quello di Milgram si arriva alla conclusione che l'uomo obbedisce in maniera quasi cieca a un'autorità che abbia un minimo di credibilità, al punto di rinunciare non solo alla propria individualità, ma anche alla propria moralità. Il risultato dell'esperimento, infatti, ci dice che l'uomo è pronto a infliggere persino pene capitali e sofferenze atroci a persone innocenti solo per eseguire un ordine di un'autorità che ritiene legittima. Sarebbe, dunque, l'ambiente, dato dalla presenza dell'autorità, a coartare la volontà del singolo che vedrebbe annichilito il suo libero arbitrio. In realtà, però, chi esegue l'ordine mantiene sempre il suo libero arbitrio, ma sceglie di non esercitarlo, perché è più comodo obbedire e basta. Se obbedisce, infatti, non gli sarà fatto alcun male e non subirà le conseguenze delle proprie azioni, perciò abdica al suo potere e si lascia agire per interesse. Se, al contrario, decidesse di disobbedire, potrebbe essere chiamato a rispondere delle proprie scelte e allora perché essere libero se poi si deve complicare la vita? Meglio rinunciare alla propria libertà. E questo atteggiamento lascia trasparire il motivo per cui la maggior parte degli italiani non ha compreso il mio gesto di salire sul palco della manifestazione del 25 settembre 2021 per cercare di smuovere le coscienze contro quello che stava accadendo. Per molti, salire sul palco di una manifestazione per mettere in guardia tutti su quanto stava accadendo è stato solo un gesto di esibizionismo. Il potere, invece, ha capito molto bene il pericolo insito nel mio comportamento e ha temuto che quanto io auspicassi potesse accadere e cioè che la maggior parte degli appartenenti alle forze dell'ordine si facesse sospendere. A quel punto, chi avrebbe controllato che la gente possedesse effettivamente il green pass? Chi avrebbe scortato i politici? I più hanno scelto di vaccinarsi prima ancora che fosse introdotto l'obbligo, per risparmiare soldi, oltre alla scocciatura dei tamponi. Liberi di farlo, sia chiaro, ma così facendo non hanno forse obbedito agli ordini come nell'esperimento di Milgram? Bisogna essere ben consapevoli di questi meccanismi, se si sceglie una professione di aiuto, qualunque essa sia. Si sa da tempo immemore che l'uomo è pronto a sacrificare la propria felicità per un po' di sicurezza, figuriamoci se è disposto a metterla in pericolo per un ideale, fosse anche di portata universale. Ognuno pensa solo a sé ed ecco dunque schiere di sedicenti spirituali che non hanno mai preso posizione sulla questione per quieto vivere o che hanno cercato tessere false per poter continuare a muoversi liberamente, fingendo di essere obbedienti e perfettamente integrati nel sistema. L'esperimento di Zimbardo, invece, racconta di quanto immedesimarsi in un personaggio conduca a esiti impensabili, lasciando emergere una ferocia fino a quel momento sconosciuta. Ancora una volta, potremmo chiederci se è stato l'ambiente e, nella circostanza, una finzione, a coartare la volontà del singolo. A mio avviso, non si può rispondere in modo affermativo alla questione, in quanto le regole del gioco non prevedevano l'uso della violenza, ma il semplice mantenimento dell'ordine da parte dei secondini nei confronti dei carcerati. Erano stati selezionati uomini che non avevano mai manifestato alcun disturbo mentale né avevano precedenti penali e divisi in due gruppi. L'esperimento consisteva nell'osservare cosa accadeva tra le guardie e i detenuti di un penitenziario. L'esito lasciò tutti stupefatti. L'osservazione, infatti, fu interrotta dopo soli cinque giorni, anziché i quattordici previsti, perché già dal secondo si manifestarono episodi di violenza, come lasciare i detenuti chiusi nelle celle con i secchi pieni dei loro escrementi, oppure obbligarli a pulire le latrine a mani nude. Le sevizie che si verificarono durante quell'esperimento furono le stesse che si registrarono (e che purtroppo accadono ancora) in molti delle carceri del mondo, come quelle di Abu Ghraib durante l'occupazione militare statunitense dell'Iraq. I secondini si dimostrano tanto più feroci quanto più lontani dalle telecamere e questo è un altro aspetto inquietante, visto che trattandosi di un gioco, avremmo dovuto aspettarci l'esatto contrario! I detenuti manifestarono sintomi di disgregazione emotiva e, dopo pochi giorni, erano ridotti in uno stato di completa docilità. Zimbardo, allora, evidenziò che in determinate circostanze chiunque potesse diventare il satana di un altro, il famoso "effetto Lucifero", che si manifesterebbe soprattutto nei gruppi, quando verrebbe garantito a tutti i componenti l'anonimato, e il singolo si sentirebbe autorizzato a compiere le peggiori atrocità, in quanto già messe in atto da altri. La spersonalizzazione dell'essere umano sarebbe dunque possibile ogni qual volta un individuo venga posto in un gruppo. Questa "deindividuazione" spiegherebbe come mai persone incensurate e tranquille, messe in gruppo, diventino capaci di compiere atroci delitti senza alcuno scrupolo morale[6]. E, a proposito di morale, il dilemma di Heinz formulato da Kohlberg evidenzierebbe come i vari stadi di evoluzione morale dovrebbero passare per un progressivo abbandono della logica egoistica di agire esclusivamente per interesse personale al più elevato livello di azione in nome di una moralità interna, che mai potrebbe essere infranta per ordine di una qualche autorità, in quanto fondata su princìpi universali di libertà, dignità e rispetto di ogni essere umano. Direi che i recenti fatti storici sanciscono, senza ombra di dubbio, la totale decadenza dell'essere umano che, di umano, sembra avere sempre meno. Pensare di cambiare il mondo attraverso la politica o le manifestazioni di piazza è un'illusione, di cui io stessa sono stata vittima, tipica di chi ancora non ha raggiunto una piena consapevolezza degli aspetti appena illustrati. Quasi tutti gli errori che ho compiuto nella mia vita sono stati dettati dal fatto che ho preferito anch'io, in passato, seguire i consigli di altri, abdicando al mio potere, nella convinzione che ci fosse sempre qualcuno migliore di me in grado di sapere cosa dovessi fare per stare bene. Non capivo allora che, in genere, chi dispensa consigli e ci incita a fare politica, per esempio, sostenendo che milioni di italiani lo desiderano e che in questo modo faremo il bene del Paese, sta semplicemente manipolando le nostre fragilità per i propri interessi. Adesso so che solo chi sta bene può aiutare gli altri e che non è rinunciando a essere se stessi in nome di un ipotetico bene collettivo che si raggiungerà l'obiettivo di vivere in un mondo a cui siano garantiti a tutti i diritti essenziali, tra cui quello a vivere in pace, potendo soddisfare ogni proprio bisogno, fisico, psichico, morale e spirituale ed esprimendo appieno la propria essenza. Per queste ragioni, ho scelto di occuparmi del benessere delle persone, perché ogni ingiustizia può essere superata attraverso un percorso di vera conoscenza o autoconoscenza e cercherò di spiegare perché i due aspetti coincidano.

# 6. L'Anima e la vera conoscenza

Tornare in contatto con la propria anima significa arrivare alla vera conoscenza, si diceva, quella conoscenza oggi perduta, la stessa di cui parlavano i Greci quando usavano il termine σοφία (*sophia*), che si può tradurre con il termine "sapienza".

Per gli antichi Greci, però, a differenza di quanto accade oggi, la *sophia* doveva partire dall'osservazione della realtà.

Socrate e Platone, infatti, partivano dall'esperienza concreta per fare le loro astrazioni. Il primo, per esempio, raccontava che tutto quello che sapeva sulle cose d'amore glielo aveva insegnato una donna[1]. Per gli antichi era un dato di fatto che tutto, in natura, si conoscesse attraverso l'esperienza. Per esempio, la pianta o l'animale si mimetizzano per non essere mangiati o producono determinate sostanze, anche stupefacenti, come alcune piante, per interagire con l'ambiente esterno in modo a esse proficuo. Partendo da fatti concreti, soprattutto se condivisi, si fanno astrazioni e si ragiona su quello che si è appreso attraverso l'esperienza. Ed è questo il motivo per cui noi siamo qui, per fare esperienza e imparare da essa, così ci arricchiamo. Questo non significa che dobbiamo per forza credere alla reincarnazione, perché – se ci pensiamo – anche nel corso della nostra esistenza, ciascuno di noi è come vivesse più vite. Non ci sono altri modi per evolversi se non attraverso l'esperienza. Rompersi una gamba, baciare un essere umano, mangiare un dolce sono azioni senza emozioni, in teoria, ma quando ci accadono personalmente si trasformano nel nostro personale bagaglio di conoscenze.

Una volta che la conoscenza astratta, quella raccontata, diventa esperienza diretta si converte in presa di coscienza. Quest'ultima è solo un altro nome per dire Anima, quindi l'esperienza è ciò che la arricchisce e un'Anima sarà tanto più antica quante più sono le sue esperienze. L'esempio che meglio lascia comprendere questo concetto è quello di immaginare la vita come una scuola. Ognuno ha la propria classe e chi frequenta l'università non può pensare di esporre la propria tesi a un bambino dell'asilo. Oggi, però, l'esperienza non ci insegna quasi più nulla. Non vi è alcun ragionamento sull'esperienza concreta, solo dogmi. In passato accadeva il contrario rispetto a oggi e di seguito farò un esempio che dimostra come l'esperienza si tramutava in conoscenza.

Nel 1848, in seguito all'incidente sul lavoro occorso a Phineas Gage[2], si era appreso che danni al lobo sinistro del cervello e, in particolare alla corteccia orbitofrontale, cambiano il comportamento di un individuo, generando un disturbo simile a quello antisociale di personalità. Gage, da uomo mite e gran lavoratore, divenne sfrontato, aggressivo, maleducato, disinibito e per tali ragioni perse il lavoro, la famiglia e gli amici. Riuscì a trovarne un altro come autista di una diligenza e visse dodici anni dopo quell'incidente che gli cambiò la vita. Da quell'esperienza, il neurologo Freeman, con un'astrazione empirica dal caso concreto, ideò la lobotomia[3]. Venne teorizzato che danneggiando una piccola parte della corteccia prefrontale si potesse ottenere l'effetto di calmare i pazienti schizofrenici. Con l'aiuto di un punteruolo, che si introduceva attraverso l'occhio, si effettuava un taglio frontale, ma spesso alcune parti dell'arnese si rompevano nel processo, restando all'interno del cranio e causando atroci dolori per infezioni di vario genere che potevano portare alla morte. Quando i pazienti non morivano, restavano in stato semi-vegetativo o mostravano evidenti problemi di linguaggio. Dagli anni Quaranta agli anni Settanta del Novecento, nonostante queste controindicazioni, la lobotomia venne utilizzata e ritenuta efficace per curare i pazienti più violenti. Lo stesso avvenne con l'elettroshock, che prima si usava per calmare certi malati di mente, nonostante alcuni morissero subito dopo o durante quel trattamento, e con la talidomide[4], un farmaco utilizzato per eliminare malesseri e nausee mattutine durante la gravidanza, salvo poi scoprire che causava gravi malformazioni al feto. In passato, dunque, se i dati empirici dimostravano che un farmaco provocava gravi conseguenze, a volte irreversibili, non veniva più impiegato per quegli scopi. Oggi siamo sicuri che sia ancora così? Si sa, per esempio, che troppe ore al pc o al telefonino o davanti al televisore o videogiochi incidono negativamente sullo sviluppo del bambino[5], ma cosa si fa? Oppure, si sa che praticare troppo sport fa male[6], eppure alcune persone continuano ad allenarsi comunque con ritmo elevato, e non solo perché la corsa prolungata, per esempio, genera una scarica di endorfine che ci spinge a continuare, ma perché oggi l'esperienza non insegna più nulla. Gli antichi Greci e i latini hanno spiegato molte volte i benefici della moderazione, ma oggi si preferisce vivere di eccessi e, così, la gente si sottopone a sedute di esercizio fisico incessante e, non solo, aumentano i casi di obesità e quelli di anoressia. È proprio come se gli esseri umani fossero posseduti e spesso facessero cose diverse da quelle desiderate o programmate. A mio avviso, questo accade perché l'esperienza non diventa più conoscenza, non viene più interiorizzata. Tutta il sapere del mondo non può essere unicamente teorico ed è inutile se non viene applicato. Oggi, invece, per alcuni è come se il solo fatto di studiare li illudesse di diventare Gesù o Sai Baba. La conoscenza è una cosa vana se non serve a innescare il cuore, in modo che questo possa passare per il cervello prima di ogni parola o azione. È noto che vi sono moltissimi scambi tra cuore e cervello e tra cuore e intero corpo e la neurocardiologia[7] spiega bene i benefici di rimettere in equilibrio cuore e cervello. La conoscenza, a mio avviso, può innescare il processo di coerenza cardiaca, purché si tratti di vera sapienza e sia in grado di assolvere alle sue funzioni, in primis, quella di autoconoscenza. Il vero studio è innanzitutto quello che silenzia la mente, il primo nemico dell'Anima, con la quale noi ci identifichiamo, limitandoci. In questo modo, diventiamo infelici e rumorosi. Dalla notte dei tempi si sente dire che il segreto per vivere bene è stare nel momento presente. Questo è senz'altro vero, tanto quanto impossibile da protrarre nel tempo. L'osservazione di sé attimo per attimo è possibile solo iniziando con brevi periodi, che potranno in seguito essere sempre più prolungati.

Cosa dire poi della lettura, fonte d'ispirazione. Leggendo vengono in mente frasi e concetti in grado di sorprenderci, come se arrivassero da luoghi lontani e misteriosi o ricordassimo cose che avevamo dimenticato di conoscere già. Quando siamo immersi in letture interessanti, sentiamo che esiste qualcosa dentro di noi che possiede la stessa sapienza di quel testo, magari non sappiamo che si chiama Anima, ma percepiamo quanto quella scintilla divina stia comunicando con noi. Ecco perché molti uomini geniali sono stati grandi studiosi, prima che inventori.

Tra le caratteristiche dell'Anima vi è l'eclettismo e grazie allo studio possiamo superare uno dei problemi che noi abbiamo con lei, che è proprio quello di riuscire a sentirla. Questo può accadere perché, quando studiamo con passione, l'Anima, a cui interessa prettamente fare esperienza, si ricorda sempre più della sua grandiosità, invia associazioni di idee, lascia affiorare pensieri sorprendenti, facendo sentire sempre più la sua voce.

La conoscenza oggi, invece, diventa e resta appannaggio degli specialisti. Quelli che il sistema decreta e designa come deputati a insegnare. Una volta, non era così. Un tempo, si andava in piazza e il più bravo a esporre il proprio pensiero diventava anche il più sapiente. Si aveva la pazienza di ascoltare e questo permetteva al processo della vera conoscenza di funzionare. Esso, infatti, è circolare, deriva dall'esperienza di qualcuno, che a sua volta condivide ciò che ha imparato. Attraverso il passa parola la conoscenza viene generalizzata e, successivamente, ritorna al singolo quando la mette in pratica. In questo modo, diviene patrimonio collettivo, a volte universale, com'è accaduto per l'assunto della terra che gira intorno al sole, degli effetti di alcuni cibi, o dei benefici del camminare nella natura o dell'esposizione solare. Oggi, invece, i più si vergognano di come impiegano il loro tempo o non vogliono condividere niente con gli altri per paura di essere giudicati male e così le comunicazioni si svuotano e le esperienze non si condividono.

Non c'è più una vera conoscenza anche perché molti pensano di poter fare esperienza solo attraverso internet e i social. Si sa che niente, in astratto, è buono o cattivo di per sé, ma dipende sempre dall'uso che se ne fa, quindi, non demonizzo queste piattaforme, ma so che hanno amplificato il malessere della nostra società. I social media, infatti, rappresentano una realtà monca, sono privi di una parte essenziale che è proprio quella coscienziale. Per questo siamo sempre più connessi alla rete, ma sempre più sconnessi dalla nostra interiorità. Ciò provoca non solo una totale incapacità di conoscere se stessi, vivendo in una perenne esteriorità, ma porta a non saper più decifrare le emozioni né indirizzare i pensieri, si resta all'oscuro della propria vera natura e, di conseguenza, del proprio potere. Ecco perché, dunque, troviamo soprattutto giovani che restano, per giorni, chiusi in casa, connessi a uno di questi social, commettendo anche reati. Si sentono, infatti, protetti dallo schermo, perciò non c'è da meravigliarsi se, poi, uscendo replicano le realtà virtuali, arrivando persino a ideare delitti atroci per combattere la noia. Cercano emozioni forti, perché sono sempre meno in contatto con la loro interiorità e, allora, solo sensazioni estreme sono in grado di risvegliarli dal torpore. È in atto un processo di addormentamento delle coscienze e la distanza siderale tra la profondità della propria Anima e il mondo esterno sempre più superficiale causa malessere, perché costringe a rinunciare a una parte di sé, la più essenziale. Inoltre, sgretola tutte le facoltà che richiedono più di due minuti per attivarsi. Motivo per cui bisogna semplificare tutto, scuola e università incluse, visto che vivere senza mai guardarsi dentro rallenta persino le capacità cognitive, come vedremo quando elencherò i benefici scientifici della meditazione. A riprova di quanto affermo, osservate l'incremento spaventoso di film horror, dell'uso della pornografia, di tutti i disturbi dell'attenzione e del comportamento e la necessità di dividere un esame universitario in due o tre parti. La velocità di reazione accresciuta anche dai videogame mi sembra inversamente proporzionale alla capacità di concentrazione. Essere più reattivi, infatti, non significa essere anche in grado di portare a termine un lavoro, anzi l'esatto opposto. Leggiamo sempre più storie di giovani che abbandonano studi e progetti, perché si sentono incapaci o schiacciati da un sistema che difficilmente premia il merito.

Oggi, i più aspirano ad arrivare alla ricchezza economica, non a caso spopolano gli influencer milionari. Nell'antichità, invece, l'obiettivo era l'*εὐδαιμονία* (*eudaimonia*), "felicità" in greco. Il termine, interpretato secondo l'Etica Nicomachea di Aristotele[8], significa "buona realizzazione del proprio demone", perché gli antichi Greci sapevano che la felicità è una conseguenza di un modo di essere, quello che porta a diventare chi si è. Per raggiungere l'*eudaimonia,* oltre all'amore, all'equilibrio e all'armonia di tutte le nostre componenti, bisogna passare per la conoscenza, quella che ci porta a vivere meglio nel presente, quella che ci fa capire appunto chi siamo, che senso ha questa vita, cosa siamo venuti a fare qui. Come conseguenza del diventare se stessi, del realizzare il motivo per cui ci siamo incarnati in questa dimensione, arriveremo alla gioia di vivere e a una pace inimmaginabile. Conoscere se stessi, dunque, per scoprire il proprio potere e la felicità che ne consegue. Più si lascia libera la propria Anima di essere quello che è, più si potrà arrivare alla vera conoscenza. Tornare in contatto con la propria essenza significa anche rimettere in equilibrio i propri pensieri con le emozioni, i sentimenti e le parole, facendo corrispondere i fatti a quello che realmente si credeva di realizzare. Un totale stato di coerenza e di equilibrio che sviluppa energia ricaricandoci. In questo modo, si realizza quello di cui parlava il neurobiologo Roger Sperry, già citato nel capitolo 3[9]. Il ricercatore ha scoperto che noi stiamo male perché viviamo squilibrati, utilizzando quasi completamente solo l'emisfero sinistro, deputato alla conoscenza del visibile e a tutto ciò che è logico-matematico. Tenendo conto di questo attraverso la tecnica che ho ideato (ma sia chiaro nessuno inventa niente, al massimo scopriamo quello che ci è stato dato) si possono rimettere in equilibrio i nostri due emisferi cerebrali, perché andiamo ad agire in un altro stato di coscienza, con creatività, su un piano che non è più puramente razionale. Lo possiamo facilmente appurare attraverso un dispositivo di *biofeedback* in grado di rivelare la sincronizzazione degli emisferi cerebrali[10]. Tutta la nostra esistenza è una storia di rimozioni e proiezioni. Chiunque abbia studiato psicologia lo sa bene. Per poter sopravvivere a tutti i traumi, spesso involontari causati dai genitori, si rimuovono molti episodi della propria infanzia. Questo è uno dei tanti modi in cui la mente ci imbroglia! Pensiamo che vada tutto bene, che abbiamo dei genitori meravigliosi; crescendo raccontiamo della nostra bellissima infanzia, salvo non ricordarci praticamente nulla! Ancora una volta, dunque, torniamo indietro con la mente e inventiamo ricordi che non esistono! Ogni memoria è sempre alterata dalla percezione del nuovo io che siamo diventati ma, in più, per convincerci che sia andato tutto bene, magari partendo da una fotografia, costruiamo una bella storia mai vissuta. Ci lamentiamo della gente, di come non ci capisca, di quanto sia invidiosa e crudele. A volte, si tratta di un semplice modo per accorgerci dei nostri lati oscuri che, finché non sono proiettati all'esterno, non riusciamo a comprendere. Altre, invece, proiettiamo le brutture che abbiamo rimosso nella nostra infanzia sugli altri, perché in famiglia dobbiamo sopravvivere! Al mondo esterno possiamo anche fare la guerra senza gravi conseguenze, ci illudiamo. La questione poi però si complica, perché altre volte ancora siamo davvero vittima di un mondo che sembra essersi accanito contro di noi, ma non ne comprendiamo le ragioni. È sempre la mancanza di conoscenza che ci impedisce di guarire. Se provo un dolore terribile al piede e non lo guardo, non scoprirò mai di avere la scarpa bucata e di avere una bella scheggia conficcata sotto l'alluce! Magari penserò che si tratti di un callo, o dell'alluce valgo, quando invece basterebbe osservare e quella conoscenza si trasformerebbe in un'immediata liberazione. Perché non comprendiamo che tutta la nostra vita è basata sullo stesso principio? Più conoscenze acquisiamo, in ogni campo, più queste ci renderanno liberi. Gli altri, dunque, potrebbero avercela con noi per questioni di karma o perché ci siamo scelti quella prova per ragioni evolutive o ancora perché abbiamo proiettato all'esterno l'odio che percepivamo da bambini da parte di nostro padre, ma non potendo sopravvivere all'idea di avere un genitore che non ci ama abbiamo santificato il nostro e trasformato in nemici il resto del mondo. E, infine, potremmo essere noi che, in realtà, perseguitiamo gli altri, ma non rendendocene conto abbiamo bisogno di sentirci oppressi per avere il coraggio di fermarci a fare il famoso esame di coscienza, ormai quasi del tutto passato di moda. Questo è solo un esempio per dimostrare quanto sia difficile e complicato questo gioco che chiamiamo vita. Come compresi durante diversi miei viaggi astrali: la vita è un gioco geniale, chi lo capisce se ne va, chi non lo capisce resta qua.

Obiettivo del gioco geniale è ricordarsi di sé e dunque tornare alla propria natura libera e gioiosa. Come conseguenza di essa, si potrà essere felici nonostante si viva in uno psicopenitenziario, altrimenti, se fossimo stati spediti in un paradiso, sarebbe stato troppo facile.

La conoscenza di cui ho parlato finora, quindi, è quella che ci condurrà a vivere con leggerezza. Inoltre, dal punto di vista dell'Anima, la vita è una sola, perché il tempo non esiste per lei. Di conseguenza, le innumerevoli vite che viviamo sono una soltanto e così come intraprendiamo un lungo percorso di psicoterapia per ricordare i traumi rimossi della nostra infanzia e guarire, allo stesso modo è necessario che l'Anima ricordi molte delle sue vite rimosse per rimettere ordine e guarire dalle sue ferite! È chiaro che ci siano psicoterapeuti che sostengono non sia utile ricordare i traumi infantili per rimuoverli, ma molti altri, invece, in questo modo, hanno portato alla guarigione tante persone. Analogamente, ci sarà qualcuno che, per i motivi più svariati, sconsiglierà questa tecnica, ma solo chi ne conosce i benefici e li ha constatati su di sé e sugli altri può sapere quanta leggerezza, consapevolezza e gioia possa donare a chi la pratica. Conoscere le nostre vite passate ci permette di comprendere a quale punto del viaggio siamo arrivati. La morte è solo un cambio d'abito e la volta dopo si rinasce con tutto quel bagaglio di conoscenze che ci portiamo dietro dalle vite precedenti. Se non sappiamo che a morderci, per esempio, è stato un serpente velenoso, non faremmo in tempo ad assumere l'antidoto. Allo stesso modo, se non sappiamo di essere morti, per esempio, per egoismo, perché il peso di quella esistenza era troppo grande per noi e ci siamo abbandonati alla disperazione, rinasceremmo con la stessa voglia di morire e la stessa rabbia che ci ha ammalato nella vita precedente. È la Terra il posto in cui dobbiamo imparare le lezioni che ci servono per evolverci, e non possiamo lasciarla finché non ci svegliamo. Ma per svegliarci dobbiamo conoscere come funzioniamo. Se non siamo in grado di spegnere la mente razionale, gestire la rabbia o frenare gli impulsi, per esempio, prima bisognerà imparare a farlo e, soltanto successivamente, sarà possibile affidarsi all'invisibile e ricevere dei messaggi in grado di farci cambiare prospettiva. Per spegnere la mente razionale si potrà iniziare con lasciarla al suo chiacchiericcio. Non assecondarla e non ostacolarla. A furia di ignorarla, si azzittirà. Per gestire la rabbia, invece, oltre ad alcuni esercizi in grado di liberarla, bisognerà comprenderne le origini e, qualora fosse una mancanza di attenzioni, di amore e premure ad averla innescata, si dovrà dare all'amato ciò che avremmo voluto ricevere noi e che ci è mancato, generando così rabbia. L'amato, di conseguenza, smetterà di essere la copia del nostro genitore, del quale vorremo vendicarci, ma diventerà la nostra cura. E capiremo cosa voleva dire Lao Tzu con la frase «Quando l'universo vuole salvare un essere umano, gli manda l'amore[11]».

## 7. Il risveglio evocativo. È solo fantasia?

Il metodo principale che utilizzo per far tornare le persone in contatto con la propria Anima è il risveglio evocativo, ma non è l'unico. Proprio per il fatto che nessuno inventa niente, io ho solo unito insieme in una meditazione evocativa tre tecniche, che vengono una da oriente, dalla meditazione trascendentale, appunto; una da occidente, da quella che impropriamente, a mio avviso, viene chiamata ipnosi regressiva e, in particolare, quella usata da Brian Weiss; e la terza è un insieme di usi dall'antico Egitto. Naturalmente essenziali sono stati i suggerimenti di molti grandi conoscitori dell'animo umano, tra cui quelli di Gurdjieff, Sai Baba, Jung, Hillman e soprattutto gli insegnamenti di Gesù, compresi quelli dei vangeli apocrifi. Nello specifico, Jung aveva ben compreso che per afferrare la molteplicità del nostro io, bisogna dare spazio, conoscere e, dunque, ascoltare gli abitanti del nostro inconscio, che spesso non sono che personalità formate in vite passate che non ricordiamo. Solo in questo modo sarà possibile arrivare a quella che lui chiamava "integrazione", individuandosi in un io che è scisso dall'altro io che ci portiamo dentro e che dobbiamo conoscere per assimilarlo a ciò che davvero siamo[1]. Hillman, esattamente come Jung, riteneva fondamentale imparare a parlare con l'Anima per capire cosa esattamente voglia, ma sottolineava come essa si rifiuti di rispondere finché non saremo davvero capaci di ascoltarla[2]. Anche per Hillman questo sarebbe l'unico modo per riallacciare i contatti con la nostra parte divina[3]. Di Gurdjieff e dell'importanza del ricordo di sé, dell'osservarsi e svegliarsi ho già accennato (vedi capitolo 5), e di Gesù parleremo andando avanti. Lo scopo del risveglio evocativo è quello di rimettere in equilibrio la nostra parte razionale materiale con quella spirituale invisibile, perché questo sarebbe il segreto per vivere bene. Come conseguenza si potrà arrivare alla vera conoscenza, quella che aiuta a vivere meglio nel presente, che diventerà poi utilità pratica e ci renderà capaci di essere Maestri di noi stessi, in grado di costruire il nostro angolo di paradiso. In questo modo, inoltre, si potrebbe arrivare a scoprire il vero potere, quello dello spirito di plasmare la materia, facendoci diventare co-creatori della nostra realtà. Il potere di cui parlo deriva dalla consapevolezza di aver compreso che, a detta sempre dei Maestri durante i risvegli, abbiamo bisogno di un mondo duale e materiale per entrare in contatto con il libero arbitrio; di aver appreso le due regole principali che governano la vita in ogni dimensione: libertà e non fare male a nessuno; e, soprattutto, di aver capito che la materia esiste perché noi possiamo ricordarci e divenire coscienti di questo nostro potere e della libertà che abbiamo di scegliere se attivarlo o no.

Il risveglio evocativo può far conoscere quella gioia che io (e molti altri) ho provato durante la mia esperienza premorte, essendo il risveglio evocativo la cosa che più le si avvicina[4]. Serve proprio infatti per ricordarsi di sé, ritrovando così la gioia di vivere. Conoscere le proprie vite passate, parallele e interiori è necessario per superare i propri blocchi, il proprio karma e scoprire il senso della propria esistenza. Per fare questo, bisogna ritornare in contatto con l'Anima e riunirla al corpo, alla mente e allo spirito. Gioverà anche per risolvere alcuni problemi, soprattutto quelli che non si è riusciti a risolvere con nessun'altra tecnica o terapia. Da me è arrivata gente che odiava la madre, che non andava d'accordo con il figlio, con la paura di volare, che non sapeva dire di no, che non riusciva ad avere una relazione, che veniva sempre tradita o che soffriva di calazi, di fibromi, acufeni e che, in genere, aveva già provato di tutto per stare bene, ma senza risultati. Con questo non sto affatto dicendo che la pratica vada a sostituire la medicina, ma che possa arrivare laddove le terapie tradizionali hanno fallito, cosa che purtroppo a volte capita quando pensiamo che una malattia riguardi solo il corpo. Esistono dolori fisici che non riusciamo a curare con niente e questo, in alcune circostanze, potrebbe indicare che quella malattia, in realtà, è solo di natura spirituale, trascende la mia abituale considerazione sul fatto che il corpo si ammala sempre per quello che l'anima non può sopportare. Quel problema fisico, infatti, potrebbe essere essenziale per intraprendere e completare un certo percorso evolutivo, conterrebbe un messaggio assolutamente necessario e non assimilabile altrimenti. Sarebbe questo il motivo per cui le cento strade già provate non hanno funzionato: si deve semplicemente accettare, infatti, di essere di fronte a una malattia evolutiva, che nessuno potrà toglierci, visto che l'abbiamo scelta noi proprio per progredire, anche se in un tempo di cui non abbiamo memoria. Lo stesso potrebbe accadere per una tristezza inspiegabile che ci attanaglia da sempre. Ad aver subito un trauma che ci ha fatto sprofondare in un abisso di disperazione potrebbe essere stata non la me bambina, che ha rimosso la ferita per continuare a vivere, ma un'altra me, che ha vissuto magari mille anni fa. Scoprirlo e diventarne coscienti libererà l'Anima da quella sofferenza. Una patologia e un malessere, inoltre, potrebbero dipendere dal proprio karma. Oggi, spesso, si sente dire che in realtà non esiste il karma, ossia la legge di causa-effetto, ma che tutto l'universo sarebbe sincronico e basta. La mia esperienza (e quando parlo di mia esperienza intendo i numerosissimi risvegli evocativi e i viaggi fuori dal corpo miei e di molti tra coloro che ho condotto in altre dimensioni), invece, conferma la presenza della legge di causa-effetto, anche perché senza di essa il mondo sarebbe condannato all'ingiustizia e, soprattutto, non si spiegherebbero malattie gravi nei neonati né eventi terribili a distanza di molti anni da una scelta di gratuita cattiveria, lì per lì rimasta impunita. Se tutto l'universo si muovesse solo in base alla sincronicità significherebbe che, in ogni istante, ciascuno avrebbe sempre ciò che corrisponde al suo stato d'animo del momento. E questo è profondamente falso! Quante volte vi siete sentiti tristi e, uscendo di casa, non siete morti o non vi siete feriti gravemente? E quante altre volte, invece, siete stati felicissimi, convinti che stava per succedere qualcosa di meraviglioso e, invece, vi siete scontrati con un lutto o una notizia che ha ribaltato il vostro stato d'animo? Di conseguenza, la sincronicità, e cioè il vedere all'esterno ciò che corrisponde alla nostra interiorità, è senz'altro qualcosa che si può verificare, ma solo quando si è raggiunto un tale grado di evoluzione spirituale da essere entrato in profonda risonanza con l'esterno. Se questo, invece, accadesse a tutti, di continuo, vi immaginate i morti e le catastrofi quotidiane? Chi svolge una professione d'aiuto (e nella mia vita mi sono occupata soprattutto di questo) sa che la maggior parte della gente ha uno stato d'animo triste e/o rabbioso e se la sincronicità operasse in maniera costante la vita di queste dovrebbe essere un perenne inferno. Per non parlare di quello che dovrebbe accadere agli assassini o ai depressi... Ancora, il risveglio evolutivo si pratica per diventare Maestri di se stessi, per visitare mondi, per parlare con entità spirituali, cari defunti trapassati o creature fantastiche. Per dirla in altri termini, è come se andassimo a colloquio con gli abitanti dell'inconscio, siano essi acquisizioni della nostra vita o archetipi[5], presenti a priori e facenti parte di quell'inconscio collettivo[6] in cui si agitano, per esempio, le figure dell'eroe, del vecchio saggio, l'animus, l'anima, l'ombra e diverse ulteriori parti[7]. Il risveglio evocativo consiste in una particolare forma di meditazione che ho chiamato evocativa proprio perché andiamo a evocare il mondo invisibile ai nostri occhi. Possiede tutti i benefici scientifici della meditazione, ma permette anche di viaggiare dentro se stessi e di conoscere, quindi, se stessi e tutto quello che ci circonda, in armonia con il principio presocratico del "conosci te stesso e conoscerai l'universo e gli dei", declinato in modo personale dai diversi mistici che si sono susseguiti nel tempo, tra cui Ermete Trismegisto e Gurdjieff.

Sono numerosissimi gli studi – molti dei quali pubblicati su alcune delle più importanti riviste *peer reviewed* – che hanno dimostrato gli effetti benefici della pratica meditativa: aiuta a calmarsi, migliora l'attenzione, le abilità cognitive, la memoria, il tono dell'umore, il sonno, rinforza il sistema immunitario; fa registrare una diminuzione del volume dell'amigdala (una regione cerebrale associata allo stress e alla paura) e un aumento di materia grigia nella corteccia prefrontale (responsabile di alcune funzioni cognitive superiori come la concentrazione e la capacità decisionale); mantiene giovani, perché rallenta il processo di invecchiamento cellulare; riduce l'ansia, il dolore e i sintomi depressivi; porta al benessere psicologico, perché riduce anche gli stati infiammatori, l'ipertensione e, quindi, infarti e ictus; aiuta a frenare le dipendenze[8]. La meditazione può essere un farmaco in grado di allungare la vita, sia in termini quantitativi che qualitativi, come ha dimostrato nel 2013 Elizabeth Blackburn, Premio Nobel per la medicina, in quanto aumenterebbe l'enzima riparatore dei telomeri, i cappucci dei nostri cromosomi, utilizzati come biomarcatori di longevità, e ridurrebbe l'infiammazione e i radicali liberi[9]. Durante la meditazione, inoltre, si realizzerebbero anche stati armonici di alta coerenza e vi sarebbero diversi studi che dimostrerebbero una relazione diretta tra coerenza cerebrale e salute. In sostanza, più la persona sta bene, maggiore è il grado di coerenza e armonia delle onde cerebrali, che apparirebbero come un'unica onda armonica a forma sinusoidale, secondo il *brain olotester*, che è un elettroencefalografo computerizzato, utilizzato per misurare la coerenza tra i due emisferi e anche quella tra i tracciati di due cervelli[10]. Per di più, la meditazione condurrebbe alla sincronizzazione tra cervelli e alla formazione di un campo collettivo dovuto a una comunicazione empatica silenziosa, uno stato che ricorda quello che si realizza tra due persone fortemente attratte sessualmente. Gli esperimenti sono stati iniziati da Montecucco nel 1994 su piccoli gruppi prima, durante e dopo una seduta di meditazione collettiva, evidenziando un aumento della coerenza tra le onde cerebrali di persone vicine durante la meditazione con punte elevatissime di sincronizzazione: tra il sessanta e l'ottanta per cento[11].

La meditazione servirebbe inoltre per conoscere le proprie vite passate, se si osserva dal punto di vista di un terrestre e si crede nella reincarnazione; quelle interiori, quando si parla con il proprio bambino interiore o con uno spirito guida o ci si racconta un'altra versione della realtà; in più, permetterebbe la conoscenza delle vite parallele quando ci si vede mentre si visita un mondo sconosciuto che, fino a quel momento, in genere, si credeva immaginario. Ma se così fosse, essendo tutti dotati di fantasia, chiunque dovrebbe essere in grado di vivere quelle esperienze e, invece, come vedremo, molti non ci riescono! Inoltre, da dove deriverebbero quelle percezioni fantastiche? Com'è possibile che persone con la terza elementare, che non leggono, non partecipano a conferenze, non seguono i social e non guardano film di fantascienza, descrivano nei dettagli mondi estremamente evoluti, abitati da creature altissime dai poteri straordinari? E come mai le loro visioni coincidono con quelle di altri? Da dove arrivano quelle conoscenze? Per di più, tutto ciò che si percepisce durante un risveglio evocativo è anche sempre parallelo perché, dal punto di vista dell'Anima, come hanno dimostrato i recenti Premi Nobel per la fisica per i loro esperimenti sull'*entanglement*, il tempo e lo spazio non esistono, pertanto, tutto ciò che accade sarebbe sempre presente. Questo è il motivo per cui i risvegli parlano così tanto del nostro presente e, spesso, anche del nostro futuro. Se fosse fantasia, infatti, com'è possibile che diversi ricercatori ricevano delle previsioni su ciò che accadrà loro? Se fosse una proiezione mentale o una suggestione, non solo tutti dovrebbero riuscirci, ma si eseguirebbe da svegli, a occhi aperti, senza bisogno di attivare prima uno stato di profondo rilassamento.

La chiave principale per la riuscita di un risveglio è proprio la meditazione, non a caso tutti coloro che sono abituati a meditare con regolarità, in genere, fanno dei risvegli molto profondi. Dato che, però, si può meditare anche senza meditare, compiendo con concentrazione qualsiasi attività quotidiana, per fortuna, persino chi non ha mai praticato o non ama farlo potrà effettuare delle rievocazioni molto interessanti.

Il cruccio di molti è quello di sapere se l'esperienza di risveglio evocativo sia o meno fantasia e se si tratti di un vero viaggio fuori dal corpo. Personalmente, preferisco parlare di viaggio *dentro* di sé, alla scoperta della propria essenza, anche perché alla persona che si sta evolvendo e si apre alla conoscenza della vera vita, che non deve necessariamente essere una sofferenza, non interessa che qualcun altro creda in ciò che lui ha visto e sperimentato, perché sa quanto quell'esperienza parli del suo sé più profondo e autentico.

Chi, invece, dopo un risveglio evocativo, nutre ancora dei dubbi, può riflettere sulla storia che ha vissuto. Sarebbe stato in grado in mezz'ora, a occhi aperti, di inventare quel racconto? Al momento, non ho ancora trovato nessuno che a questa domanda risponda in modo affermativo.

Durante un risveglio, come dimostrano tra l'altro le pubblicazioni dell'associazione Evanlab, alcune delle quali in peer review, accade qualcosa di molto particolare al nostro cervello. Chi descrive una storia durante una seduta manifesta uno stato di coscienza alterato[12]. Da dove viene quel racconto percepito come reale dal nostro cervello? Dall'emisfero destro, secondo quanto ci dicono alcuni studi, come quelli precedentemente citati di Sperry o del Gateway (vedi capitolo 4). Bisogna, però, andare più a fondo nelle domande e chiedersi: da dove arrivino le immagini che ritroviamo nell'emisfero destro, quello deputato alla conoscenza del mondo mistico, irrazionale e invisibile? Se la realtà fosse davvero solo quella che vediamo e fosse oggettiva, come mai abbiamo un intero emisfero cerebrale deputato alla spiritualità e all'invisibile? Quale senso avrebbe? Dal momento che nulla nasce a caso e niente esiste senza motivo, è chiaro che se siamo stati creati con questa facoltà significa che il mondo non è solo quello che la società vorrebbe farci credere, tanto più, lo ripeto, che conosciamo solo il quattro per cento di tutto ciò che esiste. Le cosiddette canalizzazioni, le anticipazioni sul futuro, le entità spirituali, i mondi senza spazio né tempo, la visione a distanza, la telepatia e le vite precedenti non sarebbero le fantasie di persone affette da disturbi mentali, ma nuove frontiere ancora tutte da esplorare. Anche a questo servono le Anime antiche. Non tutti, però, in questo secolo, potranno risvegliarsi alla gioia, perché quest'universo possiede regole ferree, alle quali non si può sfuggire. Per ripagare il male compiuto e comprendere fino in fondo il proprio operato, bisogna subire quello stesso dolore inflitto, così da poter scegliere, poi, se vendicarsi o voltare pagina. Chi impara la lezione, prosegue il suo percorso evolutivo di conoscenza e risveglio. Al contrario, chi sceglie di vendicarsi del male subito, entrerà in una sorta di loop esistenziale, una coazione a ripetere in cui rivivrà, più o meno, sempre le medesime situazioni, finché non ne comprenderà il senso. Per quale motivo, per esempio, in questa vita si viene sempre traditi in amore? Perché tutti gli uomini sono infedeli, come stupidamente si è portati a pensare? E se i continui tradimenti stessero comunicando a quella persona che deve imparare una lezione che probabilmente viene da lontano e che proprio non vuole apprendere? E se fosse stata proprio lei in passato a essere infedele di continuo, senza freni, né rimorsi? Nell'incarnazione successiva, quindi, non avendo compreso i propri errori, si ritroverà a vivere le stesse dinamiche, ma a parti invertite. Se anche durante l'esistenza in cui si subiscono tradimenti non si comprende qual è il modo giusto di comportarsi, si susseguiranno molte altre vite in cui si rivivranno sempre le stesse storie, ora dalla parte del traditore, ora del tradito. Quale potrebbe essere una delle lezioni da imparare in questo caso? Quella di non sostituirsi all'Assoluto e alle sue leggi, decidendo di punire con il tradimento chi ci ha fatto soffrire in precedenza. Nessun comportamento scorretto, infatti, resta impunito secondo le leggi invisibili che regolano i mondi spirituali. Dato che però noi ignoriamo che è la realtà invisibile – nettamente preponderante, essendo quel "restante" novantasei per cento di materia o energia oscura – a determinare quella visibile, non sappiamo che il nostro mondo è retto dalle stesse leggi che regolano gli universi spirituali. Il karma si può superare se esiste la volontà di farlo, se si ha il coraggio di andare a scoprire qual è il proprio e se lo si fa guardandosi dentro e se si afferra la mano di un maestro invisibile, che si è avuto la capacità di riconoscere in questo mondo, spiegano sempre le entità di luce.

Cosa pensate che voglia dire la frase taoista: «siediti sulla riva del fiume e aspetta, vedrai passare prima o poi il cadavere del tuo nemico»? Che chi ha scelto di compiere il male sarà punito, senza che voi dobbiate sporcarvi le mani e abbassarvi al suo livello, perché se lo faceste sareste condannati a rivivere ciò che già avete subito, fino a quando non capireste che bisogna lasciare andare. Perdonare significa questo: lasciare andare. Vivete innumerevoli vite ma non infinite, proprio perché la legge del taglione vi blocca sempre nello stesso copione, in cui interpretate le parti ora di vittime e ora di carnefici, avendo a che fare, di continuo, con dolore e sofferenza.

I più grandi artisti, che sanno ascoltare bene i messaggi dell'invisibile, hanno parlato della vita come di un grande teatro, in cui ciascuno di noi è attore. Ecco spiegato uno dei motivi per cui amate tanto le storie. Noi impariamo grazie ai racconti che viviamo e, dunque, anche grazie a quelli che vediamo o di cui leggiamo. Perché abbiamo il potere di immedesimarci nelle vicende altrui? Si tratta di una facoltà che non spetta soltanto alle persone dotate di empatia, che sicuramente sono agevolate nel comprendere di più e in minor tempo rispetto agli altri, ma a tutti? Certamente. È noto da tempo, infatti, soprattutto tra gli esperti di psicologia cognitiva, che noi apprendiamo per emulazione o per imitazione. Il modello, dunque, è più forte di qualsiasi ricompensa. Nell'emulazione si ripete in modo meccanico il comportamento di un'altra persona. Nell'imitazione, invece, si comprendono gli scopi che l'altro voleva raggiungere con una determinata azione e si agisce allo stesso modo. L'imitazione, dunque, rispetto all'emulazione, prevede la consapevolezza di voler raggiungere i medesimi fini? Queste sono disquisizioni mentali, a cui noi non siamo interessati. Chiediamoci piuttosto: quando la mente vaga meno con il pensiero? Nel momento in cui essa è impegnata nella risoluzione dei problemi, in dimostrazioni o guardando un film. Adesso si capisce perché trascorriamo molto tempo risolvendo problemi, cercando di dimostrare il nostro valore e ascoltando storie?

Se il risveglio evocativo mette insieme soprattutto ipnosi regressiva e meditazione trascendentale e se la CIA si è interessata di ipnosi regressiva e meditazione trascendentale, non basterebbe anche solo questo per capire quanto questa tecnica non possa essere fantasia? E se fosse fantasia la CIA si sarebbe occupata di ipnosi regressiva e meditazione trascendentale?

# 8. Alcune prove della reincarnazione

E ancora, se fosse fantasia, come si potrebbero raccogliere le cosiddette prove di reincarnazione? Ian Stevenson, Elisabeth Kubler Ross e Jim Tucker, per esempio, hanno studiato innumerevoli casi di bambini con ricordi di vite passate e tantissimi ricercatori che si sono rivolti a me hanno riferito di essere stati bloccati, durante la loro infanzia, dai genitori, mentre raccontavano delle loro esistenze precedenti o di quello che facevano prima di incarnarsi. Sono così numerose le testimonianze sulla vita oltre la vita, sulla reincarnazione e sull'esistenza di mondi spirituali che nessuno dovrebbe più avere dubbi in proposito, eppure dato che se ne parla ancora poco e con diffidenza, i più ne dubitano e si rifiutano di farne esperienza. Potrebbe mai infatti una fantasia risolvere un problema irrisolvibile o provocare reazioni fisiche intense? Se fosse davvero fantasia, com'è possibile che scoprendo la causa per cui non si riesce a dire no, il problema svanisca per sempre?

Tra le tante prove che potrei citare in favore della reincarnazione, voglio ricordare cosa accadde nel 1935 quando Mahatma Gandhi convocò a Delhi la piccola Shanti Devi[1], di appena nove anni, per farsi raccontare quanto i giornali dell'epoca riportavano. La bambina sosteneva di essere la reincarnazione di una donna, Ludgi, deceduta a Mathura per emorragia nel 1925, durante il parto del suo terzo figlio, Navneet. Per i suoi primi quattro anni di vita non parlò mai e quando iniziò a farlo disse che a Mathura vivevano i suoi tre figli e suo marito Kedarnath. Il coniuge della sua "precedente vita" confermò tutti i particolari riferiti da Shanti, la quale ricordava persino il nome del fratello del marito, oltre a quello dei figli, dei suoceri e di tutti i vicini di casa che incontrò quando finalmente fu portata nella sua vecchia casa. Grazie ai ricordi di Shanti, il marito poté tornare in possesso dei gioielli che la donna aveva sotterrato, insieme al denaro che aveva nascosto per le emergenze. Ogni sua parola fu riscontrata nella realtà e la bambina fu sempre valutata mentalmente sana, normale e perfettamente in salute da tutti i medici e gli psicologi che la visitarono. Shanti non si volle mai sposare, fece l'insegnante e, pochi giorni prima di morire, quando, a sessantadue anni, un giornalista le chiese quali progetti avesse per il suo futuro, rispose che la sua vita sulla terra stava terminando. Sembrava impossibile, visto che era in perfetta salute, ma dopo appena quattro giorni spirò[2]. Se tutti i bambini fossero lasciati liberi di esprimersi e venissero ascoltati, è probabile che moltissimi si ricorderebbero almeno della loro vita immediatamente precedente o del posto da cui provengono. Un'altra storia incredibile è quella di James Leininger[3], un bambino che, dall'età di due anni, amava l'aviazione. James, però, soffriva di terribili incubi notturni, sognava di morire quando il suo aereo veniva abbattuto da parte di un velivolo con un sole rosso sulla fiancata della fusoliera, che poi si rivelò essere un aereo giapponese. Sempre più spesso, il bambino raccontava di essere il tenente James McCready Huston e la famiglia scoprì che si trattava di un uomo realmente esistito: l'uomo era un pilota di caccia della Seconda Guerra Mondiale originario della Pennsylvania, ucciso a Iwo Jima, in Giappone, oltre 50 anni prima della nascita di James. Anche in questo caso, tutti i dettagli del bambino si rivelarono esatti e persino la sorella del tenente Huston confermò che James non poteva che essere la reincarnazione del fratello, visti tutti i particolari che conosceva e che non avrebbe potuto sapere altrimenti. Purtroppo, la deriva della nostra società ha fatto dimenticare a molti l'importanza di apprendere il passato. Tutti dovremmo ricordare che senza conoscenza di ciò che è stato non si possono avere modelli di riferimento e si diventa molto più esposti al pericolo di ripetere gli errori già commessi. L'ignoranza, anche della nostra storia, può diventare uno strumento di potere e controllo fortissimo, perché la nostra esperienza viene privata di tutti quegli esempi che potrebbero proteggere le nostre attuali esistenze e preservarle da sciagure, derive autoritarie o persecutorie e rischi già vissuti in precedenza.

L'Occidente ha così paura della reincarnazione (sulle cui testimonianze sono stati scritti tantissimi libri) che il cristianesimo ha espunto la reincarnazione dalla versione istituzionale, dimenticando tuttavia di cancellare alcuni passi dai vangeli ufficiali. Se davvero la reincarnazione fosse stata sempre considerata un'eresia, come si spiega il passo del Vangelo di Matteo, 17,10-13? Si legge infatti:

Mentre scendevano dal monte, i discepoli domandarono a Gesù: «Perché dunque gli scribi dicono che prima deve venire Elia?». Ed egli rispose: «Sì, verrà Elia e ristabilirà ogni cosa. Ma io vi dico: Elia è già venuto e non l'hanno riconosciuto; anzi, hanno fatto di lui quello che hanno voluto. Così anche il Figlio dell'uomo dovrà soffrire per opera loro». Allora i discepoli compresero che egli parlava loro di Giovanni il Battista[4].

In questo passo Gesù parla del profeta Elia che secondo le profezie sarebbe dovuto resuscitare per preparare il terreno al Messia. E in Matteo 11, 14: «Egli [Giovanni Battista, *N.d.A*] è quell'Elia che deve venire[5]. Ancora, nel vangelo di Giovanni, 3, 3-12, si legge:

Gesù gli rispose [a Nicodemo, *N.d.A*]: «In verità, in verità ti dico che se uno non è nato di nuovo non può vedere il regno di Dio». Nicodemo gli disse: «Come può un uomo nascere quando è già vecchio? Può egli entrare una seconda volta nel grembo di sua madre e nascere?». Gesù rispose: «In verità, in verità ti dico che se uno non è nato d'acqua e di Spirito, non può entrare nel regno di Dio. Quello che è nato dalla carne, è carne; e quello che è nato dallo Spirito, è spirito. Non ti meravigliare se ti ho detto: "Bisogna che nasciate di nuovo". Il vento soffia dove vuole, e tu ne odi il rumore, ma non sai né da dove viene né dove va; così è di chiunque è nato dallo Spirito». Nicodemo replicò e gli disse: «Come possono avvenire queste cose?». Gesù gli rispose: «Tu sei maestro d'Israele e non sai queste cose? In verità, in verità ti dico che noi parliamo di ciò che sappiamo e testimoniamo di ciò che abbiamo visto; ma voi non ricevete la nostra testimonianza. Se vi ho parlato delle cose terrene e non credete, come crederete se vi parlerò delle cose celesti?[6]

In Giovanni, 9, 1-2, si trova il passo:

Passando vide un uomo, che era cieco fin dalla nascita. I suoi discepoli lo interrogarono, dicendo: «Maestro, chi ha peccato, lui o i suoi genitori, perché sia nato cieco?»[7].

Anche San Paolo nella Lettera ai Romani, 9, parla di Esaù e Giacobbe come già esistenti, prima che fossero nati![8] In un passo del Vangelo apocrifo di Tommaso, portato alla luce nel 1945, è scritto:

> Un giorno chiedemmo a Gesù: «Quale sarà la nostra fine?». Ed Egli ci rispose: «Se scoprite il principio non dovrete preoccuparvi della fine, perché dove è la fine, là è il principio. E chi conosce il principio, conosce la fine e si libera dalle morti». Disse proprio così, "dalle morti" e poi aggiunse: «Volete sapere in che modo un uomo si libera dalle morti? Divenendo consapevole di essere già esistito prima di ogni nascita»[9].

In questo passo, dunque, è evidente come tutto sia già deciso nell'invisibile che determina il visibile, prima ancora di nascere, e di come la consapevolezza sia alla base del ciclo di reincarnazioni visto che, fin quando non si prende coscienza della propria natura immortale, non è possibile abbandonare questa continua ripetizione di nascita e morte.

Sempre dal Vangelo di Tommaso:

> Gesù, sorridendo, mi disse: «Tommaso, ora tu sei qui con me a passeggiare su questo monte. Quando sarai dall'altra parte, se vorrai, con un sol balzo potrai tornare quaggiù a riprendere la tua passeggiata nel mondo». «Lo farò, Maestro mio, sono innamorato di questo pianeta! Dopo morto tornerò giù[10]».

E ancora: «Gesù ha detto: Consideratevi di passaggio»[11]. Oppure:

> Passavamo in mezzo ad un antico cimitero ed uno dei discepoli chiese a Gesù: «Cosa resta di questi poveri morti, oltre alle loro ossa che vanno in polvere e in quale giorno, coloro che sono morti i si risveglieranno dal loro riposo e in quale giorno ricomincerà per loro la vita e il mondo nuovo?». Gesù allora rispose: «Vi siete lasciati troppo distrarre da quelle tombe e da quelle ossa. Ciò che voi attendete è già avvenuto. Ma voi non ve ne accorgete e seguitate a dire: i morti riposino in pace!»[12].

Più avanti, sempre nel vangelo di Tommaso:

> Gesù [...] mi disse: «Tommaso, non ti lamentare, se tutto ti va di traverso. In fondo, queste prove che tu devi superare, le inventasti tu stesso. Quanti dal cielo, si affacciano per vedere se cadi nelle trappole che tu stesso ti sei preparato! Felice l'uomo che supera queste prove perché, al di là, egli trova la Vita»[13].

E ancora:

> «Veniamo di là, dove la luce stessa si crea, da sola. Anche tu, Tommaso, dovrai rendere manifesta a tutti la realtà di questa luce di vita. Così, sia che te lo chiedano, sia che non lo vogliano sapere, tu devi dire sempre a tutti che fai parte dei Figli della Luce e di coloro che il Padre vivente ha scelto e che la Grande Madre ama.» «Sì, Maestro, ma chi è questo Grande Padre? E chi è questa Grande Madre?» Allora Gesù sorrise e rispose: «È movimento. È quiete»[14].

Anche nel Vangelo di Maria Maddalena leggiamo: «Gesù dice: È così, è necessario morire di molte morti per conoscere la luce della nascita»[15]. Secondo il vangelo gnostico di Giuda[16], inoltre, non tutti gli uomini sono uguali, essendoci una categoria di "privilegiati" (gnostici o pneumatici – che possiedono lo spirito divino), emanazione diretta di quel Dio Creatore di cui si anela il ricongiungimento dopo la morte. Essi soltanto apparterrebbero a tale stirpe immortale e sarebbero in grado di conoscere la vera natura di Cristo e, per raggiungere tale conoscenza, non avrebbero bisogno di alcuna mediazione. Sempre secondo il vangelo di Giuda[17], il mondo materiale sarebbe stato creato da un demiurgo megalomane, ma gli esseri umani sarebbero superiori a questo suo creatore e ai suoi poteri grazie alla scintilla della divinità che alberga in essi. Il demiurgo avrebbe creato l'uomo, l'Adamo terrestre, ispirandosi all'Adamo celeste, diverso dalla sua controparte. Il terzo figlio di Adamo ed Eva, Seth, non sarebbe come Caino e Abele, ma di "un altro seme", divino e immortale e, pertanto, solo gli appartenenti alla generazione di Seth avrebbero un'anima immortale. Gesù è detto anche Seth. Gli gnostici apparterrebbero a questa generazione e Giuda sarebbe uno di essi, motivo per cui tradendo Gesù permetterebbe la liberazione della sua anima dalla prigione del corpo[18].

# 9. Cos’è la morte e chi è immortale

Conoscere le proprie vite passate significa risvegliarsi e comprendere tantissime cose, soprattutto se non ci si ferma a una sola seduta ma si continua a esplorare in quel mondo infinito e sconosciuto racchiuso dentro di noi. Per esempio, si può fare esperienza del fatto che la morte, così come ci è stata raccontata, è una menzogna, perché non sarebbe la fine di niente, assumerebbe un senso diverso in base alla vita che abbiamo condotto. Dalle oltre mille sedute che ho condotto, dai numerosissimi risvegli evocativi a cui io stessa mi sottopongo e dalla mia esperienza premorte, ho appreso che non tutti gli abitanti di questa terra sono immortali. In analogia a quanto scritto nel prezioso vangelo di Giuda, solo coloro che hanno una natura divina sarebbero immortali. Si tratterebbe di coloro che possono tornare in contatto con la loro Anima e, di conseguenza, con i mondi spirituali, inclusa quella specifica dimensione da cui provengono, con una certa facilità. Sono coloro che si trovano in missione su questa Terra e avrebbero almeno tre caratteristiche ben precise tra quelle che elencherò, ma potrebbero anche presentarle tutte, qualora si trattasse di Anime molto antiche, che hanno cioè vissuto molte esperienze. Le loro vite sarebbero ricche di esperienze e avvenimenti; nella prima parte della loro esistenza subirebbero diversi traumi, sempre più gravi, malattie, incidenti, problemi di salute; si sentirebbero profondamente diversi dagli altri, spesso considerati matti, incompresi, mal adattati a questa società; presenterebbero doti e talenti unici; vivrebbero esperienze straordinarie e sarebbero dotati di caratteristiche fuori dall’ordinario; occhi e sguardo particolare; sarebbero in grado di riuscire in moltissime attività, eclettici, inclini al cambiamento, facilitati nell’apprendere qualsiasi cosa, intelligenza superiore alla media; sarebbero fuori dal ciclo di reincarnazione, sempre consapevoli della loro missione in una sola esistenza; compirebbero azioni uniche e irripetibili; farebbero risvegli evocativi parlando con i Maestri e la loro sola presenza risveglierebbe moltissime Anime, cosiddette inclusive. Queste ultime, un altro ristretto gruppo di esseri umani seppur più numeroso del primo, al momento, non sarebbero né immortali né mortali. Dentro di loro albergherebbe una guerra tra tenebre e luce; la loro testa sarebbe continuamente influenzata ora da entità angeliche, ora demoniache, per questo i Maestri li chiamano inclusivi. Per liberarsi del loro essere "posseduti" devono effettuare dei percorsi di risveglio, faticare e impegnarsi a lungo, senza mai demordere, nonostante i numerosi fallimenti. I loro risvegli evocativi saranno mediocri e difficoltosi, a volte persino nulli. Qualsiasi percorso spirituale potrebbe aiutarli a risvegliarsi. Devono sperimentare, finché non troveranno la loro via, ma se non persevereranno per almeno un paio d'anni con la tecnica che hanno scelto, saranno destinati a non risvegliarsi mai. È necessario, dunque, che scelgano il percorso giusto e poi lo seguano per due anni. Qualora nulla cambiasse nelle loro vite e permanessero stati d'ansia, angoscia, tristezza, rabbia e apatia dovranno trovare un nuovo percorso e impegnarsi con sempre maggiore dedizione e costanza. Per questo secondo gruppo, sarà possibile divenire immortali nel corso delle diverse incarnazioni oppure scendere di livello e perdersi per sempre, entrando a far parte dell'ultima schiera di uomini, i mortali. Si tratta di esseri ormai puramente materiali, che non credono in alcuna scintilla divina, che passano da una gratificazione momentanea all'altra, del tutto avulsi da ogni forma di spiritualità, totalmente devoti al dio denaro, al potere e al sesso, incapaci di vedere oltre il visibile. Mai si avvicineranno ad alcun percorso spirituale né mai vorranno provare un risveglio evocativo, in quanto pieni di pregiudizi e terrorizzati, anche se inconsciamente, da ciò che non vedono e non comprendono razionalmente. Molto aggressivi e giudicanti nei confronti di tutto quello che non è concreto e verificabile secondo i criteri della maggioranza. Perfettamente integrati nella società, conformisti, omologati e obbedienti. Spesso non credono nell'amore, nella giustizia né in un senso superiore della vita umana. Costoro sarebbero destinati a ripetere il ciclo continuo di nascita e morte, senza mai svegliarsi. In sostanza, vengono chiamati mortali dai Maestri perché sarebbero già morti senza accorgersene e continuerebbero a vivere da morti per l'eternità. Si tratterebbe di puro cibo energetico per le diverse entità malefiche. Hanno una possibilità di salvezza? In teoria sì, ma nella pratica, riferiscono i Maestri, ciò accade una volta ogni molti millenni, in quanto per natura non ascolterebbero mai ciò che non conoscono e, senza ascoltare, il risveglio è sempre precluso. Sentire infatti sarebbe il senso più importante da sviluppare. I mortali sono stati completamente colonizzati dalle entità sataniche, sarebbero degli inclusivi al cento per cento e questo renderebbe quasi impossibile il loro recupero. Avrebbero, infatti, ceduto la loro scintilla divina in cambio di promesse molto seduttive e non sempre mantenute.

*La morte, dunque, non esiste per gli immortali in missione sulla Terra che, come vedremo in seguito, passano direttamente dalla vita ai mondi spirituali. Per gli altri due gruppi, invece, esiste, ma solo come passaggio di vita in vita o come sospensione in una dimensione che assume caratteri diversi a seconda del singolo e di cui vi dirò al momento opportuno.* Riferiscono così i Maestri, e continuano: *sappiate che gli inclusivi potranno diventare come le Anime in missione sulla Terra e passare direttamente dalla vita alle dimensioni più elevate. I mortali, invece, subiranno un'involuzione che li renderà definitivamente schiavi del male.* I Maestri ricordano la fatica e l'attenzione che si deve prestare in questa vita. Più ci si concentrerà sulle proprie emozioni e si diventerà padroni di esse, imparando a gestirle e a cambiarle in cinque minuti attraverso il respiro e semplici pratiche meditative, più si affinerà l'intuito; più si disporrà di intuito più il risveglio sarà possibile. *Più siete onesti e sinceri, più sarete fregati nel vostro mondo alla rovescia! Il gioco, infatti, consiste anche nel restare diamanti, qualunque sia la pressione a cui siete sottoposti. Emanate luce sempre, anche se vi tradiscono, perché voi restate diamanti e loro esseri che si illudono di spegnervi. Restate accesi e imparate a fidarvi solo di voi stessi. Prima di fidarvi degli altri, lasciate che superino innumerevoli prove e vi diano dimostrazioni concrete di chiarezza e onestà. Essere indulgenti con tutti, nell'illusione che il mondo sia a vostra immagine e somiglianza significa restare bambini, rifiutarsi di osservare e scegliere la via più facile. Riconoscere un altro diamante, invece, richiede tenacia e pazienza e chi si accontenta dell'immagine di sé che riversa sull'altro sarà tradito molte volte. Abbiate fiducia cieca in voi stessi e in quel Cielo che vi ha donato una delle sue scintille. Preoccupatevi di accendere la vostra unicità e concedete la vostra bellezza solo a chi l'avrà meritata. Sii te stesso, sempre. Il senso del tuo Essere è innanzitutto Essere…*

Attraverso il risveglio si può arrivare a capire che la morte è solo un passaggio; la nostra vera natura; la magia della vita; la libertà e il libero arbitrio; i mondi spirituali; il karma e quanto si possa cambiare. Chi, per esempio, si sente un'anima dannata, perché ha fatto del male, potrà scegliere di fare il bene, espiando il proprio debito karmico.

Per essere felici e vivere bene in questa dimensione è necessario ricordarsi della propria natura divina e attivarla. Solo in questo modo si potrà vivere con gioia, riportando in equilibrio ragione e sentimento, materia e spirito, reale e onirico. La reincarnazione e, dunque, la conoscenza delle numerose lezioni apprese attraverso le storie che abbiamo vissuto in epoche diverse, costituisce la base del nostro percorso evolutivo. Ogni vita vissuta, infatti, è una storia che ci insegna qualcosa. Noi impariamo grazie a ciò che viviamo.

# 10. Cosa accade quando si muore?

Chi pensa che dopo la morte non ci sia niente; chi pensa ci sia il paradiso, il purgatorio o l'inferno; chi una nuova reincarnazione; chi, infine, pensa che qualcosa ci sarà, ma preferisce non avere aspettative. Grazie alla fisica quantistica, nessuno oggi dovrebbe dubitare del fatto che siamo energia e, dato che l'energia non si crea e non si distrugge, la morte, intesa come fine dei giochi, è poco probabile. Se, poi, a questo aggiungiamo la celebre frase attribuita a Pierre de Charden: «Siamo esseri spirituali che compiono un'esperienza umana»[1], il nulla dovrebbe restare un'ipotesi per niente accreditata. Grazie ai numerosi risvegli effettuati su di me e sui tanti ricercatori che ho accompagnato, come ho detto, ho potuto parlare dell'argomento con i Maestri, che preferirebbero esseri chiamati da questo momento in poi entità di luce o solo entità, i quali hanno confermato molte delle conclusioni a cui ero giunta analizzando le similitudini ricorrenti durante le sedute. *La morte come inconsapevolezza totale non esiste. Coloro che affermano che dopo il trapasso non ci sia niente sarebbero totalmente fuori strada. A volte, non ci si accorge neppure di essere morti, tanto coscienti si resta! Chi muore in maniera improvvisa o violenta, esce molto velocemente dal corpo, osserva il mondo intorno a sé e lì per lì non comprende di non poter più fare ritorno nel proprio corpo. Le storie che si sentono sui viaggi fuori dal corpo e sui pericoli di non poter più rientrare nel corpo, sono pura fantasia. Potremmo dire che noi lasciamo di continuo il nostro corpo, come dire che non lo lasciamo mai, perché è come se fossimo delle matrioske. Attraverso i risvegli evocativi e durante i sogni il nostro corpo astrale lascia quello fisico. Non mi dilungherò sui nomi dei presunti corpi che abbiamo, perché sono questioni mentali, di cui non interessa nulla al mondo dello spirito. Nell'Assoluto non vi è tempo, non vi è spazio e non vi sono nomi né ragionamenti più o meno contorti. È come se ciascun essere vivente avesse più strati, esattamente come una cipolla. Se non gradite il paragone, potete immaginare di indossare un cappotto e poi un cardigan e poi un maglione e poi una camicia una maglietta una canottiera un pantalone dei collanti dei calzini e delle mutande. Mano a mano che vi spogliate, diventate più leggeri e salite verso l'alto. Perché diavolo pensate di temere la nudità? Vi sentite a disagio nudi, perché il vostro corpo non è ancora pronto e protetto dalla sua luce interiore. Quando avrete riacceso del tutto la scintilla divina che vi è stata donata, paura, rabbia, tristezza, vergogna e tutte le emozioni inferiori scompariranno, niente potrà più perturbare il vostro stato. Sembrerete indifferenti all'esterno ma, in realtà, sarete solo consapevoli di vivere in una grande illusione e che ogni cosa sta accadendo per voi.* "Anche uno stupro o una tortura o la perdita di un figlio accade per noi?" Domando. *Certo, ma non perché il male sia al servizio del bene, semplicemente per esaudire una vostra richiesta. Voi avete scelto di provare quell'esperienza per evolvervi più in fretta.*

"Tutti scegliamo?" *Assolutamente no. Solo gli esseri di primo livello, quelli in missione. Gli inclusivi, in genere, subiscono le loro scelte e sono imprigionati nella ruota del karma finché non trovano la loro via per liberarsi dai demoni che li imprigionano. Il risveglio è un ottimo modo per liberarsi, ma se lo si fa senza credere, senza chiedere, senza impegno, senza dimostrare un po' di volontà di cambiare e senza la consapevolezza che bisognerà fare fatica e ci vorrà tempo per liberarsi da millenni di schiavitù, sarà tempo perso. Per gli inclusivi servono da due a duecento tentativi, dipende da tutto quello che ho appena detto. Io leggo nel tuo pensiero, perciò non chiedermi chi sono. Ti abbiamo già risposto molte volte. Ci presentiamo quando è importante che abbiate un riscontro o una guida di riferimento. Man mano che si sale verso l'alto è indifferente identificare la voce, perché noi siamo tutti emanazione dell'Uno e qui da noi la competizione e l'io sono del tutto assenti. Torniamo al tema di oggi. Quando morite, se siete mortali, passate da una vita all'altra senza neanche accorgervene. Dormite profondamente o vivete da morti, come preferite. Potreste anche fare belle vite, con tutti i comfort e gli agi possibili, ma se siete mortali non conoscerete mai la vera gioia e l'Amore. Non ripeto ciò che già vi è stato detto sulle possibilità di un mortale di liberarsi dalla coazione a ripetere. Se dovessimo ripetere ogni volta che scordate qualcosa, questo libro sarebbe una continua ripetizione di un miliardo di pagine. Non vi hanno progettato con un difetto di memoria, volutamente creati in questo modo. Se qualcosa vi sta a cuore, dovete far fatica e ripetere. Chi vuole vivere senza far fatica vivrà una vita inutile. È una regola del gioco, come l'oblio. Quelli che si ricordano le vite precedenti da bambini o quello che facevano nei mondi spirituali sono le Anime più evolute, in missione qui sulla Terra. Di conseguenza, a voi esseri umani non verrà mai nulla spontaneamente e quando credete di fare qualcosa con spontaneità, in realtà, è solo perché vi appartiene da chissà quante vite. Non si perdono i talenti, solo si assopiscono. Se non fate fatica, dimenticate tutto. Perché crediate esista l'Alzheimer? Per ricordarvi l'importanza di ricordare! Voi tendete ad ascoltare quello tra di voi che propone la cosa più facile che, quasi sempre, è anche la più stupida, perciò avete perduto molti dei poteri che avevate solo un centinaio di generazioni fa. Torniamo al nostro tema. Per capire cos'è la morte e cosa accade quando morite, dobbiamo fare una premessa molto importante. Non è l'Assoluto che ha creato il vostro mondo imperfetto. Vi pare che sia una cosa sensata e logica che un Essere perfetto possa creare uno psicopenitenziario come il vostro? L'Assoluto ha dato la possibilità ad alcune sue cellule di diventare come lui. Con un gesto di immenso Amore ha creato dodici dimensioni celesti e nella prima, quella più bassa e vicina alla Terra, ha posizionato le sue cellule, lasciandole libere di crescere. Più le cellule si evolvono più prendono forma e salgono, fino ad arrivare alla dodicesima dimensione, quella più vicina a Dio. Ripeto, di là non esistono i nomi, dunque, dire Dio, Assoluto, Fonte, Uno, per noi è indifferente. Noi vi leggiamo cuore e mente, perciò chiamateci come vi pare. Per salire più velocemente, per diventare consapevoli di sé e coscienti del proprio potere sono stati creati i mondi, alcuni simili alla Terra, altri più inospitali, altri più evoluti. A crearli sono state le prime cellule dell'Assoluto che sono riuscite a salire alla seconda dimensione celeste, quelle che per prime hanno compreso che non potevano passare tutta la vita a volare, giocare e divertirsi nella prima dimensione. Potete immaginare anche i mondi terribili e le creature grottesche che hanno creato. Dato che la vicenda è piuttosto complessa, vado alla parte che vi interessa. Sono state le cellule di Dio che, arrivate alla terza dimensione, hanno assunto forma di quelli che, un tempo, chiamavate dei o che oggi definite extraterrestri o alieni a creare la Terra con l'obiettivo di capire se fosse più forte il bene o il male. Per salire dalla seconda alla terza dimensione, infatti, bisognava sperimentare la dualità, perché ogni cosa esiste per essere trascesa, perciò per prendere coscienza di sé prima bisogna individuarsi come io, cosa che è accaduta nella prima dimensione e, poi, distinguersi dal resto e ciò avviene grazie alla dualità. Per capire se fosse più importante e forte il bene o il male, sono stati creati gli esseri umani. All'inizio, ciascun essere umano era in grado di udire la voce del bene e quella del male e scegliere. Con il passare del tempo il gioco è degenerato, gli esseri umani sono diventati sordi, perché molte altre cellule di Dio, giunte in terza dimensione, hanno voluto creare qualcosa di simile a loro con il fine di sperimentare fino a dove potevano arrivare. In questo modo, la Terra è diventata ben presto un coacervo di esseri diversi, creati per finalità diverse. Non potete neanche immaginare il caos che regnava sul vostro pianeta a un certo momento… la torre di Babele non rende l'idea. In sostanza, ogni cellula che prendeva forma voleva creare una nuova specie con una qualche finalità e così milioni di pianeti sono stati abitati dalle creature più strane. Nel frattempo, nessuno più riusciva a evolvere e a salire in quarta dimensione, perché l'ego aveva preso il sopravvento e, sempre con il fine di sistemare le cose ed evolversi, molte cellule di Dio che erano diventate dèi decisero di scendere sui pianeti che loro stessi avevano creato per fare ordine. Fu allora che la situazione degenerò ulteriormente. Gli dèi iniziarono a unirsi con le creature che loro stessi avevano creato, violando le leggi che l'Assoluto aveva dato nel suo immenso atto d'Amore: potrete fare tutto ciò che volete, purché non violate mai la libertà e non facciate del male a nessuno. Per molti millenni si susseguirono guerre terribili tra gli dèi e la Terra assunse sempre più importanza perché si trovava a metà tra le dimensioni celesti e quelle demoniache che, nel frattempo, erano state create. Per rimettere ordine e dare pace a quei milioni di pianeti infestati da ogni possibile creazione del bene e del male, gli dèi invocarono l'aiuto di Dio, che richiamò gli dèi, facendoli salire tutti in quarta dimensione e, provando compassione per gli esseri umani, donò loro una scintilla divina. Chi tra loro sarebbe riuscito ad accenderla, diventando simile a lui, avrebbe potuto salire fino alla dodicesima dimensione e provare l'immensa gioia e Amore delle creature più vicine a lui. Quanti più uomini avrebbero aiutato a evolversi, tanto più in fretta gli dèi sarebbero saliti in dodicesima dimensione. Naturalmente non tutti gli dèi furono d'accordo con la scelta di Dio, che aveva statuito la fine dei giochi alla prossima richiesta d'aiuto. Questo significava che tutti coloro che, nel frattempo, sarebbero riusciti ad accedere alla dodicesima dimensione sarebbero diventati in tutto simili a lui, guadagnandosi l'accesso alla tredicesima dimensione, la più elevata, dove risiederebbe l'Assoluto. Tutti gli altri, invece, sarebbero tornati parte dell'Uno, perdendo la loro occasione di diventare l'oceano e restando soltanto un'onda dello stesso. Da allora la spaccatura tra dei in accordo con Dio e quelli in disaccordo fu ancora più evidente. Vi sono, dunque, oggi, coloro che lavorano perché più esseri si risveglino e salgano fino alla dodicesima dimensione, conoscendo la beatitudine, e coloro che, al contrario, vogliono il trionfo delle tenebre e la perdizione di ogni creatura.* "In sostanza quello di cui parlavano la Blavatsky e la Bailey con la Fratellanza Bianca?[2]" *Certo, non possiamo mica fornire le informazioni solo a una persona e solo in un'epoca storica! Se aveste meno ego e foste più collaboranti, avreste capito da millenni quello che cerchiamo di dirvi. A volte, mi sembra che ripetiamo sempre le stesse cose! In sostanza, ci sono i Figli della Luce o Bianchi e i Figli delle Tenebre, detti anche gli Oscuri. Questi ultimi sono convinti che, se trionfasse il male e tutti fossero inghiottiti dagli abissi del dolore, Dio avrebbe perso tutte le sue cellule ed essendo depotenziato, loro potrebbero accedere alla tredicesima dimensione e liberarsene una volta e per sempre. La Terra ha un ruolo centrale in tutto questo, perché più esseri umani si risvegliano più saranno rafforzate le schiere celesti, più se ne perdono, invece, più ne gioiranno le tenebre. Se tutti gli uomini perdessero la capacità di riaccendere la loro scintilla divina o di tornare in connessione con la loro Anima, che è la stessa cosa, allora avrebbero vinto gli dèi che si oppongono all'Assoluto. A quel punto, Dio e i pochi dèi che saranno rimasti al suo fianco dovranno accettare che il male è più forte del bene e saranno costretti ad arrendersi oppure a essere sterminati dagli dèi delle tenebre che, secondo loro, troveranno il modo per accedere alla tredicesima dimensione, visto che la prevalenza delle originarie cellule di Dio si sono votate al male e hanno corrotto gli uomini, accrescendo a dismisura il loro potere. Coloro che hanno perso la capacità di tornare in contatto con la loro Anima sono i mortali e non potranno accedere neanche alla prima dimensione celeste, salvo i rarissimi casi eccezionali in cui si risvegliano. Per tutti gli altri, invece, al momento della morte si apre la prima dimensione, che è la proiezione della mente senza i limiti del corpo. Per questo, ognuno incontra ciò che pensa di meritare. Non esiste Dio che giudichi nessuno. Ciascuno diviene giudice di se stesso. Chi è convinto di meritare demoni e inferno sprofonderà nell'inferno. Chi, invece, pensa di meritare solo qualche punizione vivrà il suo purgatorio. Chi ancora ritiene di meritare il paradiso vedrà ciò che immagina sia il paradiso. I medium generalmente vedono i defunti nella prima dimensione celeste ed è per questo che, spesso, dicono al padre che ha perso il figlio tuo figlio sta bene, è felice, corre in moto e il padre si rasserena perché sa che il figlio amava correre in moto.* "Quanto tempo si resta in questa dimensione?" *Il tempo non esiste fuori dalla Terra, perciò ognuno ci resta in base alle proprie credenze. Se uno ritiene che sia per sempre, resterà lì fino a quando non chiederà aiuto e, a quel punto, i suoi spiriti guida lo faranno salire in seconda dimensione. Gli spiriti guida sono sempre parenti o amici che si sono evoluti o animali o entità benevoli che ci accompagnano sempre nel corso delle esistenze e che intervengono solo quando ci rivolgiamo al Cielo. Le entità benevoli sono emanazione degli dèi in armonia con l'Assoluto. Le entità malevoli che cercano, al contrario, di farci spegnere sono emanazioni degli dèi in contrasto con l'Assoluto. Voi li chiamate angeli e demoni in genere e va bene, se vi serve a capire. In seconda dimensione, si decide insieme alle entità il percorso della vita successiva per evolversi in un senso o nell'altro. Chi si sveglia sulla Terra e diviene consapevole di sé, ricordandosi della sua scintilla divina e cercando il modo di riattivarla, esce dal ciclo di nascita e morte e sale direttamente all'undicesima dimensione. Per accedere alla dodicesima dovrà incarnarsi sulla Terra per una missione collettiva. Chi accede all'undicesima dimensione ha un'Anima multidimensionale, ma per ora mi fermo qui.*

# 11. Risveglio evocativo o ipnosi regressiva? Dall'antico Egitto a oggi

Non posso chiamare il risveglio evocativo ipnosi, innanzitutto, per ragioni di onestà intellettuale. Questa pratica, infatti, era già nota in Egitto. Nel papiro di Ebers[1], datato 1500 a.C., si parla dell'induzione come di uno stato profondo di coscienza con finalità di guarigione; in quello di Cester Betty[2], datato tra il 1292 e il 1187 a.C., conservato al British Museum, si parla dei sacerdoti o Maestri delle cose segrete, soprannominati anche dotti della biblioteca magica. In quel tempo, esistevano i cosiddetti templi dei sogni, dove si andava per fare un viaggio guidato, simile a quello che oggi viene in genere chiamato ipnosi regressiva, a mio avviso in modo del tutto inappropriato. Il fine era quello di avere una guida per la propria vita, di conoscere il futuro o curarsi da qualsiasi problema non risolto con le tecniche di medicina in uso ai tempi. Ho effettuato queste scoperte dopo che io stessa e altri ricercatori abbiamo vissuto dei risvegli evocativi mentre ci trovavamo in templi dell'antico Egitto. Inizialmente, sia io sia loro eravamo molto perplessi, non avendo mai sentito di simili pratiche, tra l'altro non di origine umana. Inoltre, le signore che, per prime, mi riferirono di vedere le stesse immagini che anch'io, mesi prima, avevo osservato, mi lasciarono stupefatta, sia per il fatto che sostenevano di vedermi lì, come sacerdotessa del tempio intenta a svolgere lo stesso mestiere che faccio oggi, sia perché non possedevano studi né strumenti tecnologici in grado di aver fatto acquisire loro simili informazioni. Fu per questa ragione che mi recai in biblioteca e scoprii che quella che noi chiamiamo ipnosi regressiva era una tecnica proveniente dall'antico Egitto, non solo dal papiro di cui sopra, ma anche nell'incisione di una stele risalente alla XX dinastia egizia, al tempo di Ramesse XI[3]. Nella ventina di risvegli ambientati in antico Egitto (su oltre un migliaio di sedute in totale), in un periodo molto più antico di quanto appreso a scuola, compreso tra quindicimila e diecimila anni avanti Cristo, è emerso che una popolazione proveniente dallo spazio sia atterrata in Egitto, dove si sarebbe stabilita per circa diecimila anni, insegnando agli uomini tantissime tecniche, tra cui quelle per connettersi con altri luoghi, dimensioni, entità, defunti, attivando dei poteri insiti in ciascuno di noi, ma destinati a spegnersi in caso di mancata utilizzazione. Questi esseri, da quanto risulta dai risvegli, avevano il cranio molto allungato, coprivano il capo in pubblico con una specie di turbante o cappello a forma di cono, che li faceva sembrare ancora più alti; di statura più elevata degli esseri umani, in media intorno ai tre metri, vestivano soprattutto con abiti lunghi blu e oro, indossando una pietra blu ipnotica al collo e un anello, dai poteri sorprendenti, proveniente dal loro pianeta. La dolicocefalia naturale era il segno distintivo di queste creature, perfettamente integrate con il resto della popolazione, che li rispettava moltissimo in quanto depositari di conoscenze e saggezza mai visti prima. Durante il regno di queste creature, venerate come divinità, la pace, l'armonia e la collaborazione regnavano ovunque e i pericoli da cui guardarsi venivano dallo spazio. Per questo motivo, sarebbero state costruite le piramidi, portali per altre dimensioni, luoghi magici di cura e ricarica energetica, ma anche fortini e osservatori al tempo stesso. Solo pochi vi potevano accedere e, in particolare, sarebbero stati questi esseri venuti dallo spazio a costruirle e utilizzarle. Tutti coloro che hanno ammirato le piramidi durante i risvegli, hanno riferito del loro splendore e di una luminescenza straordinaria, che le rendeva visibili dallo spazio. Sarebbe stato il tradimento dei mortali a spingerli a lasciare il pianeta Terra, abbandonando l'uomo al suo destino e continuando a comunicare in modo telepatico solo con la stirpe di esseri umani proveniente da altre stelle.

Sarebbero giunti, infatti, sul nostro pianeta altri extraterrestri che però non avrebbero avuto gli stessi intenti pacifici e di progresso della stirpe dolicocefala, arrivata sulla Terra per sfruttare le nostre riserve energetiche e ripagarci con la trasmissione di conoscenze di ogni tipo. Questi altri esseri mutaforme avrebbero assunto lo stesso aspetto dei dolicocefali proprio per confondersi con essi e ingannare i mortali. Vi sarebbe stata una differenza fondamentale tra i due gruppi di extraterrestri. I primi, infatti, sarebbero provenuti da Sirio, anche con l'intento di aiutare la Terra a vincere la guerra contro il male. I secondi, invece, avrebbero avuto origine dal regno delle tenebre, presentato come il mondo della verità e, in parte, colonizzatore di una faccia della Luna. Questi esseri tenebrosi avrebbero indotto i mortali a tradire i dolicocefali, assassinando la coppia di spicco e di comando dell'intera comunità. La guerra che ne seguì fu disastrosa. I mortali regredirono di molti millenni e furono quasi decimati. I sopravvissuti si accoppiarono con la seconda stirpe di extraterrestri, generando uomini tenebrosi, inclini all'inganno, alla violenza e amanti solo del potere. Questo sarebbe il motivo per cui, oggi, a prevalere qui sul nostro pianeta, in un coacervo di abitanti provenienti da diverse galassie e dimensioni, sarebbero i mortali, coloro che hanno perduto la connessione con l'anima e, dunque, i mondi invisibili, e che aspirano a inglobare tutto il resto, creando un universo oscuro, su cui sfogare ogni loro più delirante perversione e crudeltà. Questo potrebbe determinare una disconnessione definitiva della Terra dai mondi spirituali e dalla Luce, che resterebbero confinati in un'altra dimensione, finché gli oscuri non riusciranno ad accedere a quel piano con l'intento di distruggerlo. La Terra è un luogo particolarmente importante anche perché si trova a metà strada tra i mondi inferiori e quelli superiori. Il suo equilibrio tra male e bene risulta fondamentale perché si riflette su quello generale delle altre dimensioni. Se la Terra diventasse predominio degli oscuri si determinerebbe uno squilibrio, sarebbero spalancate le porte degli abissi e questo farebbe credere ai tenebrosi di poter conquistare ogni dimensione e ogni mondo. Nessuno sarebbe al sicuro, da nessuna parte, se non i pochi esseri che vivono nella dodicesima dimensione, avendo terminato il piano evolutivo ed essendo i più vicini a Dio. Loro non possono intervenire in soccorso degli umani, se non invocati da cuori puri, sempre più rari. Questo gioco geniale che chiamiamo vita starebbe degenerando e tutto farebbe propendere per un imminente vittoria delle tenebre. *Tuttavia, mai come in quest'epoca storica,* riferiscono sempre le entità di luce o Maestri, *abitano la Terra esseri dell'undicesima e persino della dodicesima dimensione, in missione proprio per dimostrare quanto il Bene ami sorprendere.*

Come mai oggi si parla sempre più apertamente di abitanti di altri pianeti? Addirittura, un alto funzionario americano avrebbe dichiarato: «L'umanità non è l'unica vita intelligente nell'universo e non è la specie alfa»[4]. *Perché non possono più tacere, perché devono mantenere alto il terrore e potrebbero usare l'idea degli alieni crudeli per imporre nuove restrizioni e controlli per il bene dell'umanità, attribuendo loro magari catastrofi di ogni genere.* Vi sono altre tre ragioni per cui non posso chiamarla ipnosi. La prima è la lontananza con l'ipnosi clinica, di cui riconosco i potenziali. In questa pratica è l'ipnoterapeuta che invita l'ipnotizzato a visualizzare o percepire determinate sensazioni. In quella denominata regressiva, invece, è l'esatto contrario, anche per questo non può essere considerata ipnosi, visto che è l'ipnotizzato a raccontare al clinico cosa vede o sente. La seconda ragione è che le tecniche ipnotiche possono essere utilizzate anche a fini goliardici, penso alla cosiddetta ipnosi "da baraccone", di cui abbiamo avuto esempio in alcune trasmissioni televisive e possono anche prestarsi alla manipolazione, suggestione e inganno delle menti. Chi utilizza l'ipnosi, infatti, potrebbe anche farlo con finalità tutt'altro che positive. La terza deriva dalla mia convinzione che quasi tutte le pratiche di rilassamento, oggi chiamate ipnotiche, siano state ispirate da tecniche di meditazione orientale o tibetana, viste le notevoli somiglianze e considerando che il misticismo orientale nasce molti secoli prima dell'ipnosi. Del resto, la ricerca spirituale arriva sempre prima della scienza. Basterebbe leggere i Veda o altri testi sacri per rendersene conto.

In teoria, tutti possono riuscire a svolgere una meditazione evocativa, perché tutti andiamo spontaneamente ogni novanta, centoventi minuti, in uno stato definito di autoipnosi, in cui cambiamo il nostro stato di coscienza, come se il cervello volesse ricaricarsi. A spiegarlo in maniera egregia è stato lo psichiatra Milton Erickson che la definiva una comune trance quotidiana, quando si stabilirebbe un predominio spontaneo dell'emisfero destro e l'attivazione del parasimpatico.

> In quei momenti le persone [...] tendono a fissare lo sguardo – verso destra o verso sinistra, a seconda dell'emisfero cerebrale dominante – e ad assumere quell'aspetto 'assente' o 'vuoto'. Possono chiudere effettivamente gli occhi, immobilizzare il corpo (una forma di catalessi), reprimere certi riflessi (come inghiottire, respirare, ecc.) e sembrano momentaneamente dimentiche di tutto ciò che le circonda, sino a quando non abbiano completato la loro ricerca interiore a livello inconscio di nuove idee, risposte e schemi di riferimento che ristabiliranno il loro orientamento generale verso la realtà[5].

In pratica, non tutti riescono a cambiare stato di coscienza ed effettuare un risveglio evocativo. Per alcuni si tratta solo di una questione di tempo, ma i più non hanno la pazienza né la perseveranza di continuare, perciò si arrendono dopo due o tre tentativi. Altri pensano che quando non si percepisce nulla durante la meditazione evocativa significhi che dentro di sé non vi è nulla o che non si sono vissute altre vite. Quest'ultimo punto è del tutto irrilevante, in quanto l'Anima va dove per lei è più importante, perciò è possibile parlare con entità, defunti, spiriti guida, spostandosi nel futuro o in dimensioni molto diverse dalla nostra. Io credo che il risveglio non riesca soprattutto quando non si è più in grado di ascoltare quell'invisibile che è lontano dall'impero della nostra volontà[6]. Jung direbbe che, tanto più si è scissi, quanto più è alto il muro che ci separa dalle nostre zone d'ombra[7]. Non riuscire a oltrepassare le rigide regole della razionalità significa perdere per sempre la possibilità di entrare in contatto con parti di noi che custodiscono il senso della nostra vita[8]. In particolare, bisogna risvegliare il proprio *daimon*, depositario del nostro destino, chiamato ad aiutarci a diventare quello che siamo[9]. Alcune cause, che bloccano il risveglio, sono superabili attraverso l'esercizio. Quando non si percepisce nulla, comunque si sono attivati i benefici della meditazione, di cui non si è sempre immediatamente consapevoli. Personalmente, quando mi trovo di fronte a una persona che, per una o due volte, non riesce a vedere niente, le propongo un altro metodo, quello della "meditazione personalizzata". Una pratica meditativa molto particolare, che ho messo a punto combinando meditazione trascendentale e studi sul funzionamento cerebrale. Dopo tre o quattro mesi di questa pratica quotidiana (di cui parlerò nel prosieguo), che richiede circa una quindicina di minuti, i soggetti incapaci a lasciarsi andare, nella maggior parte dei casi, riescono a effettuare il risveglio. Si potrebbe dire che la "meditazione personalizzata" è il corrispettivo italiano alla tenacia di Brian Weiss, il quale avrebbe raccontato di pazienti che hanno impiegato otto anni prima di poter vedere qualcosa.

Tra le cause che potrebbero bloccare il viaggio in altre dimensioni, sempre sulla base della mia esperienza diretta, attraverso le oltre mille sedute che ho condotto, ho enucleato: rigidità esasperata; forte volontà di controllo; incapacità a lasciarsi andare; scetticismo e pregiudizi dovuti a grave ignoranza; profonda disperazione; rabbia feroce; odio; disprezzo;

mancanza totale di empatia; supponenza narcisistica e continuo chiacchiericcio mentale. Manca la cosiddetta iper-razionalità, in quanto a discapito di quanto si potrebbe pensare, le persone più razionali, seppur con difficoltà e udendo spesso voci beffarde nei loro primi risvegli, riescono a vedere o percepire messaggi importanti. Io stessa, essendo smodatamente razionale, durante i miei primi tre risvegli, dovevo subire la voce della mente che mi sbeffeggiava, chiedendomi l'utilità di quelle sedute e accusandomi di spendere soldi per stupidaggini. Dal quarto risveglio, avendo lasciato che la voce si sfogasse come più preferiva, non venivo più disturbata da alcun pensiero e mi lasciavo andare totalmente a un altro piano di coscienza, tornando, ogni volta, da quelle esperienze profondamente rigenerata e ricaricata.

Ritengo, inoltre, che a volte potrebbero essere l'Anima o forze superiori a bloccare il viaggio dentro di sé. In questo caso, suppongo che neppure dopo decenni di tentativi si riuscirebbe ad accedere a questo tipo di esperienza, molto probabilmente perché a quel soggetto non serve il risveglio evocativo per la sua evoluzione, avendo un'altra via da percorrere o non possiede gli strumenti per affrontare i messaggi delle entità o per elaborare il racconto. Infine, a detta dei Maestri, tutti coloro che riescono a cambiare stato di coscienza e a percepire qualcosa sono cari al Cielo. Il risveglio evocativo, infatti, sarebbe un dono per evolversi, tra l'altro molto più velocemente che con qualsiasi altra pratica, in quanto si diventerebbe protagonisti, passando dalla teoria alla pratica. Alcune persone, in procinto di essere definitivamente disconnesse dalla loro Anima, appartenenti al gruppo degli inclusivi, dovrebbero capire che, spesso, necessitano di molto tempo per riuscire, perciò dovrebbero prendere le sessioni di risveglio come un allenamento in palestra.

La differenza principale tra quella che viene chiamata ipnosi regressiva e il risveglio evocativo consiste nel fatto che l'ipnosi regressiva serve principalmente per conoscere le proprie vite passate. Il risveglio evocativo, invece, è rivolto non solo alla conoscenza delle proprie vite passate, ma anche dei mondi spirituali. Molti tra i ricercatori che seguo, infatti, hanno già avuto esperienze con altre persone che si occupano di ipnosi regressiva e tutte confermano che con questa tecnica si ottengono risultati diversi. Chi si rivolge a me, intanto, non è un paziente, ma un ricercatore. Una persona alla ricerca di se stessa, come lo sono stata io per tanti anni. Non si tratta di un percorso psicoterapeutico, basato su una relazione stabile e duratura. Ci sono persone che vedo una sola volta, per un'ora e mezzo e altre, invece, che seguo da molto tempo, seppur in modo saltuario. Uno degli obiettivi del risveglio, infatti, è quello di lasciare che sia il ricercatore a scegliere il numero e la frequenza degli incontri.

L'energia di chi conduce la seduta influenza il risultato, ma da sola non basta a garantire il risveglio. Chi è destinato a vedere, infatti, vedrà sempre, anche se accompagnato da una persona energeticamente meno dotata. Al contrario, chi è destinato a non vedere, non trarrà benefici concreti dall'energia del conducente. Le differenze emergono, invece, in modo preponderante sul contenuto dei risvegli. Più l'anima che conduce è potente, maggiori saranno sia quantitativamente che qualitativamente i messaggi ricevuti. Per intenderci, è come fare un viaggio con un potente fuoristrada o in bicicletta. Finché la meta sarà relativamente vicina, giungeranno entrambi, ma in quanto tempo e in quali condizioni farà la differenza. Chi viaggia con il fuoristrada, inoltre, potrà custodire molti più insegnamenti del ciclista che, al massimo, porterà con sé uno zaino. Infine, le vette elevate a cui sarà possibile accedere usando un'automobile non saranno sempre raggiungibili in bicicletta, perché non è detto che si abbia la forza di arrivare fino a certe altezze, superando ostacoli che, per un'automobilista, sarebbero del tutto insignificanti.

Più l'anima che conduce è antica, più sarà possibile per il viaggiatore sperimentare contatti con i propri cari defunti, esplorare vari mondi e dimensioni spirituali, nonché parlare con i Maestri o entità di luce o Bianchi. Come sapevano già i grandi della storia, tra cui Giordano Bruno, esistono infiniti mondi, fuori e dentro di noi. Dimensioni simili o lontane anni luce da quella terrestre, che affollano quello spazio ignoto chiamato materia o energia oscura dagli scienziati, come abbiamo già visto.

Questa tecnica, che per il nostro cervello è più semplice della lettura, in quanto tutti noi andiamo spontaneamente ogni novanta, centoventi minuti in uno stato chiamato di autoipnosi, potrebbe migliorare di molto la vita delle persone, in quanto spalanca le porte alla vera conoscenza, quella appunto proveniente dallo Spirito.

Di conseguenza, se non avessimo alterato il nostro modo naturale di essere, tutti dovremmo riuscire ad avere la capacità di conoscere le nostre vite precedenti, i frammenti di futuro che ci servono per incoraggiarci e quanto possa servirci per diventare consapevoli di chi siamo, del senso del nostro vivere, della nostra parte divina e del potere dello spirito. Come ho illustrato, infatti, pare che questa pratica fosse di uso comune nell'antico Egitto, non a caso proprio nel luogo dove – secondo le entità di luce – sarebbe iniziata la vita così come la conosciamo. La civiltà egizia parlava di templi dei sognatori e, in effetti, per capire quanto tutti siamo predisposti a cambiare stato di coscienza e a ricevere messaggi da luoghi imprecisati, spesso individuati come appartenenti all'inconscio, basterebbe pensare al fenomeno della cosiddetta autoipnosi e ai sogni. Non tutti i sogni sono uguali, così come non tutti i risvegli sono uguali, ma ormai ognuno di noi dovrebbe sapere che l'attività onirica è essenziale e non solo per l'elaborazione emotiva, la comunicazione interemisferica, il mantenimento dell'equilibrio psichico, il consolidamento della memoria e il problem solving. Vi sarebbero, infatti, altre ragioni pressoché sconosciute che farebbero del sonno e dei sogni dei portali di accesso ad aspetti della nostra psiche altrimenti inaccessibili. Cambiare stato di coscienza, abbandonando le onde beta ed entrando in un'attività sempre più intensa benché inconsapevole sarebbe, forse, ciò che ricarica tutta la nostra macchina biologica consentendole di esistere in questo mondo[10]. In teoria, dunque, chiunque imparasse la tecnica, avendo un minimo di empatia e amore, potrebbe condurre risvegli di terzo o secondo livello, ma soltanto le anime più antiche potranno consentire l'esplorazione dei mondi spirituali e i contatti con defunti e Maestri. *Le anime più antiche possiedono quella vibrazione potente di chi ha già compiuto innumerevoli esperienze e hanno il cuore puro e leggero. Per questo possono viaggiare nei cieli, nello spazio, nelle profondità della terra, negli abissi sottomarini, dentro l'anima e anche accompagnare i risvegliandi durante la morte.* Questa pratica risulta frequente quando si incontra qualcuno che teme la morte. Per dimostrare cosa essa sia in realtà, non vi è nulla di meglio che proporre di fare esperienza della stessa. Questo basta, in genere, per superare quella paura.

Come si fa a scoprire se una persona possiede il dono riservato alle anime antiche? Chi lo possiede lo sa e ha sempre l'onestà e la capacità di autovalutarsi. In genere, dopo un paio di mesi che si esercita quotidianamente, un'Anima antica avrà riportato almeno una trentina di messaggi diretti ai ricercatori derivanti da contatti con i defunti o con i Maestri.

I risvegli non sono tutti uguali, dicevo. Li classifico in genere in tre livelli, sulla base dei benefici che si conseguono.

Il terzo livello è quello che condurrà alla pace. Il soggetto si sente subito più calmo e questa sensazione di serenità si mantiene da ventiquattro ore a diverse settimane. Dopo un risveglio di questo tipo, in molti casi, si dorme per più tempo e in modo profondo e rigenerante. Le storie che si vivono sono dei veri e propri film e, a seconda del messaggio che si deve ricevere, saranno "pellicole" d'azione o sentimentali, drammatiche, noir e via così.

Il secondo livello conduce alla gioia. Si ha la sensazione di essersi tolti un peso. Una profonda leggerezza e un benessere quasi euforico e, spesso, commovente permane da qualche ora a diversi mesi.

Il primo livello riguarda il contatto con i mondi spirituali. Si parla con alcuni dei propri cari defunti o con guide, Maestri o entità di altri mondi e dimensioni. Questi cambiano profondamente la vita delle persone. Una trasformazione che, a volte, non si manifesta nell'immediato, ma arriva dopo qualche giorno e può durare per tutta la vita. Solo le Anime più evolute, quelle antiche, hanno la fortuna di vivere simili esperienze, riferiscono i Maestri.

In tutti e tre questi casi, si tratta di immagini simili a quelle del sogno o, in alcuni rari casi, di esperienze fuori dal corpo. Quanto più si entra in contatto con i mondi spirituali, tanto più saranno grandi i benefici che si conseguiranno. I risvegli di terzo livello sono quello che più somiglia a un'esperienza premorte senza, però, i rischi. Non esiste nessuno, a quanto ne so, che abbia avuto un'esperienza premorte e sia rimasto tale e quale. Tutti tornano gioiosi, con un amore immenso per la vita, si sentono profondamente bene, in pace e con la consapevolezza di essere collegati con quel mondo invisibile che rappresenta la parte preponderante di tutto l'esistente.

Uno dei benefici che preferisco della tecnica di meditazione evocativa è quello derivante dalla comprensione di essere Anima. Se, infatti, si assiste a una propria vita precedente, sarà evidente che la morte non è la fine di tutto, ma solo un cambiamento di stato, un passaggio. La consapevolezza di non morire, dunque, porterà a dare il giusto peso a ogni cosa e a vivere con più leggerezza.

Qualcuno si starà chiedendo come si fa a capire se si è avuto un viaggio fuori dal corpo o qualcosa di simile al sogno. La sensazione di leggerezza e benessere enorme che si prova durante un'esperienza fuori dal corpo, in genere, sono già un buon indicatore di viaggio astrale. A questo si aggiunga il fatto che il soggetto è in grado di andare praticamente in qualsiasi posto desideri, avanti e indietro nel tempo e in qualsiasi luogo riesca a immaginare. Non ha difficoltà a parlare con nessuna entità che incontra e al rientro nel corpo avverte una sensazione di pesantezza e di felice stanchezza, come se avesse svolto un'attività fisica di media intensità.

A coloro che non credono ai viaggi astrali vorrei chiedere se sono proprio certi che, durante i sogni, restino sempre all'interno del proprio corpo. E come mai, a volte, si svegliano con graffi o ematomi o più stanchi di quando sono andati a dormire?

# 12. Si può prevedere il futuro?

*Le previsioni sul futuro sono possibili solo in due casi. Come aiuto a chi si trova in condizione di grave bisogno e come prova del mondo dello spirito per aiutare le persone a credere.*

Di prove ne ho raccolte tantissime: messaggi comunicati a me su di me o su altri che si sono realizzati, o riferiti ad altri su di loro che si sono verificati esattamente com'era stato detto. Il difficile è trasmetterli senza alterarli con le nostre interpretazioni personali, frutto della nostra mente. Per esempio, quando bisogna comunicare a qualcuno problemi con una figura femminile giovane, si devono riferire esattamente queste parole, non interpretare dicendo cose del tipo "avrai problemi con tua figlia", perché magari quell'uomo neppure ce l'ha una figlia, ma sua moglie è molto giovane.

Le anticipazioni sul futuro vanno da un generico "accetta il dono costoso che ti sarà fatto" – detto a una donna incredula, perché sosteneva che nessuno avrebbe mai potuto farle un regalo costoso in tempi brevi – a "uno dei tuoi gatti si ammalerà la prossima settimana, ma poi guarirà e incontrerai l'uomo della tua vita", piuttosto che "venderai la casa che non riesci a vendere da tanti anni" o "entro la fine del mese riceverai una sorpresa inattesa". Di questi esempi, mi hanno colpito il primo, perché inaspettatamente la donna incredula ha ricevuto in dono una macchina molto costosa dall'ex marito come risarcimento per i problemi che le aveva causato molti anni prima. Lei ovviamente non voleva accettare, ma poi si è ricordata la frase "accetta il dono costoso che ti sarà fatto" e così ha sostituito la sua vecchissima utilitaria che tra l'altro l'aveva già lasciata a piedi diverse volte.

A un'altra donna, a cui fu detto che avrebbe ricevuto una sorpresa inaspettata entro la fine del mese, accade un colpo di fulmine, di cui vi racconterò nell'ultima parte di questo libro. Non tutto ciò che riguarda il futuro è già deciso. A molti ricercatori è stato riferito sempre dalle entità di luce che *ci saranno guerre, terremoti, eruzioni di vulcani, attentati, nuove epidemie, crisi economica e alimentare, ma niente di più di quanto non si sia già verificato in altre ere e in altre epoche. L'apocalisse, intesa come fine del mondo, con arrivo di alieni e angeli non è prevista. Questo mondo è duale, perciò per alcuni sarà l'inferno e per altri il paradiso. Molto dipenderà dalla parte che si è scelta, quella della Luce o delle Tenebre. Sarà accentuata la dualità. Stiamo entrando nell'era del visibile e dunque tutto sarà rivelato. Crolleranno le maschere e le falsità, ma ci sarà chi sceglierà di stare dalla parte del falso. Non ci sarà quel mondo fatto solo di luce e bene e amore che molti profetizzano. Questo mondo si basa sulla dualità, perciò per mantenere l'equilibrio devono coesistere male e bene. La differenza, rispetto al passato, è che dal Covid-19 fino al 2025 sarà data la possibilità di scegliere da che parte stare. Molti cicli durano, infatti, cinque anni. La spaccatura tra luce e tenebre sarà sempre più evidente. La confusione sarà massima, proprio perché avrete possibilità di scegliere, ma non potrete scegliere con la ragione, ma solo con il cuore,* sottolineano le entità. *Si salverà, dunque, solo chi saprà diventare una persona spirituale. Ci saranno ribaltamenti sorprendenti. Periodi più neri e altri più rosei, ma male e bene continueranno a convivere. Dovete diventare consapevoli di chi siete, solo così potrete scegliere da che parte stare,* hanno concluso. *In questa era terrestre, c'è una spaccatura tra uomini spirituali e uomini inclusivi. Gli uomini inclusivi sono quelli che includono entità nefaste e le accolgono al loro interno e condividendone la visione dissoluta si condannano a morire, perché quello diviene il loro destino: essere zombie, morti viventi. A causa della guerra che non vediamo tra Luce e Tenebre, il demonio ha fatto credere a molti di non esistere e questo è stato uno dei suoi capolavori. Inoltre, ha fratturato le menti dei più giovani, i cui veri genitori e insegnanti sono i cellulari. Alla prima delusione affettiva, scolastica o sportiva crollano. Ogni tristezza, sbalzo d'umore o fallimento viene preso per fluidità di genere, perché nella società della mediocrità conta solo essere belli e sessualmente disponibili e prestanti. Di conseguenza, al primo dubbio, si ricorre ai farmaci. Un farmaco per tutto: per la tristezza, per il sesso, per la linea, per la memoria e via così. Hanno violentato le menti di tutti con certa propaganda di governo chiamata informazione, con l'inganno chiamato verità, con il servilismo chiamato arte e la mediocrità profumatamente pagata. Il risultato è una strage silenziosa. Una schiera di morti viventi senza gioia senza entusiasmo senza amore senza senso. Pregate, Amate, meditate e state nella gioia e sarete protetti dal Cielo ovunque voi siate. Odiate, offendete e vivete nell'inganno e vivrete nell'insicurezza anche nascosti nel bunker antiatomico più sicuro al mondo.*

*Da questo sfacelo interiore, che si manifesterà anche con catastrofi nel mondo visibile si salveranno solo le persone veramente spirituali, che non sono i buonisti o gli accondiscendenti né solo i buoni... ma i veri spirituali, quelli che sanno... quelli per cui l'invisibile esiste e ne conoscono le leggi, quelli che sanno tenere in equilibrio materia e spirito, pur sapendo di essere spirito. La vera conoscenza non si tramuta sempre in parole. Molti spirituali sanno, ma non possono o non vogliono condividere le loro informazioni, perché hanno un altro compito. A ognuno il suo, ma se non trovi il tuo, se ignori chi sei e la tua via, sei destinato a perderti e a restare un'onda del mare. Siamo nati per creare un altro mare, non per svanire dove siamo sempre stati. Crescere significa diffondere la bellezza di oceani multiformi, non solo bearsi di far parte dell'Uno. L'Assoluto ha compiuto un gesto d'amore. Fa' che non sia stato vano.*

Molti mi scrivono spaventati dicendomi che sta per arrivare la terza guerra mondiale e Roma sarà distrutta e i tre giorni di buio e gli alieni e l'apocalisse eccetera... *Volete un'altra guerra? Non vi bastano quelle che già esistono? Pensate a vivere adesso, in questo preciso istante. Nulla è già deciso. Chi vede il futuro lo fa perché si è riconnesso con la sua Anima e l'Anima non vive solo qui sulla Terra, ma anche a casa sua e a casa sua non c'è il tempo e non c'è lo spazio, perciò sa già quello che accadrà. Sarà l'inferno per alcuni e il paradiso per altri. Ognuno avrà ciò che si merita, non domani, non in un altro mondo, presto anche qui, su questa terra. Non preoccupatevi di scenari apocalittici futuri, ma della vostra vita quotidiana. Cosa avete imparato da questa vita? Cosa fate per il bene vostro e di conseguenza altrui? Volete vivere nel passato, nel futuro o nel presente? Il passato serve perché non ritorni ciò che già è stato. Serve per imparare. Il futuro per progettare ciò che nel presente non trova spazio.*

La dimensione sottile della luce degli adepti si è associata per combattere ciò che l'oscurità vuole portare qui. Il possesso di questo mondo è strategico. Abbassare l'evoluzione planetaria della Terra comporterà la caduta anche dei mondi collegati. Questo è ciò che vogliono e si tratta di un fatto molto più importante di ciò che si crede, perché non riguarda solo questa incarnazione terrena, ma di molti altri mondi. La Terra è un mondo di passaggio da questa dimensione ad altre più elevate e, abbassando questo mondo, si chiude l'accesso verso i regni superiori.

*Quando vi va tutto storto, ricordate che sono solo prove da superare, prima di meritare tutto quello che verrà. Tu sai cosa eliminare perché è riservato e cosa, invece, è destinato a essere letto da coloro che sono pronti. Non hai voluto portare su di te il karma delle questioni legate al Covid. Non ti sei piegata ai padroni, perché tu sai cosa avrebbe significato per la tua Anima e, così facendo, ti sei liberata dalle catene. Hai fatto un grande dono alla tua vita. Le tue scelte ti porteranno oltre. Il tuo sacrificio ti porterà oltre. Tutti sanno quanto è importante ciò che hai fatto. Noi ti porteremo sempre più avanti. Dovrai sempre ricordare quanto sia importante la fede nel nostro credere. Noi possiamo tutto con la fede, che manifesta tutto ciò che è possibile manifestare. Il vostro ostacolo più grande siete voi, il vostro scetticismo, il non credere fino in fondo in ciò che state facendo e in ciò che siete. Voi che siete Anime in missione su questa Terra, quando superate i vostri dubbi, non potete neanche immaginare cosa farete.*

Al termine di un colloquio diretto o attraverso qualche ricercatore con le entità di luce, mi sento fortemente ricaricata, sicura di me e consapevole di quello che devo fare, adesso per esempio so di dover scrivere quanto i Bianchi (o chiamateli entità di luce o Maestri) mi abbiano sempre aiutato a ogni mia richiesta, persino quando stavo in Polizia e dovevo risolvere un caso che sembrava impossibile. Una notte fui chiamata perché una quattordicenne asseriva di essere stata violentata vicino piazzale Clodio (zona centrale di Roma) da un sedicente poliziotto, alle ventitré di una sera d'estate. Nessuno dei miei allora colleghi credeva alla ragazzina, perché era fredda, non piangeva, a differenza di quello che accade in genere. Appena arrivai in ufficio e le parlai, dissi che il caso era assolutamente vero e, come spesso accadeva, leggevo il malumore di certi colleghi, infastiditi da quelle mie esternazioni prima degli accertamenti medici. La visita in ospedale confermò la violenza. Se avessimo seguito le procedure ordinarie non avremmo mai preso lo stupratore, incensurato e pronto a scappare poiché stava per imbarcarsi sull'Amerigo Vespucci, trattandosi di appartenente alla marina militare.

Come spesso accadeva, invece, io mi impuntai sul fatto di dover predisporre un appostamento alla vecchia bicicletta BMX con cui lo stupratore era giunto sul posto. Per tutti era impossibile che l'autore di un reato così orrendo tornasse sulla scena del crimine per prendere una bicicletta di nessun valore. Quando a tarda sera lasciammo l'ufficio, ricordai ai miei collaboratori di lasciare il cellulare acceso, perché ero certa che quella notte lo avremmo arrestato. Verso l'una di notte, infatti, un giovane che non corrispondeva per niente alla descrizione fatta dalla ragazza andò a recuperare la bicicletta. Quando gli parlai, alla fine crollò e mi raccontò che il suo fratellastro la sera prima aveva utilizzato la sua bicicletta e che gli aveva detto di non tornare a prenderla, che gliene avrebbe regalata una nuova molto più bella, ma lui era legato affettivamente alla BMX, era stato un regalo. Quella notte arrestammo lo stupratore, già con la valigia in mano pronto a partire. Questo fu uno dei tanti casi che riuscii a risolvere grazie alla connessione con la mia Anima e, di conseguenza, con i mondi spirituali perché quando si è connessi con la propria scintilla divina automaticamente ci si riunisce con la dimensione a cui si appartiene e con quella superiore.

Si può sentire una voce interiore, che spiegherò come distinguere dal chiacchiericcio mentale, o si possono utilizzare la scrittura, il disegno, il risveglio evocativo o il sogno per ricevere messaggi dalla Luce. Tante volte mi arrivarono messaggi sul fatto di trovarmi nel posto sbagliato e, come ulteriore riprova di quei continui messaggi che non volevo ascoltare, quando fummo premiati per l'indagine sulla BMX, tutti gli uomini che avevano eseguito i miei ordini ricevettero l'encomio e io, che avevo dovuto faticare e subire la derisione per la mia idea di fare un appostamento alla bicicletta, invece, un premio inferiore, una semplice lode. Quella fu soltanto una delle tante ferite che ricevetti in Polizia ma come mi disse una persona importante «non è la Polizia a essere sbagliata, sei tu nel posto sbagliato» ed era incredibilmente vero! Naturalmente, non mi piegai a quell'ingiustizia, perché sono una che non sta mai zitta e chiesi un colloquio con i vertici. Non posso riportare la risposta che mi fu data, ma non cambiò la situazione.

Per diciassette anni ho fatto una guerra spietata all'invisibile e dopo tre licenziamenti e il mare di fallimenti in cui ero immersa voltai gli occhi al Cielo e dissi «mi arrendo. Da oggi in poi seguirò solo la mia

Anima». Da allora, la mia vita è completamente cambiata. Magia, allegria, gioia, leggerezza, gratitudine e Amore sono diventati i principali protagonisti dei miei giorni e, anche quando passano a trovarmi rabbia, odio e risentimento, vedendo che io li lascio fare indisturbati, mentre mi dedico ad altro, vanno via in un baleno. Ogni cosa in questo mondo visibile, duale e falso vuole essere guardata e se la ignoriamo scompare, va altrove a cercare nutrimento.

Ho visto accadere spesso anticipazioni sul futuro, ma potrete scoprirle personalmente solo se passerete dalla teoria alla pratica, se sarete tenaci arriverete a un certo livello di evoluzione… non è per tutti iniziare un percorso di risvegli evocativi. Molti mi chiedono di insegnare il mio mestiere, perché vorrebbero fare lo stesso. Un giorno, lo farò, ma sappiate che, prima, bisogna aver fatto così tanti risvegli evocativi (e continuare a farli) da saper vivere con una gioiosa leggerezza costante, qualsiasi cosa accada. Questo è fondamentale, altrimenti quale energia potrete trasmettere agli altri?

## 13. Attivare il potere creativo, ribellarsi alla mediocrità e superare l'ombra

Le statistiche che ho elaborato si riferiscono alle mie prime mille sedute e su queste mille, circa il venti per cento delle persone effettua dei risvegli che definisco di primo livello, in quanto donano gioia e in cui si parla con le entità di luce. Alcuni di questi ricercatori si sentono in colpa perché viene detto loro di appartenere a una cerchia di prescelti. Qualcuno si definisce appartenente alla schiera degli aristocratici, destinati ad avere vite felici, nell'agio, al sicuro dalle violenze e dalle privazioni della vita. Spesso queste persone vivono i loro privilegi con senso di ingiustizia nei confronti della massa che invece ha difficoltà economiche, relazionali e di salute. In quasi tutti i casi, sono i Bianchi, tra cui sovente Gesù, a spiegare che loro, gli aristocratici, hanno un compito ben preciso.

*Solo le Anime allegre, gioiose, entusiaste, leggere possono creare. Si tratta delle Anime autentiche, che sono sempre un arricchimento per chi le incontra e danno anche quando non sono ancora consapevoli di chi sono. Basta che entrino in una stanza, per cambiarne l'energia. Solo le Anime evolute, quelle in missione sulla Terra o gli inclusivi che si svegliano hanno il potere di cambiare la realtà triste degli altri. Il potere creativo si attiva solo in chi conosce la tenacia, la perseveranza, la disciplina, la costanza, la fiducia nell'invisibile. Il Cielo ripaga donando gioia ed entusiasmo e quelle sono le armi per creare. Il potere creativo è sempre il potere dello spirito, che se ne sia o meno consapevoli. Presto si uscirà dal tempo in cui i ricchi e i soldi appartenevano soltanto ai delinquenti o ai materialisti. Sta iniziando una nuova epoca, in cui al risveglio spirituale corrisponderà infinita ricchezza. Sarano le anime pure ad avere i soldi che pioveranno dal Cielo in quantità per realizzare nuovi sistemi educativi, nuovi metodi di cura e nuovi paradigmi. Più si sarà stati perseguitati e ingiustamente denigrati in questo periodo, più si verrà ricompensati. Chi avrà abbracciato il messaggio che i Maestri hanno diffuso sulla Terra, avendo il coraggio di cambiare in nome dello spirito e dell'invisibile, sarà ricompensato. Diventerà un esempio. Sarà il faro nella tempesta che sta per arrivare. Niente di più di quanto non sia già accaduto in epoche passate. Una pulizia generale, che rimetterà al comando chi davvero lo merita. Chi è stato davvero votato al bene, alla scoperta di sé e dei mondi spirituali riceverà tanto di quel bene che piangerà di gioia, quasi tutti i giorni. Gioia e gratitudine saranno lo stato d'animo prevalente di questi esseri, che attiveranno in questo modo il loro vero potere. Tutti seguiranno questi spiriti eletti, che diventeranno un punto di riferimento per intere Nazioni. I soldi continueranno a esistere, ma scomparirà la speculazione che strangola la massa. Il male non scomparirà, non potrebbe esistere un pianeta evolutivo senza la dualità, perché non vi sarebbe mai possibilità di scelta e, dunque, crescita. Sarà ristabilita la giustizia, grazie ai prescelti. I prescelti sono coloro che provengono dal regno di Luce, coloro che conoscono le virtù dell'acqua. Chi seguirà l'acqua trionferà. Sono molti i misteri legati all'acqua e il segno distintivo di coloro che sono destinati a cambiare il mondo sarà proprio quello di credere nel potere dell'acqua. Metafora che non tutti comprenderanno. Senza spirito e dunque senz'Amore, non sarà più possibile godere della vita. Troppe anime si sono incarnate e si incarneranno per riportare il mondo in equilibrio e, quando avranno terminato il loro lavoro, sembrerà che tutto sia perfetto e spirituale, ma non sarà così. La bilancia sarà stata semplicemente riportata in equilibrio. Tutto è possibile grazie allo spirito e all'Amore. Pregate, meditate e seguite chi ha dimostrato con i fatti la natura del suo meraviglioso Essere. Tutto sarà messo in discussione in questo tempo. La preghiera è già fuori moda e non sarà perseguitata. La meditazione, invece, sarà calunniata, ma nessun inganno e nessuna arma potranno mai fermare le Anime mosse dalla forza più grande che esista nell'universo: l'Amore! Le Tenebre vogliono questo: l'uomo deve essere puramente materiale. L'anima dell'uomo deve essere soggiogata. L'uomo non può sviluppare il suo emisfero destro. L'uomo non può ricercare l'equilibrio tra ragione e sentimento, tra materia e spirito. L'uomo deve essere controllabile attraverso gli psicofarmaci o la tecnologia o il sesso o ciò che il potere riterrà valido a tal fine. Disconnettere l'uomo dall'Anima e, dunque, da noi e dalle schiere celesti e dalla Luce è il loro obiettivo.*

Grazie alle mie conversazioni con le entità di luce o Bianchi o Maestri, colloqui diretti durante i miei risvegli (che svolgo da sola, autoinducendomeli o accompagnata da un'Anima antica), ho appreso che il mondo invisibile può essere il nostro sostegno, ma anche il nostro nemico, a seconda di quali porte noi spalanchiamo. Non vi sono pericoli durante una seduta di risveglio evocativo, ma il risultato potrebbe essere del tutto insoddisfacente. Bisogna scegliere, infatti, di farsi accompagnare da qualcuno che ci piaccia. È sufficiente questo requisito, in genere, per scegliere un'Anima che abbia un'energia rivolta al bene, usi formule di protezione e vi consenta di affidarvi con fiducia. Se, invece, siete in ansia e nutrite dubbi sulla persona che avete scelto, resterete delusi. Non è attraverso una seduta di ipnosi regressiva o di risveglio evocativo che si spalancano le porte ai demoni! *Le porte sono sempre aperte quando viviamo nella tristezza, nella rabbia, nell'odio e in ogni forma di perfidia. Le pratiche meditative non sono sedute medianiche!* Hanno ripetuto spesso le entità di luce. Dobbiamo considerare che tutto quello che esiste fuori di noi e che non percepiamo con i nostri sensi vive anche dentro di noi. Questo è stato uno dei primissimi insegnamenti del mondo spirituale. Di conseguenza, le entità negative da cui possiamo essere predati vivono in quello che Jung ha chiamato "inconscio collettivo". I complessi, di cui parlava il grande psicanalista, altro non sono che enti invisibili indipendenti dalla nostra volontà[1]. Questo significa che già a Jung era molto chiara l'esistenza di energie in grado di manipolarci. Hillman definiva i nostri ospiti interiori *inferiores* o *daimones*, figure che derivano dal mondo ellenistico, spiriti che accompagnano i viventi nel loro cammino esistenziale. Si tratta di esseri del regno intermedio, non del tutto dèi trascendenti, non del tutto esseri umani corporei; ce ne sono di molte specie: benèfici, terrificanti, messaggeri, voci di guida e di ammonimento[2]. A salvarci da quelle figure terrificanti è la trascendenza, la prevenzione del demoniaco si poggia sempre sul terreno invisibile degli esseri più elevati[3]. È importante imparare a comunicare con il mondo invisibile, in modo da poter invocare le entità di luce in grado di darci quella protezione di cui necessitiamo e senza la quale, qui su questa Terra, non riusciremmo a sopravvivere neanche un giorno. Quelli che Jung definiva complessi, un tempo erano chiamati spiriti o demoni e, infatti, si parlava di possessione o stregoneria, anziché di nevrosi gastrica o isteria[4]. A complicare questo gioco geniale nel quale siamo immersi sono alcuni degli obiettivi che accomunano tutti gli esseri connessi con l'Anima: diventare ciò che si è, ricordarsi chi si è e i motivi per cui ci siamo incarnati su questo pianeta. Per essere noi stessi e dunque arrivare alla felicità, che altro non è che una conseguenza del nostro essere autentico, bisogna innanzitutto imparare a distinguere le voci *altre* da quella della nostra essenza. Bisogna quindi separare gli archetipi[5] dalla nostra propria unicità. "Cos'è veramente mio?" "Chi sono io davvero?" Per arrivare a scoprire se stessi, si deve arrivare a quella che Jung definiva "individuazione"[6], Hillman "realizzazione della ghianda"[7] e Kalsched "materializzazione di qualcosa di spirituale"[8]. Guardarsi dentro è l'unico processo che ci consente di raggiungere la connessione con la nostra essenza. Per iniziare, bisogna, prima di tutto, riconoscere la propria ombra, gli aspetti più oscuri della nostra personalità, tutto quello che ci perseguita e che non riconosciamo come nostro. In genere, durante i primi risvegli, l'ombra emerge in modo preponderante e con essa tutti i guai che abbiamo attirato proprio per renderci conto del nostro lato oscuro. L'ombra, tuttavia, non rappresenta solo le parti di noi che non apprezziamo e che rifiutiamo in quanto urtano con le regole sociali o della tradizione, ma anche quelle qualità infantili che renderebbero l'esistenza umana più vivace e bella[9]. Più si respinge questa parte, più questa si ribella e si rivela nei sogni o si proietta sugli altri. Un'ombra estromessa e rinnegata può diventare un persecutore, fino al punto da impedire la conoscenza di sé. Il soggetto allora, durante il risveglio, piange e si dispera, ma non sa neanche perché. Sente un'angoscia intollerabile, si percepisce paralizzato o piccolissimo rispetto al mondo circostante, ma non può guardarsi dentro. È come se la parte bambina ferita dicesse: «meglio vivere di ghiaccio, immobili, piuttosto che rischiare di soffrire ancora e andare in pezzi. Si preferisce non sentire più niente, piuttosto che riconoscere il proprio lato oscuro che poi, in fondo, vuole soltanto essere ascoltato e accettato, come qualsiasi essere vivente su questo pianeta. Rifiutarsi di guardare la sporcizia che ci portiamo dentro, non riuscire a staccarsi dal giudizio e dal timore di poter aver commesso qualcosa di sbagliato soffoca anche la propria vocazione e un uomo senza vocazione perde il suo angelo, direbbe Hillman e finisce per assomigliare a un diavolo. Se manca l'ispirazione, ciò che resta è la nuda, gratuita ferocia[10]. Nasce in chi reprime l'ombra e, dunque, se stesso, una rabbia funesta, tipica di chi si conforma al piattume della società e perde il coraggio di scoprirsi per poi mostrarsi al mondo. Il percorso di autoconoscenza, dunque, non riesce neanche a iniziare e si resta intrappolati nella mediocrità, attenendosi al ruolo assegnato, non rovesciando la barca, temendo gli estremismi e gli esoterismi e questo impedisce di parlare con la propria Anima, che comunica anche attraverso gli "Invisibili"[11], quei *daimones* tra cui spicca il nostro proprio *daimon* che dovrebbe condurci alla realizzazione della nostra unicità. Questa si manifesterà con tanta più intensità quanto più si sarà conosciuto l'amore, che ci porta a mostrare chi più autenticamente siamo, «lasciando intravedere il genio della nostra Anima»[12]. *Vogliono scollegare l'essere umano dalla sua Anima, così facendo si perderà il contatto con i mondi spirituali e sarà la fine per tutti coloro che resteranno intrappolati nelle dimensioni inferiori. Se questo accadesse, le Tenebre avrebbero vinto e la distruzione, compresa l'autodistruzione sarebbe un risultato inevitabile. I mondi dove è possibile la crescita devono restare in equilibrio nella logica duale dell'esistere. Qualsiasi squilibrio metterebbe a rischio l'intero sistema abitato da mortali, inclusivi e operatori di luce. Gli operatori di luce sono le Anime discese dai mondi spirituali per compiere una missione collettiva qui sulla Terra. La materia è importante, altrimenti non ci incarneremmo in essa, nessuno spirito verrebbe ad animarla, se fosse inutile. La materia esiste, oltre per le ragioni che vi ho già detto, anche per permettervi di alzare le vostre vibrazioni, entrando in contatto con la vostra Anima e, dunque, con noi esseri puramente spirituali.*

Ogni volta che godiamo di un panorama, di un'emozione o di un'attività, quando abbiamo la capacità di sdraiarci sull'erba e sentire l'energia di madre Terra accarezzando i prati con il palmo della mano e le piante dei piedi, in quei momenti, eleviamo le nostre vibrazioni. «Quando lasciamo le pesantezze e le preoccupazioni materiali e riusciamo a trovare gioia e godimento in quella stessa materia, stiamo iniziando a volare e più voliamo più si dischiudono le porte dell'invisibile?» Domandai. *Certamente. Se vi allenate in questo modo, vi assicuro che riuscirete a sentire vicina anche la persona più lontana e farete l'amore con l'amato anche se apparentemente non è più lì, accanto a voi. Ogni istante di felicità e beatitudine è un attimo eterno e se siete stati così almeno una volta nella vita, rivivendo quell'istante, vi assicuro che volerete ancora e supererete le tenebre, gli abissi e qualsiasi difficoltà. Anche solo un attimo di pura gioia vale una vita intera e solo se ne fate esperienza diretta potete capire a cosa mi riferisco. La vita non è teoria: è pratica! Più vi frenerete nel vivere esperienze, più sarete infelici. Rendetevi la vita piacevole, perché più lo farete, più smetterete di strisciare e si spalancheranno nel vostro cuore le porte di ogni dimensione. Le galassie e le dimensioni sono fuori e dentro di voi. Il vostro cuore è un portale per altri mondi. Voi stessi siete più multiformi e potenti di quanto possiate immaginare. Uscite dalle catene della vostra mente. Smettete di essere schiavi di un errore, di un fallimento, di un amore non corrisposto, di un tradimento, di una ferita o di un sogno mai realizzato. Ricercate la bellezza, la vostra, quella interiore, quella esterna, perché la bellezza ha il potere magico di insegnarvi a stare nel momento presente a contemplare quello che c'è! La bellezza fa da specchio alla vostra Anima che, contemplandola, si ricorda della propria bellezza. La bellezza vi ricorda la generosità di madre Natura e come ognuno dovrebbe solo fiorire essendo quello che è... Solo chi ha la bellezza dentro di sé può vederla fuori e, osservandola apparentemente fuori di sé, si ricongiunge con la sua bellezza interiore. La bellezza vi libera dalle ansie del futuro e dalle tristezze del passato. Rendetevi più belli che potete, perché la bellezza ha un valore estatico, prima che estetico. L'estasi esiste solo quando imparate a godere del momento presente. Lo sapevano già gli antichi, ma voi pare che lo abbiate dimenticato. Abbiate un modo unico per realizzare la vostra bellezza.*

«Dove si trova tutta questa bellezza?», a volte mi chiedono. «Ovunque», rispondo. Persino in una campanellina di due centimetri che ospita una farfalla. Uno degli aforismi più famosi al mondo recita: «La bellezza sta negli occhi di chi guarda, tutto il resto sono sciocchezze» a riprova di quanto i veri artisti sappiano collegarsi con il vostro mondo, vero? *Perché fai domande di cui sai già la risposta? Le vere persone spirituali sono anche artisti, lo sai bene. Innanzitutto, sono artisti della propria vita. Non potete scegliere tutti gli eventi che capitano, ma potete scegliere sempre come reagire a quegli eventi ma, soprattutto, potete diventare co-creatori della vostra realtà, quando entrate in connessione con la vostra Anima. Il segreto è dentro di voi. Attivando la vostra connessione, l'infinito si spalanca. L'Assoluto esiste. L'Anima esiste. Altri mondi esistono. Altre creature ed entità. Prima prendete coscienza di non sapere niente della realtà e iniziate a perlustrare il mondo invisibile, viaggiando dentro voi stessi, prima capirete di essere molto più di quanto immaginate, che tutto ha un senso e che esistono esseri umani in grado di accompagnarvi in percorsi spirituali per ritrovare l'equilibrio perduto, scoprire voi stessi, diventare Maestri di voi stessi e imparare a costruire il vostro angolo di paradiso, superando paure, blocchi, karma e limiti mentali. L'invisibile sarà sempre più visibile e darà a tutti la possibilità di conoscerlo.*

La prima cosa che bisogna fare, dunque, per attivare il proprio potere creativo è ribellarsi alla mediocrità, primo comandamento di questa nostra società alla rovescia, che ha creato una nuova specie di uomini, i molluschi o invertebrati da divano, pronti per essere inglobati dalla nuova contemporaneità carnivora. Sì, perché la società della mediocrità, che in apparenza sembra magnanima, è in realtà feroce, non accetta alcuna forma di dissenso, vuole solo sudditi e compiacimenti e cancella o esilia chiunque la pensi diversamente. I molluschi neanche si accorgono di vivere in un mondo in cui la guerra è chiamata missione di pace, la dittatura democrazia, la precarietà flessibilità, la propaganda di governo informazione, la deportazione di uomini con l'imbroglio migrazione economica, l'inganno verità e via così. E in questo mondo alla rovescia, era prevedibile che fossero incoronati nuovi eroi: i mediocri. Il germe della mediocrità è stato infiltrato ovunque, nella politica così come nella scuola e in ogni altro ambito, perché i potenti hanno compreso che niente garantisce di più il potere della stasi. Vivere in un mondo del genere significa vivere in un ambiente fatto di banalità, di superficialità, di appiattimento, nell'assoluta mancanza di meritocrazia e giustizia, un mondo in cui non fa differenza niente, vivere morire o suicidarsi, in cui tutto è indifferente, in cui tutto e tutti possono essere giustificati, perché non governa la giustizia, ma l'ipocrisia e il buonismo, in cui Dio è diventato una specie di babbo natale che, come tale, non può neanche portare il carbone a chi lo merita. I mediocri sono anche vili e i vili, come diceva Carlos Castaneda «tirano per i piedi chi è intento a volare, per riportarlo a terra. Nella meschinità si sentono meglio se tutti strisciano, li umilia che qualcuno possa contemplare da un piano a loro inaccessibile». Per diventare sempre più capillare, la mediocrità ha creato dei nuovi eroi. Essi sono capitani che abbandonano la nave mentre affonda, delinquenti scampati alla giustizia, donne e uomini privi di cultura e di talento che diventano delle star solo perché sono belli o raccomandati o sessualmente disponibili. E a tutti gli altri non restano che due alternative: aspirare a diventare come loro o essere tagliati fuori dal sistema. Se ci fossero altri esempi di esseri viventi, magari geni come Michelangelo o Leonardo, visto che si impara per emulazione, a qualcuno verrebbe voglia quanto meno di provare a fare altrettanto, e sarebbe facile pensare che se un altro uomo come me è riuscito a compiere imprese straordinarie allora posso riuscirci anch'io. Con modelli mediocri, invece, non solo non c'è progresso, ma totale distruzione dell'autostima, perché se non si corrisponde a quel modello, si è tagliati fuori. Bisogna conformarsi alla mediocrità e dire tutti le stesse cose, senza innovare mai niente. Questo genera i migliori consumatori perché se non si ha amor proprio, se ci si sente sempre inadeguati, mai abbastanza, mai all'altezza delle situazioni, se siamo insicuri, se non si ha gioia di vivere, siamo disposti a comprare qualsiasi prodotto pur di trovare un po' di sollievo, un surrogato molto temporaneo di felicità.

La mediocrità vuole questo: lasciare tutti nella propria zona di confort e creare una società sempre più comoda, in cui certi uomini non vogliono più neppure accendere la luce, ma preferiscono impartire l'ordine ad Alexa. In questo modo, soddisfano il loro bisogno di comando, ma non si accorgono che si tratta soltanto di un'illusione di potere, in realtà sono altri a comandarli e controllarli. La società della mediocrità è dunque anche la società della comodità e, come diceva un grande velista, Peter Blake: «Tutto ciò che è comodo è stupido». Ecco perché l'unica speranza non può che provenire dai ribelli, da chi non si uniforma a questo sistema, da chi viene considerato reietto perché pensa ancora con la propria testa e ha la forza e il coraggio per riuscire a essere diverso da questa mediocrità.

Una delle prime caratteristiche del ribelle è la preparazione, visto che in un mondo di ignoranza la conoscenza è bandita perché potrebbe restituire libertà di pensiero e, dunque, potere. Il nemico più acerrimo della mediocrità è proprio la libertà, forse l'unica possibile, quella di essere se stessi. Richiede molto coraggio, oltre alla fatica di abbandonare le proprie catene, spesso molto amate, di zucchero e pare che nessuna sostanza al mondo, neppure le droghe, dia più dipendenza dello zucchero.

È molto difficile uscire dalla società della mediocrità, perché non si combatte un nemico che si mostra crudele e spietato. È facile opporsi all'inquisizione e alle torture, ma perché ribellarsi a un mondo che ti ricopre di soldi se ti svesti o se ti concedi ai piaceri del sesso? Avere un nemico svelato e crudele crea un gruppo unito e coeso di oppositori, invece, un avversario che si traveste da alleato, che ti uccide lentamente con la dolcezza dello zucchero e delle dipendenze, non può che dividere. Quali sono infatti le migliori armi per comandare? Quelle a cui nessuno pensa di ribellarsi, quelle spianate per il nostro bene! E se fossimo integri, dovremmo saperlo cos'è il nostro bene, ma la confusione della società mediocre ci fa credere che l'incertezza, anche sessuale, sia libertà! Tutto deve essere ridotto al piano fisico e visibile e noi, navigando sulla nostra barchetta in una distesa d'acqua apparentemente infinita, non sappiamo dove andare. Per essere liberi, inoltre, come insegnava già Platone, bisogna abbandonare la caverna[13], le illusioni, finché si comprenderà quanto la libertà sia terapeutica, come sosteneva Basaglia. Solo chi avrà la libertà di scoprire se stesso cambierà il mondo. Solo chi porterà alla luce se stesso avrà la chiarezza interiore per mantenere la lucidità in questi tempi oscuri e insidiosi, in cui niente è come sembra. Nella società della mediocrità ogni cosa sembra esistere con lo scopo di ridurre l'essere umano a qualcosa di puramente meccanico! Forse per questo l'endocrinologo olandese, Max Nieuwdorp, professore e capo dipartimento presso lo University Medical Center di Amsterdam, ha dichiarato che «noi siamo i nostri ormoni»[14]! Le battute potrebbero sprecarsi visto che il testosterone è prodotto dai testicoli… ma, restando seri, nessuno vuole mettere in dubbio l'importanza degli ormoni prodotti dal cervello, dal grasso e dell'intestino, semplicemente sarebbe gradito sottolineare come la fisiologia del nostro corpo sia solo una parte, tra l'altro incredibilmente piccola, di ciò che siamo. Purtroppo, però avendo istruito flotte di persone sul fatto che reale sia solo il visibile, si rischia di pensare che possa esserci una soluzione materiale a ogni problema. Molte sofferenze derivano proprio dal prendere atto, a un certo momento nella vita, che sono invece moltissime le cose irrisolvibili con il puro raziocinio se rimane con i piedi piantati a terra. Per uscire dalla mediocrità, dunque, bisogna diventare dei veri ribelli e i veri ribelli sono le persone spirituali, quelle che non credono alle regole della ragione come se fossero dei dogmi, perché sanno che quei "precetti" possono anche sbagliare (un esempio sono le leggi raziali). Le persone spirituali credono solo nella coscienza, che è un altro modo per dire Dio, campo quantico, Assoluto o scegliete il nome che più preferite. Le persone spirituali fanno molta paura al potere proprio per questa ragione. Loro prima caratteristica è proprio la grande capacità logico-razionale. La massima razionalità si fa guidare verso le vette dello spirito, la stupidità è troppo arrogante e, se anche viene illuminata per un istante, si arrende subito. Quando si parla di ribelli, il pensiero non può non andare a una celebre frase del filosofo Jünger:

Chiamiamo invece Ribelle chi nel corso degli eventi si è ritrovato isolato, senza patria, per vedersi infine consegnato all'annientamento. Ma questo potrebbe essere il destino di molti, forse di tutti, perciò dobbiamo aggiungere qualcosa alla definizione: il Ribelle è deciso a opporre resistenza, il suo intento è dare battaglia, sia pure disperata. Ribelle è dunque colui che ha un profondo, nativo rapporto con la libertà, il che si esprime oggi nell'intenzione di contrapporsi all'automatismo e nel rifiuto di trarne la conseguenza etica, che è il fatalismo.[15]

## 14. Chi sono i Maestri

*Chiunque può essere maestro, se lo studente è pronto ad ascoltare.* Questa fu la risposta che ricevetti quando, durante un risveglio, chiesi chi fossero i Maestri. Poi la risposta continuò così: *innanzitutto, bisogna guardare le loro vite. All'inizio, quando sono in vita, in pochi li riconoscono, perché precorrono i tempi. I Maestri hanno fatto almeno una cosa che non ha compiuto nessun altro. Sono fuori dal ciclo di nascita e morte, sono sulla Terra per una missione collettiva e hanno almeno un potere che nessun altro ha, ma non lo sveleranno mai in un video sui social. Sono odiati da chi sa solo parlare senza mai far corrispondere i fatti alle parole. Non si concedono a tutti e non possono mai essere compresi da tutti. Quando vedete un video in cui sentite dire io ho predetto questo e quello, ho aiutato tante persone e si vantano di vedere i morti come i vivi, state perdendo tempo. Il vero maestro non rivela il suo potere, lascia che alcune Anime evolute lo comprendano, lo vedano in azione e portino al maestro altre Anime che hanno bisogno del suo aiuto. Il maestro non può fare corsi per insegnare il suo potere, ma solo trasmettere nozioni, tecniche ed esperienze. Il maestro venera e custodisce come bene prezioso il suo potere e sa quando e come può parlarne. Mai ne farà un vanto, perché sa che il suo potere non viene dal suo essere umano, ma dalla sua scintilla divina, che si collega con l'Assoluto e la dimensione spirituale da cui proviene. L'Anima del maestro lascia che il suo potere si conosca attraverso le parole di coloro che ne hanno beneficiato. Il vero maestro risveglia le persone, non sfoggia il proprio potere, ma permette a chi entra in contatto con lui di ricordarsi del proprio. Mette il singolo nelle condizioni di attivare la sua scintilla divina. Ne cura l'Anima, nel senso che la rimette in contatto con l'ospite che fatica a sentirla. In questo modo, l'Anima può smettere di comportarsi come un uomo e tornare a essere chi è, manifestando tutta la sua grandezza. Spesso, infatti, l'Anima, ferita dal suo continuo non essere udita, decide di ripetere un trauma, un dolore, un errore, fino a quando – spera – l'ospite comprenderà. Molto difficilmente, però, l'inclusivo comprende da solo. Il mortale da solo è completamente sordo. L'unico che, a volte, riesce a comprendere da solo è colui che è in missione collettiva sulla Terra. Per esempio, una donna potrebbe essere sempre molto triste e nutrire astio nei confronti del genere maschile, che però non le ha fatto niente in questa vita. La sua Anima, che tiene tutte le esperienze insieme, perché non conosce il tempo, per essere udita dall'ospite, che agisce come se lui fosse al comando, lo mantiene in stato di disperazione e disprezzo degli uomini. Se quella donna avesse il coraggio di intraprendere un viaggio dentro di sé e scoprisse di essere stata violentata da un uomo, quella solo presa di coscienza allevierebbe un po' il suo stato d'animo. Per guarire completamente, però, dovrebbe andare a rivivere tutti i traumi vissuti con il genere maschile, ammesso che ci siano stati, perché potrebbe anche accadere che, invece, quella sola violenza l'abbia costretta a molte vite da reclusa: ora in convento, ora in un corpo molto grasso e repellente, ora in una vita da soldato.*

*«Qualcuno sostiene che i Maestri spingano al bene...» Come tu ben sai, i Maestri non spingono proprio a nulla, vogliono solo diventare inutili, perché ognuno possa raggiungere la connessione con la propria Anima e sentire la propria scintilla divina.*

«Perché è così importante imparare ad ascoltare l'Anima?» *Perché la pace, la gioia, la forza vengono da lei che è il nostro collegamento con i mondi spirituali.*

«Molti mi dicono: i Maestri predicono il futuro.» *No, i Maestri rivelano il futuro solo a chi ha bisogno di aiuto e ha il cuore puro. Non arriva nessuno a suggerire. La loro Anima, con cui sono in connessione, parla con le altre entità dei mondi di luce e con una parte di sé, la più evoluta, che dimora sempre nella dimensione spirituale da cui proviene. Esistono molti mondi di luce e ognuno ha la luce di un colore diverso. Il colore indica il grado di evoluzione. Mondo con luce blu viola, luce gialla, verde ecc. ovviamente le entità più evolute sono quelle della Luce bianca, appunto della dodicesima dimensione. Se impari ad ascoltare l'anima, comprendi cosa significa essere tutti collegati e, soprattutto, capisci che essere Anima significa comprendere di essere non una goccia dell'oceano, ma tutto l'oceano in una goccia.* «Come diceva il grande Rumi.» *E chi pensi che lo abbia detto a Rumi?* Sorrido, mentre il maestro riprende.

*I Maestri sono coloro che vi possono tendere la mano per farvi uscire dalla ruota del karma. Molte persone hanno perso il libero arbitrio e si incarnano per vivere una vita già decisa, di espiazione ma se un maestro tende loro la mano e loro la afferrano possono superare il proprio karma, qualunque esso sia stato e smettere di espiare. Espiare significa accettare, senza poter fare altro. Guardate chi vi ha teso la mano. Valutate se avete afferrato quella mano e se poi la vostra vita è cambiata oppure no. I Maestri sono sempre un esempio. Sono esseri spirituali, sempre, anche quando diventano spiriti umani e cioè si incarnano in un corpo. Mai un maestro vi dirà cosa dovete fare, né parlerà male di qualcuno. Non userà mai la leva del terrore per convincervi che lui è migliore e, dunque, mai vi dirà cose del tipo questo non si fa perché è pericoloso, questo non serve. Il maestro sa che tutto può essere utile e vede la vostra grandezza, anche quando voi la ignorate, perciò la rispetta e non vi tratterà mai da bambini con qualche disabilità. Le sue parole saranno come un bisturi, quando serve. Saprà sconvolgervi, se necessario. Nulla teme e nessuna reticenza per quieto vivere. Un maestro è ipnotico e a coloro che possono risvegliarsi basta stargli accanto per sentirsi subito meglio.*

Da un'altra dozzina di risvegli, infine, ho appreso che *la maggior parte delle persone, così come i falsi guru e i mediocri, non ha il coraggio di restare sola e dato che vive in un'ottica utilitaristica ed è convinta che chiunque possa servire, prima o poi, tende a non litigare con nessuno. Essi sono paceri per timore, non per amore! Il vero Maestro, invece, ha il coraggio di mettersi contro il mondo intero e taglia tutti i rapporti che non si basano sulla sincerità e sulla lealtà. Non teme la solitudine, essendo eternamente connesso al Cielo, né i tanti che, avendo paura di essere offuscati dalla sua luce, lo denigrano e lo diffamano. Il vero Maestro non teme alcun giudizio e, non volendo sedurre nessuno, non compiace e ignora chi è mosso da intenti loschi, ben consapevole che solo il puro, alla fine, trionferà e che al giusto saranno tributati onori regali nel tempo di chi raccoglie i frutti maturi del proprio agire.*

# 15. La meditazione personalizzata

Era il lontano 2010 quando, dopo aver tanto studiato come funziona il cervello umano e la macchina biologica in genere, le diverse religioni, l'esoterismo, un po' di fisica quantistica e, soprattutto, tenendo conto di tutte le esperienze fuori dall'ordinario che avevo vissuto, decisi di sperimentare su di me una particolare forma di meditazione, che chiamai personalizzata. La ritenevo una forma di preghiera perfetta per me, in quanto non consisteva in una supplica o in un lamento, ma in un'attivazione della mia essenza divina, in grado di collegarsi con tutto quell'invisibile che determina quella che noi chiamiamo realtà.

Alla base di quella mia decisione vi erano anche i test sperimentali che erano stati condotti sul cosiddetto effetto Maharishi[1]. Per esempio, è stato dimostrato che mettere un gruppo di persone a meditare con l'intento di far diminuire i morti di guerra in Libano, effettivamente ha fatto verificare una riduzione del settantasei per cento nei decessi[2]. Un altro studio condotto a Washington, dal 7 giugno al 30 luglio 1993, ha testato la validità del cosiddetto "Approccio alla pace"[3] basato sul cervello per ridurre il crimine e lo stress sociale e migliorare l'efficacia del governo. In questo esperimento, accuratamente controllato, il gruppo di meditatori fu portato da ottocento a quattromila persone nell'arco di due mesi. I crimini violenti erano stati sempre in costante aumento ma già con l'inizio della meditazione finalizzata a ridurne il numero si verificò un abbassamento del ventitré per cento circa. I reati ripresero a salire quando l'esperimento fu interrotto[4]. Fu in quel momento che mi chiesi cosa sarebbe accaduto se anziché meditare con un intento esterno lo avessi fatto per raggiungere i miei obiettivi personali? Avevo studiato e sperimentato abbastanza da sapere che per influenzare il nostro inconscio è necessario scavalcare le resistenze della mente razionale con tutte le sue credenze, cosa che diviene possibile proprio durante lo stato meditativo. Inoltre, ero consapevole del fatto che noi non diamo agli altri ciò che pensiamo, ma trasmettiamo ciò che siamo, la nostra energia. Di conseguenza, più siamo ricaricati e potenti e cioè connessi a quel mondo invisibile che è la parte preponderante di tutto ciò che esiste, più tutti coloro che hanno una vibrazione simile alla nostra si sentiranno profondamente bene anche soltanto standoci accanto.

Ero consapevole, quindi, che se volevo davvero fare del bene agli altri, dovevo prima occuparmi della mia felicità. Più io sarei stata appagata e luminosa, più avrei potuto contagiare le persone accanto a me, facendo in modo che potessero accorgersi che quella luce che loro amavano in me altro non era che il riflesso di un loro modo di essere, ma represso e compresso in qualche parte sperduta al loro interno.

In tutte le professioni d'aiuto, più ancora delle tecniche, contano gli stati energetici di chi pone in essere le pratiche. Dovremmo iniziare a ragionare sempre e solo in termini di energia, in quanto l'energia è unica e non mente mai, come diceva Tesla. Le entità di luce, infatti, più volte mi hanno ricordato di diffondere questo messaggio: *non preoccupatevi mai se qualcuno vi copia, perché nessuno potrà mai imitarvi! Ognuno ha delle proprie peculiari vibrazioni, assolutamente inimitabili e la gente viene attratta da quelle più che da qualsiasi parola o promessa. Lasciate pure che usino le vostre parole, i vostri metodi e persino i vostri gesti. Senza accorgersene, vi aiuteranno a diffondere il messaggio fondamentale che dovete portare al mondo. La vostra energia deriva dalla vostra essenza e non esistono due essenze uguali, pur provenendo tutte dalla stessa Fonte. Tanti aspetti sono incomprensibili per le vostre piccole menti, perciò non vi resta che affidarvi e sperimentare. Andate avanti per la vostra strada e non temete se molti vi copieranno. Per dare ossigeno al mondo non basta un albero nel deserto e non avrebbe senso se voi foste solo un albero nel deserto. È importante che vi sia una foresta a prendersi cura del mondo circostante. Chi di voi avrà il cuore più puro diventerà l'albero più alto di tutti, ma non per competere con gli altri, soltanto per desiderio di tendersi al sole, con la consapevolezza che più si starà vicini al Cielo più se ne trarrà beneficio per sé e, a seguire, per tutti coloro che vorranno starci accanto.*

Iniziai allora a svolgere quotidianamente le mie meditazioni personalizzate. Da allora, ho raggiunto tutti gli obiettivi che mi ero prefissata, superando spesso di gran lunga le mie aspettative. In ogni meditazione personalizzata si inseriscono tre obiettivi o macroaree di interesse che in genere all'inizio sono la salute, il benessere economico e l'amore. Una volta raggiunti, si aggiungeranno obiettivi più specifici e ognuno sceglierà quelli a sé più affini e desiderati.

La meditazione personalizzata, come ogni cosa, non funziona con tutti. Ciò accade naturalmente quando non viene praticata con regolarità (ogni giorno); o impiega più tempo a funzionare qualora non si fosse molto costanti; non dà risultati se gli obiettivi non sono allineati con la propria missione o se sono contrari al proprio karma. Ecco perché, dunque, è molto importante cercare di scoprire prima qual è il proprio karma e qual è il senso della propria esistenza. Qualora, però, uno non riuscisse ad avere queste informazioni, può meditare ugualmente e svolgere la cosiddetta prova sperimentale. Dopo aver fatto pratica ogni giorno, per circa quindici minuti e per un periodo di almeno sei mesi, dovrà valutare se vi sono stati cambiamenti. Se non se ne dovesse verificare neanche uno minimo, bisogna cambiare tipo di meditazione personalizzata, obiettivi o proprio tecnica, affidandosi magari a esercizi di osservazione più classici e razionali, come quello del diario. In esso andranno appuntati:

– gli stati d'animo prevalenti della giornata e i motivi che li hanno determinati,
– tutti gli aspetti che ti hanno infastidito nel corso della giornata,
– i motivi per cui sei grato oggi,
– quale bellezza hai colto dentro e fuori di te,
– quante volte hai visualizzato il futuro desiderato (scrivere *mp* se solo durante la meditazione personalizzata o anche in altri momenti e specificare quando),
– cosa vorresti fare domani e chi o cosa ti impedisce di farlo,
– i sogni.

Sarà poi necessario scrivere all'inizio del diario i propri obiettivi di vita e verificare quotidianamente le attività svolte per raggiungerli.

Queste sono le azioni di base per iniziare un percorso di autoconoscenza ma, naturalmente, sono moltissimi i particolari che possono essere aggiunti man mano che si procede per aumentare il grado di conoscenza di sé.

Devo segnalare che, ultimamente, in controtendenza a quanto avvenuto negli ultimi anni, iniziano a diffondersi studi che sconsiglierebbero la meditazione. Naturalmente praticandola da oltre quattordici anni, avendone letto i benefici e avendoli sperimentati su di me e sulle molte persone a cui ho preparato meditazioni personalizzate, sono in totale disaccordo con questi pochi studi che individuerebbero la meditazione come fattore scatenante d'ansia, panico e persino allucinazioni visive e uditive[5]! Fino a ieri la pratica contrastava proprio tutte queste problematiche e se ne esaltavano le tante virtù[6], oggi invece indurrebbe addirittura disturbi mentali! In sostanza, si cerca di demolire una pratica antica che ha sempre portato benefici, perché al massimo, al servo occidentale deve essere concessa la *mindfulness*[7], quel tipo di meditazione basata sul restare nell'attimo presente, ascoltando il respiro e spostando l'attenzione da una parte all'altra del corpo. Ho come la sensazione che si cerchi, in ogni modo, di allontanare le persone dalla loro interiorità. Questo non è spargere terrore su una pratica antica che, esattamente come la preghiera, ha solo portato benefici all'umanità? Se questi rischi della meditazione fossero reali, com'è possibile che siano causati proprio da questa pratica? Non è la mancata conoscenza di sé ad ammalare, come insegna anche Jung[8]? E dunque una pratica meditativa che favorisce la conoscenza di sé, come può essere fonte di disturbi mentali? È il non ascolto di sé che devasta! È il vivere solo all'esterno che ci ammala! Meditare, invece, significa rivolgere lo sguardo dentro di sé! Quello che si trova in questo percorso di autoconoscenza potrebbe anche non piacere, ma sarà un male necessario, il male dei muscoli indolenziti dopo lo sport o quello della fatica di chi arriva in vetta! Quello che avete dentro non potrà mai ammalarvi, perché lì dimora la vostra essenza! È quando ne siete fuori, è quando non siete chi siete che vi ammalate! Chi vi fa credere il contrario vi vuole legare alla materia e, dunque, alle preoccupazioni e all'infelicità. Facciamo un gioco: iniziamo a chiamare la meditazione preghiera, moltiplichiamo i centri in cui si insegna la preghiera e vedrete che uscirà uno studio anche sui pericoli di questa pratica! Nel momento storico attuale, caratterizzato da diversi accadimenti di matrice demoniaca, quello che forse fa più paura è proprio il risveglio in atto ed è per questo che quel sistema di potere occulto, che dirige le sorti della nostra società senza che i più se ne accorgano, vuole bloccare soprattutto la conoscenza della nostra parte spirituale, ben sapendo che sviluppandola crescerebbe senza freni e senza più limiti il potere personale di ogni essere umano, sgretolando quel sistema che si regge proprio sull'ignoranza della massa in merito alla realtà invisibile e alle sue regole, che condizionano il visibile. Fateci caso: l'arte è pressoché distrutta, la musica è soprattutto frastuono, il cinema è sempre più horror o pornografico, come la nostra società. Come dovrebbe fare l'uomo per risvegliare la sua parte divina? Dovrebbe dimenticarla, appunto... Quali sono gli svaghi concessi agli uomini? Centri commerciali, apparente totale libertà che, in realtà, è promiscuità di istinti sessuali e cibo spazzatura. La meditazione, così come il risveglio dello spirito, sta prendendo troppo piede e tutto questo fa paura e va immediatamente fermato per chi si illude di comandare questo mondo.

Riflettiamo su cosa accadrebbe se la gente si rendesse conto di avere il potere di cambiare la propria vita e di fare per sé ciò che i meditatori hanno dimostrato di poter fare con l'effetto Maharishi? Se non sei come il sistema ti ordina, rischi di essere perseguitato, ma prima riscoprirai e ti riapproprierai del tuo potere prima saprai resistere al vecchio che non vuole morire e troverai in te il coraggio di sciogliere le catene, iniziando per esempio con il dire un semplice no a imposizioni fondate solo sulla paura o sull'utilità economica di pochi.

# 16. Il potere delle visualizzazioni in stato meditativo

Ho già parlato di come i traumi possano essere superati attraverso la scoperta e dunque l'osservazione di una o più cause risalenti a epoche storiche precedenti a quella della propria attuale vita. Vi sarebbe poi un benessere profondo che si percepisce collegandosi alla propria parte spirituale, una sensazione di leggerezza e Amore che mi ha fatto paragonare i risvegli di primo livello alla mia esperienza premorte.

Sempre durante la meditazione, inoltre, è possibile, a volte, osservare messaggi che arrivano da desideri rimossi o aspirazioni che neanche si immaginava di possedere. Spontaneamente, dunque, o in maniera guidata, nei casi in cui sia già chiaro cosa si desidera nel profondo, si effettuano delle visualizzazioni che io definisco vite interiori. Spesso si tratta di fatti che poi si verificano nella realtà, ma non saprei dire se siano delle premonizioni o una vera e propria creazione della realtà desiderata. Le anticipazioni sul futuro, infatti, possono essere espresse quando appunto viene comunicato da un'entità di luce che si tratta di avvenimenti che dovranno ancora verificarsi o è il ricercatore stesso che se ne rende conto. Altre volte, invece, affiorano immagini di cui solo nei mesi successivi si potrà verificare la natura, se desideri reconditi o anticipazioni sul futuro ma, come dicevo, non escludo si possa trattare, in alcuni casi, di una vera e propria creazione di realtà. Una donna, per esempio, desiderava tanto incontrare un uomo che cucinasse per lei, che la facesse sentire protetta e accudita come quella famiglia che non aveva mai avuto. Dopo qualche mese, incontrò proprio l'uomo che aveva visualizzato durante un risveglio, con le medesime caratteristiche a lei tanto care.

Le entità di luce hanno spiegato (come ho precedentemente riportato) il modo in cui si attiva il potere di creazione. Di conseguenza, il benessere indotto dalla meditazione evocativa potrebbe donare la stessa gioia ed entusiasmo che suscita l'immaginare il futuro agognato, come farebbe un bambino quando gioca a fare finta di essere un grande calciatore. Le ricerche sul funzionamento del cervello avallano queste mie ipotesi e le tecniche di visualizzazione sono sempre più diffuse, soprattutto nel campo sportivo che ben si presta a misurazioni concrete. I percorsi neuronali, infatti, che si attivano correndo, per esempio, si innescano allo stesso modo quando a occhi chiusi immaginiamo di correre su un prato. Molti campioni, oggi, si allenerebbero mentalmente ripetendo ogni movimento e raffigurandosi nella mente la scena della gara tramite tutti i sistemi sensoriali. Questo tipo di visualizzazioni sarebbero le medesime che hanno permesso a molte persone incidentate di riabilitarsi più velocemente. Uno dei tanti esperimenti compiuti in questo campo riguarda gli effetti dell'esercizio mentale opposto a quello fisico nel tendere e rilassare un dito della mano sinistra. Questo piccolo esercizio muscolare venne ripetuto per cinque sessioni alla settimana in di un periodo di quattro settimane – per un totale di venti sessioni d'allenamento. Metà dei partecipanti eseguì fisicamente l'esercizio, mentre un secondo gruppo ne immaginò soltanto l'esecuzione per lo stesso numero di sedute d'allenamento. Al termine delle quattro settimane, la forza del dito di ogni partecipante venne confrontata con quella degli appartenenti al gruppo di controllo. Per i primi, la potenza del dito era aumentata del trenta per cento; per i secondi, che avevano eseguito la cosa mentalmente, la forza aveva avuto un incremento del ventidue per cento; mentre nel gruppo di controllo, com'era prevedibile, non vi erano state variazioni di potenza significative. Questo test dimostrò lo stretto legame tra l'aumento della forza e i cambiamenti a livello cerebrale, i cui circuiti si erano irrobustiti ed espansi, proprio come nel cervello dei violinisti e dei lettori Braille[1]. Per attivare il potere delle visualizzazioni è necessario emozionarsi. Se ci fate caso, i vostri ricordi sono tutti legati a emozioni precise provate in quel momento. È molto probabile che se siete davvero interessati a qualcosa riuscirete anche a sentirne le emozioni. Quando ciò non accade, l'esperienza mi suggerisce che ci troviamo al cospetto di desideri mentali. Se per esempio una persona si convince che da grande farà l'avvocato, in modo da rendere felici i suoi genitori, è quasi scontato che durante una visualizzazione non proverà alcuna gioia nel vedersi discutere una causa in tribunale. La gente pensa di agire liberamente ma, il più delle volte, la sua volontà è stata coartata senza che se ne renda neanche conto. Se non vi siete sentiti amati, per esempio, come avreste desiderato, sareste disposti a fare qualsiasi cosa pur di ottenere da adulti quell'amore e quelle attenzioni di cui siete stati privati. Di conseguenza, non è necessario che i genitori vi costringano a scegliere un certo percorso di vita, è sufficiente che voi conosciate i loro gusti per esserne condizionati. Ecco perché imparare ad amarsi è così importante! Quando ci amiamo, non abbiamo bisogno che i nostri genitori o il mondo esterno siano sempre pronti a compiacerci. Ancora più importante è sentire l'amore che il Cielo ha nei nostri confronti. Quando, infatti, sentiamo di essere protetti e guidati, il nostro vivere nel mondo è quieto, coraggioso, allegro e dotato di una sottile gioiosa giocosità, che ci rende instancabili, pazienti, comprensivi e capaci di dare amore. Diviene, dunque, molto importante visualizzarsi in luoghi celesti, magari seduti su una distesa di soffici nuvole bianche o su un arcobaleno o in cima a una montagna, mentre si contempla un panorama paradisiaco. Basta visualizzarsi in luoghi che trasmettano pace e connessione con il divino. Poi, concentrandosi solo sul respiro, si resta ad aspettare. A volte, arrivano delle percezioni o si ha la sensazione che un'entità di luce sia lì accanto a noi per rispondere alle nostre domande o per confortarci o aiutarci in una decisione importante. *Tutto il mondo delle diverse dimensioni spirituali cospira per farti diventare te stesso. Quando diventi chi sei ed entri nella tua missione, non dovrai più preoccuparti di niente*, mi hanno insegnato i Maestri. Questo non significa che scompariranno tutti i problemi, ma che sapremo affrontarli con la giusta leggerezza, quella di chi sa che sono come pesi da sollevare in palestra. Apparentemente distruggono le nostre fibre muscolari, ma poi le ricostruiscono più forti, in grado di sopportare pesi sempre maggiori. Gli esseri umani non hanno altro modo di imparare se non attraverso il dolore, che insegna più in fretta di qualsiasi altra scuola. Un'altra visualizzazione importante da praticare, per esempio, è proprio quella di individuare il dolore in una parte del corpo, di dargli una forma, di estirparlo e poi ringraziarlo per tutto quello che ci ha insegnato, enucleando in maniera precisa a cosa quel dolore sia servito. A quel punto, si sceglierà il modo preferito per liberarsene per sempre. A dare più risultati è l'immagine di lasciare andare il dolore in un vulcano che erutta lava incandescente; ma c'è stato chi lo ha seppellito, chi lo ha gettato in fondo al mare e, ovviamente, anche chi non si è sentito ancora pronto ad abbandonarlo. Molti, infatti, credono che liberandosi del dolore perderanno una parte fondamentale del loro essere. In realtà, questo non è proprio possibile, perché il dolore non è mai una parte di noi, ma una qualità insita nella dualità, che ha una funzione evolutiva. *La scuola del dolore è la più veloce e la più istruttiva, ma se l'Anima che se ne serve non è pronta ad affrontarla, brucia la sua vita e quella di chi le sta intorno. L'incapacità di affrontare quel dolore genera attacchi di ansia e panico e fa perdere il coraggio di vivere l'Amore. Senz'Amore ci si perde e non si trova più la strada di casa che non è in un posto là fuori, come si crede, ma dentro di voi o dentro l'amato, perché tra due che si amano non vi è differenza,* hanno comunicato i Maestri durante un risveglio. Il dolore ci permette di capire molto più velocemente ciò che in una vita intera probabilmente non riusciremmo a comprendere e per questo è un acceleratore di conoscenza. Il dolore è anche un amplificatore di vita, perché quando arriva lo sentiamo e questo ci ricorda che siamo vivi! Solo le persone veramente vive, infatti, possono conoscere il dolore che aggiunge vita alla vita, perché ci costringe a una reazione! Colpisce, dunque, solo i vivi e li rende ancora più vivi, in quanto per liberarsene sarà necessario agire, altrimenti si trasformerà da dolore in apatia. A questo proposito, ricordo che tutte le tecniche di meditazione evocativa, che si esprimano con il risveglio evocativo, con la meditazione personalizzata o con le visualizzazioni, da sole non bastano per rendere felice una vita! Sarà sempre necessario che alle pratiche di conoscenza di noi stessi accompagniamo delle azioni concrete che rafforzino i nostri propositi. A chi viene da me, propongo spesso quest'esempio: è inutile meditare e visualizzare l'uomo ideale se poi si resta chiusi in casa, perché il postino non può essere l'uomo ideale di tutte le donne murate vive nel loro appartamento.

Non esiste persona che, su questa terra, possa scappare dal dolore. Cresciamo più in fretta solo attraverso il dolore. Io ho raggiunto il mio equilibrio, nonostante tutto, perché credo che il segreto sia questo: riuscire a costruirsi il proprio angolo di paradiso, nonostante le brutture, le storture, i tradimenti, le delusioni e tutto ciò che ci ferisce. Pochi riescono a raggiungere questa condizione, perché pochi sono tenaci, ancor meno sono quelli che chiedono aiuto e meno ancora coloro che sono disposti a fare fatica per scoprire il senso del loro essere qui. Forse io oggi sto bene, nonostante tutti i miei dolori e ferite, soprattutto perché so di non essere mai sola e di essere qui per una ragione. In mezzo agli uomini si è destinati a sentirsi sempre un po' soli, perché ci sarà sempre una ferita che sanguina, quando nessuno può aiutarti a tamponarla; una lacrima che scende, quando nessuno può asciugarla; una parola da sussurrare, quando nessuno può ascoltarla e un cuore da scoprire, quando nessuno può abbracciarlo.

Infine, per effettuare una buona visualizzazione è fondamentale aver compreso l'importanza delle emozioni e, dunque, delle storie. Una visualizzazione, infatti, altro non è che la scena di una storia.

## 17. L'importanza delle storie

Le storie possiedono una sorta di potere magico, anche per questo alla gente piace ascoltarle. Nelle storie ci immedesimiamo, le storie ci emozionano ed è proprio grazie a quelle emozioni che riusciamo a conoscere noi stessi e il mondo. Raccontare a qualcuno la storia di un essere umano che è riuscito a superare lo stesso problema che affligge anche noi potrebbe aiutarci a credere di poter fare la stessa cosa. Non dobbiamo mai dimenticare, infatti, che noi impariamo dall'osservazione e, dunque, dall'esempio, perciò più ci siamo immedesimati in qualcuno, più ne sapremo imitare i comportamenti. Inoltre, quando si vive una situazione, spesso, si è troppo invischiati in quelle dinamiche per comprenderle appieno e allora bisogna fare come si fa con le opere d'arte, allontanarsi e guardarle da una certa distanza. Allo stesso modo, quindi, se noi seguiamo una storia che parla anche di noi, tutto si fa chiaro se guardata con distacco. Non avete idea di quante donne maltrattate sono riuscite a liberarsi dal giogo delle violenze ascoltando i racconti di altre donne vittime dei medesimi mariti abusanti. Quando si rivive una violenza o un dolore attraverso la storia emersa durante un risveglio evocativo, l'osservazione di quella vicenda genera comprensione verso gli stati d'animo della propria vita attuale. Sovente, infatti, le emozioni che proviamo sono le stesse del passato che abbiamo appena rievocato e, se non le avessimo osservate e riconosciute, ce le saremmo portate dietro per chissà quante vite! La coazione a ripetere ciò che non comprendiamo è il meccanismo più frequente che causa sofferenza. Facciamo l'esempio di un uomo che soffre da tutta la vita della sindrome di abbandono e di sensi di colpa. Egli cerca di curarsi in ogni modo, ma niente allevia l'ansia che prova in ogni istante. Teme di essere abbandonato e, allora, per evitare che ciò accada, diventa estremamente servizievole e accudente. Naturalmente, trova sempre delle donne che lo sfruttano, lo umiliano e minacciano di lasciarlo, cosa che poi puntualmente si verifica. L'uomo non comprende perché succede e non è neanche in grado di smettere di provare ansia, di essere servizievole e, come si è definito lui stesso, molto appiccicoso. Attraverso diversi risvegli evocativi, abbiamo appreso che quest'uomo aveva abbandonato la donna amata per uno stupido litigio in strada e lei era morta in un incidente. Ha riconosciuto quella stessa persona come una delle sue attuali ex fidanzate, compagna che per di più lo aveva fatto soffrire. In un altro risveglio, ha condotto una vita in miseria dopo essere stato abbandonato dai suoi genitori. In un altro ancora era un ricco proprietario terriero che amava molto le donne. Quando ne scelse una come moglie, nonostante i loro cinque figli, continuava le sue avventure sentimentali finché abbandonò moglie e figli per una più giovane. Quest'ultima lo lasciò a sua volta per una persona ancora più ricca di lui ed egli morì distrutto dai sensi di colpa e in solitudine. A partire da questo risveglio, l'uomo iniziò a capire: i suoi sensi di colpa diminuirono e anche l'ansia da abbandono cominciò a scemare. In un altra circostanza, si vide nei panni di un prete che, anche questa volta, aveva diverse avventure con alcune donne che lo aiutavano in chiesa. Cacciò in malo modo una giovane che diceva di aspettare suo figlio. Dopo una ventina d'anni, bussò alla sua porta una ragazza molto bella e lui ne fece la sua preferita, finché la donna che aveva cacciato tornò e gli rivelò che la giovane che tanto gli piaceva era sua figlia. Il prete fu colto dalla disperazione e iniziò a sentirsi posseduto dal demonio. Dopo poco tempo si ammalò gravemente e si ritrovò completamente solo, abbandonato sia dai suoi parrocchiani, sia dalle donne, sia dal suo stesso Dio. Osservando quelle storie, l'uomo comprese l'origine dei suoi stati d'animo e dei suoi errori. Come per magia, la coazione a ripetere che lo aveva portato a sperimentare sempre abbandoni, sensi di colpa e solitudine lasciò spazio all'amore e alla vera condivisione. Ciò accadde anche grazie ai consigli che le entità di luce gli diedero in un risveglio successivo, quando smise di passare da una vita all'altra senza interruzione e, dopo la morte, si trovò al cospetto di Maestri che, insieme a lui, analizzarono la vita che aveva appena visto, in cui era un orfano spietato e senza cuore con moglie e figlie che, anche questa volta, abbandonava per una giovane donna, promessa sposa di suo fratello, che lo aveva sempre considerato come un padre. L'uomo capì che le sue emozioni erano legate al karma che aveva generato con il suo comportamento, spesso incurante del male che causava agli altri e, soprattutto, alle donne. Come mi riferì, non sapeva spiegare quello che gli stava accadendo, ma era consapevole di non avere più paura di essere abbandonato, perché aveva capito tutto, mi ripeteva spesso. Dopo qualche mese, conobbe una donna molto diversa da quelle che aveva incontrato fino a quel momento. Oggi, stanno progettando di sposarsi e lui è contento di non essere più ansioso né appiccicoso.

Il potere delle storie era già noto agli antichi Greci, che non a caso parlavano della funzione catartica delle tragedie. In sostanza, quando vediamo rappresentato fuori di noi il male che anche noi abbiamo dentro riusciamo a comprenderlo, a esorcizzarlo e a trasmutarlo. Tutti noi esseri umani, infatti, abbiamo dentro di noi sia la propensione al bene sia quella al male, ma facciamo fatica ad accettare soprattutto questa seconda inclinazione. Immedesimandoci, invece, in un personaggio, riusciamo a capire quanto quell'emozione appartenga anche a noi, si diventa più comprensivi nei confronti degli altri, perché si impara a mettersi nei loro panni e, attraverso quell'empatia, si sceglie che tipo di persona si vuole essere. Anche una storia di violenza o di odio può essere utile, perché guardare il male ci permette di studiarlo, di sentirlo e, poi, se si vuole, di allontanarlo o di scegliere un'altra via, che sia solo nostra. Nessuno nasce, infatti, obbligato a fare il male. Capire da che parte stare è sempre una scelta, più o meno consapevole.

A riconoscere il potere terapeutico delle storie è stato anche un grande psichiatra, Milton H. Erickson, il quale nel suo libro *La mia voce ti accompagnerà* racchiude storie, anche molto fantasiose, con l'intento di condurre a una nuova visione di sé. Sono convinta che il mondo diventi migliore quando ci si emoziona ed è enorme la comprensione di sé e degli altri che può arrivare attraverso un racconto emozionante. Non a caso, ci sono storie che sono state ritenute pericolose dal potere e per questo censurate come *Le metamorfosi* di Kafka, l'*Ulisse* di Joyce, *Il dottor Zivago* di Pasternak, la *Fattoria degli animali* di Orwell, *Ragazzi di vita* di Pasolini, *Alice nel paese delle meraviglie* di Carrol e persino *Harry Potter e la pietra filosofale* di J. K. Rowling[1]; nonché canzoni come *Bocca di rosa* di De André e *Se fossi Dio* di Gaber. Ce ne sono altre che non vengono raccontate e tutte quelle ignorate, a noi lontane, rischiano di cancellare la storia di intere popolazioni. Un conto, infatti, è sapere che in una certa regione sono morti settanta bambini; tutt'altro effetto farebbe conoscere le storie di quei bambini, se fossero raccontate. Tra le varie emozioni, ci sarebbe il disprezzo per chi permette che queste cose accadano e il disprezzo, essendo energia, crescerebbe con il tempo e con la diffusione di quella storia, facendo così vacillare il già fragile sistema del potere, basato sulla convenienza e sull'accurata scelta di quali informazioni trasmettere. Il presupposto indispensabile per l'esercizio di qualsiasi diritto e libertà è l'informazione non censurata o comandata. Farci credere che sia così in ogni campo, nascondendo al contrario ciò che potrebbe incrinare il potere, lascia i più nell'ignoranza. Quella non conoscenza genera il bisogno di essere un altro o più altri per evadere da schemi rigidi che spesso ci soffocano. Se tutti sapessimo, per esempio, di avere un potere spirituale che possiamo imparare ad attivare e che siamo stati molti altri individui, non avremmo bisogno di cercare fuori stordimenti e svaghi che, invece, abbiamo a portata di mano, in modo molto più strabiliante, dentro di noi. Ma qualcuno ci racconta le storie di coloro che si fermano a guardarsi dentro e sistemano le proprie vite imparando a costruirsi il proprio angolo di paradiso in qualsiasi condizione si trovino? Io ci sto provando e mi auguro che, presto, moltissimi altri faranno la stessa cosa.

## 18. La voce dell'Anima, quella di Dio e quella della mente

Uno dei primi insegnamenti che ho ricevuto dalle entità di luce è stato proprio quello di imparare a distinguere la voce dell'Anima da quella di Dio e da quella della mente. La prima volta che mi è capitato di parlare con un maestro, ho creduto di essere impazzita. Avevo già effettuato diverse sedute di ipnosi regressiva e vissuto molte esperienze particolari, come quella di premorte, ma trovarmi di fronte a un grande mistico, quando invece mi aspettavo di vedere una mia vita precedente, mi ha sconvolto. Il maestro, per farmi capire che non era frutto della mia mente, mi disse che mi avrebbe fatto alcune domande che la mia testa non aveva mai pensato e a cui non avrei mai saputo rispondere. Io sorrisi, pensando che fosse impossibile trovarmi di fronte a espressioni sorprendenti, visto che tutto stava avvenendo al mio interno. E invece, accade esattamente come il maestro aveva preannunciato. Restai senza parole, quando mi chiese: *sai distinguere la voce di Dio da quella dell'Anima? E la voce dell'Anima da quella della mente?* Non solo non avevo mai pensato a quelle domande, ma non sapevo neanche cosa rispondere, ovviamente.

I suggerimenti dell'Anima ci appaiono geniali, se siamo sulla via del risveglio, assurdi se viviamo ancora imprigionati nella pura ragione. Quando è l'Anima a parlare scompare ogni dubbio. Essa vuole darci sicurezza, farci sentire protetti e rassicurati. Gioca nella nostra squadra, vuole che ci ricongiungiamo con lei e le lasciamo le redini della nostra esistenza, una volta che – insieme – abbiamo fatto ordine. Quando lei parla di "insieme" si riferisce alle diverse parti che ci compongono, con cui ci identifichiamo, la mente e il corpo. Il nostro vivere frammentato è il principale ostacolo al risveglio e a tutto ciò che ne consegue. Le tante personalità della nostra mente soffocano la voce dell'Anima, che si trova schiacciata, spesso, tra queste individualità e la frenesia di un corpo irrequieto, a volte compromesso in alcune sue funzioni o parti, proprio come suo disperato tentativo di mandarci dei messaggi per essere finalmente ascoltata. La mente, invece, brama dubbi e perplessità, vola senza ordine da una parte all'altra e vuole tenerci nell'indecisione. La mente è un'illusionista, per questo si può frantumare in migliaia di rivoli e farci impazzire con il suo perenne oscillare di bambina viziata. La mente si sente viva e crede che siamo totalmente identificati con lei, cosa che desidera più di ogni altra, solo quando percepisce un continuo farneticare, un andirivieni perenne, un continuo cambiamento di opinioni che non portano a nulla. La mente è l'emblema del finto cambiamento. Sembra attiva ed eclettica ma, in realtà, la sua incapacità di stare ferma serve a non farci mai cambiare nel profondo. Alla mente interessa la stasi, l'assoluta immobilità e, per garantirla, ci fa credere di vivere vite dinamiche, mentre lascia che ci abituiamo a tutto, compreso l'insostenibile. Per esempio, com'è possibile che ci si innamori del proprio sequestratore? Eppure, la sindrome di Stoccolma è piuttosto frequente. La mente cambia le carte in tavola, altera il reale con l'obiettivo di continuare a vivere identificati con lei, non importa se in una botola segregata, per poi usarci come mezzo di scambio, o in un palazzo, schiava di un marito ricco da cui ci siamo fatte comprare. Alla mente non interessa il nostro bene, ma la sua sopravvivenza, garantita dall'agitarsi senza arrivare da nessuna parte. Questa è la mente inferiore, che ci soggioga tutti, finché non riusciremo ad attivare quella superiore, che funziona in armonia con l'Anima. Quest'ultima, inoltre, segue percorsi circolari e, dunque, quando inizia un argomento, anche se apparentemente potrebbe sembrare che divaghi in alcuni momenti o che apra delle parentesi, alla fine torna sempre al punto di partenza. L'Anima mette ordine. La mente vive e si nutre di confusione. La mente, infatti, vola dal desiderio di fare l'amore alla lista della spesa; dalla rabbia nei confronti di chi ha i soldi alla palestra. La mente è priva di ordine, di pace e di concentrazione. Mentre ascoltiamo una lezione o studiamo o lavoriamo, ci può condurre nei più reconditi anfratti della disperazione o in pensieri spettrali che aumentano ansia e preoccupazioni. L'Anima, invece, placa, rasserena, segue danze precise e armoniose che ci conducono verso la vita che ci serve. Sia chiaro: non quella che vogliamo. Perché chi è che vuole? La mente, che mente sempre, come sanno bene i buddisti. L'Anima non desidera. L'Anima sa che desiderare è il modo migliore per non realizzare mai i propri sogni. Quando, infatti, si pensa "voglio una villa", "tanti soldi", "successo e donne", che cosa si sta emanando? La mancanza di quelle cose. Desidero ciò che non ho e, quindi, visto che ognuno emana ciò che è e attira ciò che emana, si attrae ancora più miseria e infelicità. Bisogna chiedere nell'unico modo in cui si dovrebbe chiedere: pregando, meditando. La preghiera, infatti, dovrebbe essere una meditazione, una pratica cioè in cui si è totalmente concentrati nel momento presente. La meditazione altro non è che una forma di preghiera fatta nell'unico modo in cui andrebbe eseguita: «Chiedi e ti sarà dato», insegna Gesù. *Chiedi*, non elemosina, supplica o strappati i capelli o resta immobile, ma agisci e agisci come se quello che stai chiedendo fosse già realizzato. Chiedi con la fede di un granello di senape. La stessa fiducia che riponi in un seme quando lo pianti nell'oscurità della terra. La stessa fede di quando schiacci l'uva e ottieni il vino o di quando frantumi le olive e ne esce olio. Senza paura di soffrire, di attraversare momenti bui, perché ogni trasformazione richiede forza, coraggio e una certa dose di sofferenza. La farfalla, quando lascia il bozzolo, non volerà mai se viene aiutata nella sua trasformazione. E quello che è ancora più affascinante è che agevolare la farfalla significa farle il torto più grande, perché significa renderla incapace di essere se stessa. Che cos'è, infatti, una farfalla che non vola? Una non farfalla. E chi siamo noi quando non facciamo quello per cui siamo nati?

Una volta conosciuta la voce dell'Anima, e distinta da quella della mente, si dovrà tenere bene a mente la differenza tra quella voce e la voce di Dio. È più difficile sentire la voce di Dio o quella dell'Anima? La mente, probabilmente, risponderebbe quella di Dio, pensando di essere troppo piccola per essere degna delle sue parole. Ma chi può ragionare come pensa Dio? Proprio perché Dio va oltre la nostra mente, si può ipotizzare che possa parlare attraverso ogni cosa: una madre, una canzone, un amico, un tramonto, un film, una malattia. L'Anima, invece, è il dono personale per ricordarci chi siamo e, di conseguenza, sussurra solo a noi. Sussurra. È una vocina flebile e profonda: la nostra voce interiore, quella del cuore, direbbe qualcuno.

Come si fa ora a capire se siamo entrati in connessione con la nostra Anima? Ce ne renderemo conto perché qualsiasi cosa capiti nella nostra vita e qualunque dolore dobbiamo affrontare, sapremo di non essere soli; manterremo comunque il cuore leggero; ansia e preoccupazione resteranno sullo sfondo; avremo fiducia nel fatto che tutto quello che sta accadendo sta succedendo per noi, per la nostra evoluzione e ha un senso; saremo più intuitivi; avremo acquisito una o più facoltà che prima non possedevamo e, soprattutto, conosceremo il sapore della felicità e sapremo leggere le Anime.

Saper leggere le Anime significa intuire i problemi che hanno, così come i talenti. Le Anime comunicano sempre, molto prima delle parole e si accordano ed entrano in sintonia, anche quando noi siamo troppo ciechi e sordi per rendercene conto. Il nostro corpo e il nostro cervello si animano ed esprimono il massimo del loro potenziale grazie a quella scintilla divina che è energia e che come tale non resta imprigionata nei limiti corporei, dimensionali e temporali di questo mondo.

Prima di intraprendere un percorso per conoscere se stessi, dopo essersi chiesti se si è disposti sul serio a cambiare, bisogna capire se si ha davvero intenzione di faticare, di avere disciplina e di accettare di non poter controllare ogni cosa. Molti eventi della nostra attuale vita li abbiamo scelti in un tempo di cui non siamo consapevoli ed è sciocco voler sapere quali sono o combattere contro l'inevitabile. Quello che hai scelto prima di incarnarti ha ragioni evolutive, visto che ti è stato dato il permesso di farlo. Da chi? Dal famoso Sé superiore, che altro non è che la tua scintilla divina, Anima libera dal corpo e ricongiunta a quella parte di sé che vive perennemente nell'Uno attraverso lo spirito. Lo spirito agisce sempre in armonia con il piano collettivo quando è evoluto e connesso all'Assoluto, pertanto, sarà impossibile deviare dalla missione stabilita e dagli eventi scelti per portarla a termine. Vi sono ragioni superiori in molti avvenimenti, per questo alcuni fatti sono già decisi e immutabili, perché sono avvenuti e a noi non resta che entrare nel letto di quel fiume e scorrere nella direzione precedentemente tracciata. Rifiutarsi non è contemplato, così come non è contemplato l'errore. Hai mai visto un fiume che scorre all'indietro solo perché ha deciso di andare contro corrente? La sua natura lo esclude. Sarebbe come chiedere a un'onda del mare di formarsi in riva già alta e poi scorrere verso il mare aperto, all'incontrario. È possibile? Con la volontà e la costanza si può cambiare anche il karma più terribile. Niente si può fare, invece, rispetto a tutto quello che si è scelto per ragioni evolutive. Un'altra verità è che noi possiamo sempre scegliere di essere felici, in qualsiasi circostanza!

Scegliere la felicità significa sceglier di crescere. Sperimentare quanto possa essere meravigliosa la vita alza così tanto le nostre vibrazioni da spalancare le porte a facoltà considerate fuori dall'ordinario. Se non sei disposto, però, a faticare per rendere la tua vita meravigliosa e spalancare gli occhi in modo da scorgere la bellezza nascosta, ti sarà negata la vera evoluzione, la sola che si ottiene con le proprie capacità e che ha tutto un altro sapore. Si capiscono le cose solo quando si osservano e questo può avvenire durante un risveglio evocativo o rivivendo, fosse pure in mille vite, sempre la stessa esperienza, seppur magari con piccole sfumature diverse. Le lezioni si apprendono e si assimilano davvero solo attraverso lo sguardo. Tutto quello che non vuoi vedere e di cui pensi di poterti liberare tornerà con l'irruenza di un tornado. Il tempo esiste solo qui, perciò se impiegheremo dieci o diecimila vite a realizzare la nostra missione non importa, a meno che il tempo non sia stato scelto per ragioni evolutive intergalattiche. Allo stesso modo, ognuno potrà scegliere i tempi del proprio viaggio all'interno di sé, finché non giungerà alla vera conoscenza.

# 19. Le sette vie per l'Anima e le sette leggi universali

Per entrare in contatto con la propria Anima esistono molte vie. Ognuno dovrà trovare quelle più adatte, perché non è detto che un solo sentiero basti per giungere alla meta.

Chi entra in connessione con la propria Anima, camminerà per strada, persino in mezzo al caos di una metropoli e, senza alcun motivo, alzerà gli occhi al cielo. Gli basterà sollevare lo sguardo per essere inondato da una gioia enorme. Piangerà di gioia, perché si sentirà in pace, amato e protetto, parte del tutto, grato di ogni cosa. Questo non accadrà sempre, sia chiaro, ma ogni volta che si avrà bisogno di essere ricaricati. Nella quotidianità, sarà sufficiente osservare il cielo per ritrovare la centratura. Per provare queste sensazioni, bisogna essere giunti all'Anima. Si può entrare in connessione con lei attraverso la conoscenza; il corpo; l'arte; l'amore; il dolore; i Maestri e il risveglio evocativo. In questo libro, come mi è stato suggerito dalle entità di luce, parlerò in maniera approfondita del risveglio evocativo, come strumento per poterci ricordare della nostra vera natura immortale e per compiere indagini in altri mondi, che sono fuori e dentro di noi. Grazie alle numerose sedute di risveglio evocativo, ho imparato che tutti i casi disperati e senza speranza, come lo sono stata anch'io in passato, possono smettere di esserlo e cambiare, grazie allo spirito, alla costanza e all'intenzione del singolo di riuscirci. Questi tre aspetti, che ho citato in ordine di importanza, devono essere tutti presenti. È come se ogni cosa esistesse per condurci allo spirito, ma senza tenacia e senza volontà, lo spirito non potrà salvare nessuno, perché la libertà e, dunque, il libero arbitrio sono princìpi inviolabili dell'invisibile (che determina il visibile, ricordiamolo sempre).

Ci sono persone, per esempio, che arriveranno al risveglio evocativo e, dunque, al contatto con la propria anima, attraverso la psicoterapia o la medicina quantistica o le camere tachioniche o qualsiasi altra cosa. Tutto esiste per ricordarci chi siamo, da dove veniamo, perché siamo qui e dove torneremo. Ogni esperienza e ogni cosa possono diventare nostri Maestri. La genialità di questo gioco chiamato vita consiste anche nel giocare senza conoscere regole e programmi. Bisogna prima ritrovarli dentro di noi, per capire come tutto sia già al nostro interno. Chiunque cerchi di terrorizzarci demonizzando una qualche pratica, in genere per esaltarne un'altra che, guarda caso, è la propria, ci sta ingannando, perché il male esiste e si può insinuare ovunque. Non ci sono vie d'accesso privilegiate e chi lo sostiene, senza portare prove concrete, sta agendo proprio a servizio del male, che compete, denigra, mente e spaventa, con il solo fine di impedire la scoperta del vero sé. Solo chi comprende che curando lo spirito tutto rifiorisce, in modo permanente e imperituro, potrà scoprire il proprio vero potere.

Non ho mai visto due risvegli uguali, a riprova del fatto che quando torniamo in contatto con la nostra Anima iniziamo quel percorso che ci porterà a diventare completamente noi stessi e ciò significa a riscoprire e poi manifestare la nostra unicità. Ecco uno dei motivi per cui nei mondi spirituali non esiste individualità né competizione: tutti sono uniti nella consapevolezza di essere indispensabili, ciascuno per la propria unicità. Nessuno sa quanto tempo servirà per arrivare a ristabilire l'equilibrio completo tra anima, mente e corpo, ma chiunque, a mio avviso, dovrebbe quanto meno fare alcuni tentativi con il risveglio evocativo dai quattordici anni in su. Nella peggiore delle ipotesi, infatti, qualora non si percepisse nulla, si sarebbero comunque ricevuti i benefici della meditazione. Per capire se questa è la via che fa al caso nostro, bisogna prestare attenzione allo stato d'animo precedente e successivo alla pratica. È evidente che se si è atei e non si crede in niente, tornare indietro ai tempi del Gesù storico e intrattenere discorsi con lui, ritrovandosi al termine in uno stato di benessere che permane per giorni, sarà chiaro indice di aver fatto la scelta giusta. È a questo punto che comincia il momento più difficile: molte persone, pur avendo tratto pace e/o gioia e/o profonda leggerezza dal primo risveglio, non continuano, fermando il loro percorso di conoscenza. La frequenza dei risvegli, così come la durata nel tempo, saranno una scelta personale, anche perché nessuno può sapere prima di provare come andrà la seduta. E se essa funzionerà, potrà produrre effetti immediati e anche nel medio-lungo periodo, e più sedute si svolgeranno più gli effetti si consolideranno, attivando a volte poteri che consideriamo eccezionali. Alcune persone, infatti, dopo un anno di risvegli, hanno acuito moltissimo il loro intuito, diventando consapevoli di particolari che non dovrebbero conoscere e avendo sogni premonitori. Con il risveglio evocativo si apre una porta su un'altra realtà, su un altro stato di coscienza e, una volta dischiusa, le trasformazioni sono destinate ad arrivare, con i tempi più giusti per ciascuno di noi. Andando avanti, come ho già accennato, spero di poter effettuare delle misurazioni su un gruppo di volontari per verificare cosa accade sia nel cervello di coloro che riescono a vivere queste esperienze straordinarie sia di coloro che non vi riescono. Anche se preferisco parlare di viaggi all'interno di noi, è chiaro che con i risvegli evocativi si effettuano anche i cosiddetti viaggi fuori dal corpo. Ogni volta, infatti, che ci troviamo in un luogo diverso da quello in cui si trova il nostro corpo fisico, stiamo compiendo un'OBE (*Out of Body Experience*)[1], come abbiamo già visto e lo sostengono anche l'associazione Evanlab e il progetto. Avere ben chiaro questo concetto risulta fondamentale per raffrontarlo a quanto accade in punto di morte al nostro cervello. Studi recenti, infatti, registrano, al momento della morte, un'attività molto intensa del cervello: onde gamma, quelle associate alle esperienze dei grandi mistici, che lasciano supporre un'esperienza potente fuori dal corpo[2].

Le sette vie per l'Anima rispecchiano le sette leggi universali, di cui mi hanno parlato i Maestri e che ricordano *Kybalion* di Ermete Trismegisto[3]. Vi sarebbe, infatti, la via della conoscenza, legata al potere dello studio, in grado di condurre alla comprensione della prima legge universale secondo cui tutto è spirito. Lo spirito plasma la materia attraverso il pensiero. Fare esperienza concreta di questa prima legge porterebbe alla vera conoscenza, che è quella insita dentro di noi, la sola in grado di diventare utilità pratica aiutandoci a vivere meglio nel presente. Ho visto in atto questa legge, per esempio, quando ho incontrato una donna affetta da vent'anni da varie forme tumorali. Dopo moltissime cure e interventi, la donna si mise a studiare e, mentre studiava una cura alternativa, sentì qualcosa risuonare in lei, come se stesse ricordando cose che, razionalmente, non poteva sapere, ma che erano parte di lei. Mise in pratica quanto aveva appreso e decise anche di iniziare un percorso di risvegli per capire l'origine di tutte quelle lesioni tumorali. Osservò quanta rabbia per le ingiustizie patite e restituite aveva ancora dentro di lei. Al momento, la situazione si mantiene stabile, lei si sente molto più leggera e gioiosa, come se tutto ora avesse un senso. La seconda legge è quella di causa-effetto o del karma. Ogni azione genera delle conseguenze e ogni individuo riceve gli effetti di ciò che fa, pertanto, non esistono né il destino né la fortuna, ma solo i frutti dell'albero che abbiamo piantato e curato. Questa seconda legge è legata alla via del corpo, che non mente mai, che si ammala sempre per quello che l'Anima non può sopportare e che porta su di sé i segni delle nostre scelte. Se ascoltassimo il corpo, giungeremmo all'Anima.

Il karma serve per rammentarci cosa abbiamo fatto e permetterci di cambiare. Senza ricordare come si fa a cambiare? Il karma non è un'espiazione senza fine! Mi è capitato di incontrare una donna che non riusciva a fare l'amore con il marito, in quanto ogni volta era assalita da conati di vomito o da fortissimi mal di testa. Dopo qualche tempo, grazie alle pratiche svolte insieme, si rese conto di non sentirsi amata dall'uomo e di sentirsi in colpa per questo. Mi decantava tutte le mille virtù e attenzioni del compagno che, seppur poco presente, quando rientrava a casa, era il marito perfetto. Le domandai se fosse sicura che lui non la tradisse. Lei scoppiò a ridere e disse che era impossibile. Qualcosa, però, deve aver risuonato al suo interno. Si improvvisò investigatrice e scoprì che, da due anni, proprio da quando lei aveva iniziato a manifestare nausea e mal di testa, il marito aveva iniziato una relazione con un'altra donna. L'uomo si giustificò sostenendo di essere stato costretto al tradimento dall'umiliazione dei continui rifiuti, ma le date dei messaggi non lasciavano dubbi. Era l'esatto contrario. Il corpo della donna aveva percepito il tradimento e si rifiutava di concedersi. I due si sono separati e lei ora è pienamente soddisfatta e non ha mai più accusato né nausea né mal di testa.

La terza legge è quella della crescita e della corrispondenza, la celeberrima espressione che credo tutti abbiamo sentito citare almeno una volta nella vita: «Come sopra – così sotto, come sotto – così sopra. Come dentro – così fuori, come fuori – così dentro. Come nel grande – così nel piccolo». Questa corrisponde alla via dell'Anima attraverso l'arte che, quando è vera, rappresenta un ponte tra visibile e invisibile, tra materia e spirito. Più si cresce interiormente più se ne raccoglieranno i frutti anche all'esterno. Maggiormente l'Anima cresce e progredisce, maggiormente diviene felice, perché a prescindere da quale sia la sua missione, lei è sempre qui per evolversi. L'arte, inoltre, permette proprio di comprendere lo stretto legame tra dentro e fuori e più verrà esplorata l'interiorità più si comprenderà l'esterno. A questo proposito, ho avuto il caso di un cantante che aveva paura di esibirsi in pubblico, pur avendo una voce potente. Abbiamo scoperto durante un risveglio che, in un'epoca precedente, era caduto dal palco durante un concerto, facendosi molto male e suscitando l'ilarità del pubblico. Andando oltre alla vergogna e la paura, ha superato anche la paura di cantare sul palco.

La quarta legge è quella della risonanza, nota anche come legge dell'attrazione. Ognuno emana ciò che è e attira ciò che emana, dunque sono i simili, in realtà, ad attrarsi. Se non ci piace quello che la vita ci presenta, dobbiamo cambiare la nostra frequenza. Questa legge si vede molto bene in azione nei sentimenti e, infatti, corrisponde proprio alla via dell'amore. Nell'ultima parte del libro, dedicata ad alcuni casi di risveglio, troverete un esempio di storia d'amore che attraversa indenne il setaccio stretto del tempo e supera qualsiasi difficoltà.

La quinta legge è quella dell'armonia o dell'equilibrio e corrisponde alla via del dolore per raggiungere l'Anima. Tutto tende sempre a tornare in equilibrio e le energie vogliono restare in armonia. Il dolore, in quanto moltiplicatore di conoscenza e amplificatore di vita, permette di rimette in equilibrio le nostre vite, perché ci costringe sempre a una reazione. Un uomo non riusciva a comprendere perché la sua vita fosse un continuo fallimento e un susseguirsi di delusioni in ogni campo. Si lamentava di non aver mai conosciuto un attimo di pace. Alla felicità non osava neanche aspirare. Aveva scoperto da poco di essere afflitto da una malattia incurabile e assumeva dosi massicce di morfina per sopportare i dolori. Non riusciva a effettuare il risveglio evocativo, in quanto non era in grado di lasciarsi andare e perdere un po' dell'eccessivo controllo e di quel modo di vivere sempre all'erta che lo caratterizzavano. Iniziò così a svolgere quotidianamente la meditazione personalizzata. Dopo sei mesi, è riuscito a fare un risveglio e si è reso conto di quanto dolore aveva causato agli altri, quando era un feroce soldato. Quest'uomo continua a non amare la sua vita ma comprende perché ha vissuto tante esperienze negative e ha trovato un po' di pace riallacciando i rapporti con un vecchio amico. Continua a soffrire ma, rispetto a prima, sostiene di avere dei momenti di benessere, che gli permettono di sopportare il dolore.

La sesta legge è quella del ritmo o dell'oscillazione e corrisponde alla via Maestri delle entità di luce. Niente resta fermo e, grazie all'incontro con i Maestri si possono toccare vette altrimenti irraggiungibili. Quando, invece, si continua la solita routine, inevitabilmente si scende, scivolando a volte in scatti d'ira, per esempio. Poi, però, il percorso di crescita riprende e si torna a seguire le entità di luce. Tutti coloro che durante i risvegli parlano con un maestro sperimentano questa legge, salvo poi inevitabilmente scontrarsi con le difficoltà della vita, che però superano in fretta tornando in contatto con i Maestri e imparando l'importanza del fluire e dell'impermanenza.

La settima e ultima legge è quella dell'unità e corrisponde alla via del risveglio evocativo. L'apparente dualità, infatti, serve per la nostra evoluzione, per darci il potere di scegliere e capire che le due parti sono sempre facce della stessa medaglia. Per questo niente è inutile. Attraverso il risveglio e l'Amore che si riesce a sperimentare durante le sedute, ma anche nella vita di tutti i giorni, si comprende che tutto è Uno.

# 20. Dopo la morte ognuno vive il proprio inferno, purgatorio o paradiso

Ho raccolto le informazioni più interessanti dei miei risvegli evocativi e di quelli compiuti da altri ricercatori e a seguire racconterò quello che, a mio avviso, merita di essere condiviso.

Circa il sessantacinque per cento di viaggiatori su mille (che sono il campione che ho preso come riferimento) riesce ad arrivare al momento della morte e, poco prima di morire o immediatamente dopo, entra in contatto con il proprio spirito guida (quello che i cristiani chiamerebbero angelo custode) e a parlargli. «Ti sei incarnato prima di essere uno spirito guida o no?» Questa è una delle domande più frequenti che gli vengono rivolte. «Moltissime ere fa – risponde lo spirito guida – anch'io sono stato incarnato, ma poi mi sono evoluto. Quelli come me, oggi, difficilmente tornano in un corpo. Lo facciamo solo in casi eccezionali per aiutare e guidare le Anime che non riescono proprio a percepire la nostra presenza.» Poi, in genere, viene chiesto allo spirito guida quale senso abbia avuto la vita che stanno concludendo o che hanno appena concluso. Vi è sempre un senso comune che è quello di svegliarsi e prendere coscienza di chi si è veramente e, inoltre, conoscere l'Amore e le sue tante manifestazioni. A questo si aggiungono i tanti motivi individuali del singolo caso concreto. C'è chi si incarna per espiare il karma che ha generato lui stesso con le sue azioni, chi per una vita premio, chi deve perdonare il male ricevuto, chi imparare a eliminare rabbia e/o odio e/o rancori. Molti si incarnano per portare fuori ciò che li ha avvelenati dentro, bloccando le loro vite che, in genere, restano esistenze da inclusivi (in balìa cioè di entità molto basse). Spesso, viene ribadito quanto la conoscenza sia salvifica: bisogna portare fuori quello che abbiamo dentro per osservarlo, diventarne coscienti e liberarcene, per non farci avvelenare, per fare spazio e perché, se siamo pieni di pensieri neri, difficilmente ci sarà posto per altro. Ancora, come motivo personale all'incarnazione, troviamo la necessità di superare la superbia, imparare l'umiltà, oltrepassare la sindrome dell'abbandono, la mancanza dei genitori, la paura, l'attaccamento e tutto quello che, in una vita precedente, può aver impedito la nostra felice realizzazione. Lo spirito guida, molto spesso, invita la persona a parlare con il mondo invisibile, pregando, meditando o usando la telepatia, dopo che si è portata l'attenzione al cuore o si è immaginato quello che molti vedono: un grande sole, molto luminoso ma che contemporaneamente fa ombra, che non brucia e dona gioia e sicurezza.

Di frequente, quel venti per cento di ricercatori su mille che parla con entità di luce o persone care che temporaneamente ha perduto afferma di trovarsi al cospetto ora di esseri simili agli uomini, ma molto più alti, ora di entità dalle fattezze umane ma dalla pelle blu, oppure davanti a figure più eteree di un candore splendente mai visto prima, i quali sono esseri saggi, quasi trasparenti, seduti come su troni di nuvole. L'atmosfera è calda, si avverte un piacevole tepore e tutto è illuminato da una luce bianca ipnotica, che fa sentire protetti, gioiosi e in pace.

Un altro venti per cento circa, invece, racconta di essersi trovato in una specie di limbo, in un'atmosfera lattiginosa, come se fosse in attesa. Queste persone si trovano da sole o insieme ad altri che, tuttavia, non riescono a vedere bene in volto. Sono in attesa di capire quale sarà la loro sorte, visto che tutti lì sono consapevoli di essere trapassati e definiscono la morte come stato di quiete, assenza di dolore, il luogo dove c'è tutto e niente, nulla finisce, tutto continua. In quel momento, si rendono conto di essere come all'interno di una ruota che gira e va avanti, seppur senza scansione temporale per come la intendiamo noi. Si acquisisce la consapevolezza che tutto serva, ma si è privi della possibilità di scelta. Si comprende di essere in una specie di purgatorio, dove vanno gli inclusivi che avrebbero potuto svegliarsi ma invece non hanno avuto il coraggio e la volontà di agire. Anche per questo non sono diventati mortali. La loro vita è come la loro morte: sospensione e auto compimento, trasformazione di materia. In quell'attesa, si comprende che il nulla non esiste ma che invece esistono infinite possibilità. A un certo momento devono tornare giù, sono costretti a farlo, proprio perché non si sono svegliati.

Un dieci per cento, dopo la morte, si trova a espiare una qualche pena, come per esempio ricopiare su un enorme quaderno le biografie dei grandi mistici o stare al buio in luoghi maleodoranti a pensare e ripensare alla propria esistenza o a nuotare in piscine di fango senza mai arrivare al bordo per riposarsi. Tutti, però, dopo un tempo che non sanno quantificare, vengono liberati da quelle loro sgradite attività. Alcuni vengono trasportati in alto, prima di reincarnarsi, altri direttamente sulla Terra per una nuova esistenza.

Meno del dieci per cento – sempre su mille – incontra un'entità demoniaca, in genere travestita da madonna che propone un patto: ricchezze e fama in cambio dell'Anima.

Un cinque per cento scopre di essere stato legato al male e di subirne ancora il fascino e non sa se andare verso la vera luce o il satanico che esercita su di essi un fascino irrefrenabile. A volte, si ingaggiano delle vere e proprie lotte con un qualche demone che considera il soggetto come sua proprietà. A quel punto, io ricordo loro che esiste un'alternativa e che si può sempre seguire me in direzione opposta. Tranne una persona che è rimasta sospesa, nel senso cioè che non ha voluto decidere da che parte stare e che mi ha salutato dicendo che mi avrebbe fatto conoscere la sua decisione, tutti gli altri, alla fine, hanno scelto la luce.

I Maestri hanno spiegato diverse volte che ciò che si vede immediatamente dopo la morte è, in genere, una proiezione della propria mente. Fanno eccezione le Anime più evolute che sono in missione sulla Terra. Costoro rientrano immediatamente al loro mondo spirituale di appartenenza, senza passare per quello stato intermedio tra la morte e la rinascita che i tibetani chiamano "bardo"[1]. *Nessun tunnel, dunque, né alcuna revisione della propria vita. Ciò accade perché questi esseri, anche se hanno scelto di incarnarsi su un piano materiale, sono fuori dal ciclo di nascita e morte e, pertanto, non vivono alcuna proiezione nel primo astrale, essendo collegati alla mente superiore. La mente delle altre due categorie di uomini, infatti, i mortali e gli inclusivi, è dotata soltanto di mente inferiore, che non ha accesso alle dimensioni spirituali superiori. Questo è il motivo per cui le Anime in missione sulla Terra possono svolgere qualsiasi attività su questo piano ed eccellere in tutte. Non esiste, infatti, qualcosa che non sono in grado di capire e se danno quest'impressione a volte stanno semplicemente bluffando perché nessuno si accorga della loro vera natura. Queste Anime sanno che è sciocco distinguere tra esseri spirituali ed extraterrestri! Quella che voi, infatti, chiamate tecnologia aliena non è altro che puro potere spirituale, ma è ancora presto per parlarne.*

Vi è, poi, un numero ristretto di ricercatori che, dopo la morte, afferma di sentirsi nello spazio senza corpo, di vedere le galassie e, in quel momento, di commuoversi, piangere di gioia, affermando di non appartenere a questo mondo e di essersi incarnati per compiere una missione. Finora, non ho mai sentito due missioni uguali di queste Anime che si definiscono abitanti delle stelle. C'è chi dichiara di essere qui per superare le ingiustizie, chi per risvegliare se stessa e gli altri, chi per dar vita a un nuovo mondo. La caratteristica comune di questo gruppo di Anime è quello di comprendere che tutte quelle che noi chiamiamo vite, in realtà, sono ologrammi, esistono milioni di concetti intraducibili in parole e tutto nasce da un Amore immenso che qui sulla Terra non è possibile comprendere.

Le dimensioni infernali, paradisiache o limbiche sarebbero, dunque, tutte delle proiezioni del singolo a cui si accede in base non al giudizio di un dio terzo e onnipotente, ma allo stesso giudizio dell'individuo, il quale – una volta abbandonata la personalità – formula un verdetto basato sulle sue più profonde convinzioni che lo porteranno, dunque, a vivere in un paradiso o in un purgatorio o in un inferno. Questo è uno dei motivi per cui la legge del karma, invece, opera sul piano terrestre ed è oggettiva, svincolata cioè dal giudizio del singolo. Chi compie il male, consapevole di agire in modo scorretto, subirà gli effetti del karma in modo veloce, conseguenze che si abbatteranno nel corso della sua stessa vita. Al contrario, spiegano sempre le entità di luce, coloro che scelgono il male in modo inconsapevole o per superficialità, subiranno le conseguenze delle loro azioni nella successiva incarnazione. Il karma, infatti, presuppone la libertà di scelta e quanto più questa sarà esercitata in modo consapevole tanto più produrrà i suoi effetti. Se qualcuno, invece, vìola questa legge e costringe qualcuno a subire un'azione, avendo calpestato anche la sua libertà di scelta, si condanna a una pena maggiore. Questo è uno dei motivi per cui coloro che comandano il mondo svelano sempre in anticipo i loro progetti, spesso attraverso i film. In questo modo, non vanno contro il libero arbitrio né la legge del karma, perché lasciano a tutti la facoltà di scegliere e di difendersi, avendoli avvisati. Far conoscere in anticipo le proprie mosse, inoltre, serve a garantirsi una miglior riuscita del proprio progetto, perché la paura che si genera alimenta i piani del nemico, rafforzandoli. Per questo, sempre i potenti ignorano i loro avversari e quando non possono più farlo li eliminano fisicamente o li isolano da tutti. Essi conoscono molto bene queste leggi esoteriche e sanno che un pensiero contrario al loro può determinare un campo di forze in grado di ostacolare anche il miglior progetto. Un pensiero per essere veramente contrario ai disegni demoniaci deve esprimersi e attuarsi in modi del tutto diversi da quelli usati dal male. Questo è il motivo per cui per loro è molto importante diffondere pratiche che siano più capillari possibile, perché se le dinamiche del presunto bene ricalcano quelle di satana non avranno mai la meglio. È questa la ragione per cui il male si infiltra ovunque e vuole insinuarsi soprattutto nei gruppi rivolti al bene, ed è sempre per questo che, al contrario, il bene invia i suoi emissari in modo singolo e non li fa aggregare in partiti o associazioni. La vera luce, infatti, sa che nel gruppo è più facile permettere che il male si insinui. Se gli emissari del bene, invece, costruiscono una rete invisibile, come se fossero gli alberi di una foresta, apparentemente ognuno per la propria strada ma in realtà tutti uniti verso un'unica direzione, allora saranno invincibili. Dove si creano dipendenze, servilismi, utilitarismi e organizzazioni in cui bisogna cedere anche la minima parte della propria libertà, là – prima o poi – sgattaiolerà il male. Quando si resta alla giusta distanza, invece, mantenendo la propria individualità, pur rimanendo focalizzati sul medesimo obiettivo collettivo, allora si creerà una coltre impenetrabile per qualsiasi influenza demoniaca.

Ho chiesto ai Maestri se è possibile uscire dal ciclo di nascita e morte non solo con l'evoluzione, ma anche con l'involuzione. La risposta è stata affermativa. Come le Anime risvegliate salgono le varie dimensioni dello spirito, fino a poter giungere all'Essere Supremo, allo stesso modo si può scegliere di recidere in modo definitivo il legame con la propria essenza e, dunque, con l'Anima, lo spirito e l'Assoluto con tutte le sue emanazioni. Si diventa così schiavi del male, assumendo una delle diverse forme care al re degli Inferi: larve, scheletri, sostanze molli in grado di assumere qualsiasi sembianza ed esseri mostruosi e orripilanti. Il loro aspetto, infatti, deve essere quanto di più lontano vi sia dalla bellezza e dall'armonia, che sono in grado di elevare la coscienza.

Le forme spaventose del male, invece, terrorizzano e, di conseguenza, abbassano le vibrazioni, rendendo le persone un pasto succulento per queste creature demoniache. Quando un'Anima eleva il suo potenziale con pensieri e azioni rivolte al bene entra in un'aura di protezione inaccessibile agli esseri satanici.

## 21. Vite interiori e parallele

Non farò esempi di prove di vite precedenti perché altri prima di me ne hanno proposti diversi, inoltre, raccontare che i soldati romani dell'imperatore Marco Aurelio lo salutavano battendo il pugno sul petto o i particolari di una moneta di una certa epoca storica o com'erano vestiti gli arabi ai tempi delle crociate o quanto era leggera una scimitarra, non convinceranno gli scettici né consolideranno la fiducia di chi già crede che la reincarnazione rappresenti un dato di fatto. Quello che mi interessa, infatti, non è fare proseliti, ma dimostrare che può esistere un altro modo di vivere, più leggero e gioioso e che la conoscenza dell'invisibile, essendo anche comprensione della nostra parte più profonda, produce cambiamenti duraturi in grado di riflettersi anche sulla collettività.

Come aneddoto di vita interiore resto sempre sorpresa non tanto dalle proiezioni di vita felice che alcuni immaginano in luoghi naturali, come giardini o rive di un lago o località marine o montane, quanto dai dialoghi che intrattengono con il loro bambino interiore. Quasi sempre ritengono che la loro parte bambina sia arrabbiata a tal punto da non voler rivolgere loro la parola. Quando si scusano per tutto quello che non hanno detto o fatto per proteggerla, allora quella inizia a parlare e a raccontare cosa le è mancato. Alcune volte è disponibile a ricevere subito quello che, in passato, le è stato negato, altre no. In entrambi i casi, tuttavia, sostiene di non essere più arrabbiata con l'adulto di oggi e si riappacifica donando una sensazione di pace e leggerezza a chi parla con lei.

Ancora più importante di quello che si vede dopo la morte è l'esperienza che il ricercatore compie quando viene proiettato direttamente in un altro mondo e incontra entità di luce o creature di altri universi proprio come se fosse un viaggiatore interdimensionale. Ho stimato che circa il trenta per cento su mille vive esperienze di questo tipo, che risultano essere tra quelle più strabilianti e in grado di cambiare profondamente la propria visione della vita e lo stato d'animo. A questi deve aggiungersi una percentuale del dieci per cento circa in grado di viaggiare non solo tra le dimensioni, ma anche in quella che è la nostra concezione del tempo, permettendoci di apprendere fatti risalenti a molte migliaia di anni fa.

Comincio con il raccontarvi il viaggio di una giovane donna in una città che, inizialmente lei definisce futura ma successivamente si renderà conto di trovarsi in un mondo spirituale. Il posto che lei descrive è molto simile a quello visto da pochissimi altri ricercatori ed è un chiaro esempio di vita parallela. Riporto la sua testimonianza.

«Sono in una città del futuro, i palazzi danno l'idea di essere lunghissimi, d'argento. In giro non c'è nessuno, solo io, vestita con una tunica argento e oro e dello stesso colore sono le scarpe. Anche il mio aspetto è come quello di questa strana città: lunghissimo! Molto lunghe, infatti, sono le mie mani, le unghie, con smalto viola e argento. Sicuramente non sono un essere umano, ma appartengo a un'altra razza.»

«Come fai a dire che sei nel futuro?» chiedo io.

«Eh, infatti, forse non è futuro.»

«Sei nel futuro o in un'altra dimensione?» insisto.

«Non lo so.»

«Non preoccuparti, lo capiremo andando avanti» la rassicuro.

«Mi colpisce il pavimento – riprende –, è fatto del materiale del pianeta che è liscio e forte, perciò i miei piedi poggiano su di esso, che trasmette un'energia molto forte. I palazzi sono di titanio. Ora si è aperta una porta e voglio entrare. Mi trovo in uno spazio piccolo senza decorazione, tutto liscio e vedo un ascensore pronto, salgo, perché c'è un solo tasto, quello dell'ultimo piano, saranno quattromila piani. Si apre la porta e sono in cima a questo palazzo e vedo tutta la città a perdita d'occhio, addirittura la curvatura del pianeta, come se mi si volesse mostrare la struttura, che collego al linguaggio Braille. Dall'alto sembra proprio una scritta, un messaggio, i palazzi da quassù sembrano i puntini del Braille e mi colpisce anche per queste sue strutture geometriche che sono un linguaggio. Io alzo il braccio sinistro ora, anche se sono destrorsa e con la punta dell'indice tocco uno di quei palazzi in lontananza, come a dirmi che devo partire da lì. Il mio corpo è molto allungato, come il viso e ho capelli lunghissimi. Inoltre, sento un pizzicore tra labbro e naso, mai successo e non so perché. Mi si dice parla, tira fuori, comunica, esprimiti con la voce. È questo che leggo nel messaggio scritto in Braille dalla struttura della città vista dall'alto. Il paesaggio è bellissimo, mai visto niente del genere, neanche nelle mie migliori fantasie. La luce infonde immensa pace, è argentea, un perfetto equilibrio tra giorno e notte. La città è tutta grigio madreperla e invece in fondo, dove scorgo una cupola, è d'oro. È stata costruita per facilitare nel diventare comunicatori di sé. È una città di saggi, sapienti, ricercatori e scienziati.

«E dove sono tutti?» domando.

Sembra non ci siano, perché stanno su una vibrazione diversa dalla mia, perciò io non li vedo, in realtà è pieno zeppo, sono milioni e vivono in armonia. Studiano la spiritualità, l'equilibrio e come funziona l'universo. Mi invitano a elevarmi adesso, in modo da poter entrare nella loro dimensione, così li vedrò e sarò una di loro. Ora mi gira la testa. Mi si distorce la vista, si piega come una "c", vedo tutto curvato con lunghe linee di luce che salgono verso l'alto. Sono sempre in cima al palazzo e ora li vedo, sono tutti lì.

«Approfittane per parlare con il più saggio di tutti» intervengo.

«Lo desidero tanto – riprende lei –, lui è arrivato, qui si comunica con il pensiero. È un uomo senza età, uno dei sette capi e ora lui ne è portavoce. "Perché sono qui?" L'uomo mi sorride. "Che domanda è?", mi comunica sempre telepaticamente. "Ovvio", continua alzando le mani per indicarmi di guardare attorno, "sei qui per vedere le strutture, perché la struttura ti dà una geometria che è un codice di attivazione per te". Io sono sul palazzo centrale e capisco che la struttura è circolare, cerchi concentrici e poi due mezze lune ai lati, una a destra e una a sinistra. Il saggio aggiunge "assorbi questa geometria che è un simbolo".

«Come se fosse un mandala?» chiedo io.

Sì, esatto, come forma, ma qui invece ha un altro significato, un senso più espanso che prende più sistemi solari. Il mandala è geometrico in tutte le sue forme, in questa città è diverso, perché tutto è improntato su un asse. In un altro risveglio c'era un asse simile nel momento in cui mi era apparso un angelo, ora mi viene detto che qui siamo a un livello superiore rispetto all'esperienza precedente, perciò ci sono energie più potenti di quelle delle sole geometrie che voi chiamate sacre [A parlare è sempre la persona che sta effettuando il risveglio, sta canalizzando le parole di un maestro *N.d.A*]. “Questo simbolo è la tua essenza a livello energetico ed è lo stesso per tutti noi che abitiamo in questa città. Noi *siamo* questo simbolo su un piano puramente energetico. Poi lo disegnerai e lo invierai a Nandra, anche se a te lo stiamo facendo vedere in modo tridimensionale”.

Mi dice che tu devi chiedere per me.

«Questo percorso che lei fa con me è giusto?» chiedo al saggio.

“Certo.”

«Cosa deve fare oltre a quello che le avete già detto? Cosa sbaglia visto che ancora non ha ottenuto ciò che vuole?»

“Non sbaglia niente, ma si mantiene chiusa in una scatola piccola, deve imparare a espandersi al di fuori di quel piccolo contenitore che neanche c’è. Si blocca da sola, si limita, si mette in gabbia. Lei deve liberarsi da sola. Ora le farò vedere come.”

Mette le mani unite insieme in un pugno all’altezza del cuore e mi dice che devo accumulare l’energia lì e poi espanderla. “Lascia che si apra”, insiste e mi mostra come fare. Resto troppo chiusa, insiste, devo aprirmi. “Perché mi pizzica tra labbro e naso?” “Perché stai trattenendo, è il non voler dire che scalpita. Lascia che i tuoi pensieri siano liberati. Smettila di bloccarti. Quest’espansione deve passare anche tra le cellule del corpo, per liberare l’energia.” È una questione di luce e se lo faccio mi collego a questa città e a coloro che possono collaborare e sono a mia disposizione.

Mi viene detto di dirti che tutto questo sta avvenendo perché tu mi hai detto che io non sono sola e che tanti esseri erano lì per me, riferisce la ricercatrice che parla ancora con la sua guida. Queste tue parole hanno permesso a me di credere. È importante, ha continuato il saggio, che la prossima volta voi due parliate di questo risveglio, in modo che anche la mia parte razionale possa capire ed è importante che tu, Nandra, crei per me una nuova meditazione personalizzata.

# 22. Come attivare il potere di co-creazione

Spesso le entità di luce spiegano alcuni concetti e chiedono espressamente che i loro messaggi siano riportati, come nel caso del capitolo precedente. Non rispondono, infatti, a tutte le domande che vengono loro poste perché, come simpaticamente rammentano, essi hanno il compito di aiutarci a ricordare chi siamo, non di soddisfare ogni nostro capriccio, esattamente come la vita. Per questo motivo, in questo capitolo riporto i loro consigli su come attivare il proprio potere di co-creazione, sottolineando che ridono moltissimo quando noi parliamo di potere di creazione, in quanto dicono: *Voi non siete l'Assoluto o l'Uno o l'Essere Supremo o chiamatelo come volete. Le vostre vite sarebbero così divertenti se voi seguiste le nostre poche indicazioni e vi basterebbe riflettere per capire che se siete stati creati da qualcuno, perché questo qualcuno avrebbe dovuto abbandonarvi in uno psicopenitenziario senza alcun aiuto? Per diventare co-creatori della vostra realtà, che è il massimo che può esservi concesso sulla Terra ed è già moltissimo, credeteci, dovete per prima cosa attivare il vostro potere di autoconoscenza e arrivare alla verità della vostra essenza. Anche e soprattutto a questo serve il percorso di risveglio evocativo: arrivare alla verità della vostra essenza, grazie al contatto con la vostra Anima e, di conseguenza, con i mondi spirituali. Osservare le proprie esistenze, trovarne il filo, assimilare le tante lezioni imparate, fare ordine, lasciare andare quello che non serve più condurrà all'essenziale. Per creare la realtà che si desidera bisogna innanzitutto comprendere cosa si vuole nel profondo, perciò bisogna scendere nel profondo. Serve coraggio. Di conseguenza,* sostengono i Maestri, *rivolgetevi alle persone che hanno dimostrato coraggio nella loro vita, altrimenti sarà impossibile per due pavidi salire ad altezze che farebbero venire le vertigini a chiunque. Il potere di creazione appartiene alle dimensioni spirituali più elevate, pertanto, bisognerà abbandonare tutte le vibrazioni energetiche della materia. Più diventerete leggeri, allegri e gioiosi come bambini, più vi divertirete, più sarete in grado di trasformare quel "facciamo finta che io sono la maestra piuttosto che l'imperatore o il cantante" in realtà. La prima cosa da eliminare sono le paure. Le paure sono anche uno degli ostacoli al risveglio evocativo. Non si può accedere ai mondi spirituali, neppure se vi accompagna Gesù in persona, quando si ha il cuore colmo di paure,* spiega un'entità di luce che rivela il suo nome, ma non vuole che sia riportato nel libro. *Bisogna che usciate dalle logiche dell'attaccamento e dalle etichette, perciò non saprete esattamente chi parla. Gli attacchi esterni che ricevete sono la proiezione delle vostre paure. Non avete ancora compreso quanto potete essere protetti dai vostri spiriti guida, se chiedete il loro aiuto. Tanto meno avete cognizione del vostro essere e del suo potere. Ogni cosa esterna va controllata dall'interno, quindi quando crederete completamente in voi stessi, sarete liberati da ogni dubbio e paura e, di conseguenza, nessuno all'esterno avrà più il coraggio di attaccarvi, a meno che ciò non sia funzionale a una certa missione. In sostanza, sarà come se tu comanderai l'esterno, ma senza soggiogare alcuno. È un concetto molto complesso da comprendere, ma ti servirai delle intenzioni degli altri per utilizzarle come riterrai più opportuno, senza atti di coercizione di altrui volontà. Ricorda che i Maestri o guide o chiamali con i nomi che preferisci, tanto sai che qui da noi non ci sono nomi, né individualità né competizione, perciò basta l'intento di un cuore puro per chiamarci, non faranno mai ciò che tu vuoi. Non sono i tuoi servitori, ma coloro che devono solo ricordarti il tuo potere, perciò non ti daranno le rassicurazioni che cerchi. Siete abituati al mondo esterno che vi tratta come bambini dalla lenta comprensione, ma voi non siete bambini, se avete scelto di andare in missione sulla Terra. Siete lì per aiutare le persone, tranne ovviamente quelle che hanno un problema con il karma. Rispondo alla domanda che stai facendo con il pensiero. I vaccini non sono una condanna per tutti, ma solo per alcuni, perché dipende da due aspetti: dal tipo di sostanza contenuta e dal loro grado di evoluzione. Il terzo occhio non si può chiudere con una vaccinazione. Per questo vorranno ripetere, ma questo mondo sarà risvegliato molto prima che loro riescano ad agire, soprattutto attraverso i simboli e le parole. Ci saranno squadre di persone risvegliate e una scuola iniziatica. Il funzionamento di questo nostro mondo è molto diverso dal mondo in cui ora voi siete incarnati. Le vostre leggi non rispettano le nostre. Le vostre sono materiali, si basano su princìpi fisici, mentre le nostre solo sul*

*principio evolutivo. Per questo, la pietà umana non raccoglie nessun consenso, perché in alcuni casi può essere comprensibile, ma non c'è alcuna verità nel senso di colpa, nel volere a tutti i costi salvare qualcuno che magari è lì per scontare un karma. Questa legge evolutiva è il principio su cui si basa tutto. Ad alcuni di voi abbiamo dato facoltà straordinarie, ma senza libretto d'istruzione, perché non esiste mente inferiore che possa attivare doti superiori! Quei poteri sono stati dati per aiutare le persone e sono da sempre dentro le persone che li hanno ricevuti. Dovete solo ricordarvi chi siete. La legge di attrazione non funziona sempre perché esistono altre leggi con cui bilanciarla, come quella del karma per esempio e della crescita. Se dovete crescere in direzione di una certa attività per cui non vi serve la villa con la piscina, è chiaro che non la otterrete mai, neppure se visualizzate per dieci ore al giorno e sentite la gioia di avere una villa con la piscina e dieci milioni di euro sul conto corrente. Puoi aspettarti dei risultati dall'esterno solo nel momento in cui tu ritieni che il tuo lavoro sia di valore. Quando una persona diviene cosciente di chi è, della propria essenza e, di conseguenza, del proprio valore e della sua unicità, le sue parole agiscono anche con chi non le comprende, perché possiedono un potere in sé che va oltre la comprensione, slegato dal concetto assorbito. Metabolizzare qualcosa è un processo, ma sentirla risuonare come una campana è tutta un'altra storia. Nel mondo spirituale la campana continua a suonare, anche se dall'altra parte c'è un sordo. Le parole possono essere un richiamo, anche per spiriti guida, e basta una parola a chi è connesso davvero con la sua essenza o Anima per compiere miracoli, miracoli che sono il frutto di una sinergia tra l'essere connesso, noi e gli altri. Non si può mai aiutare chi non vuole essere aiutato. Per co-creare, così come per essere aiutati, bisogna chiedersi se si ha una sincera volontà di cambiamento. Tutta la vita è un miracolo di per sé, ma voi non siete abituati a recepirli. Anche trovare un parcheggio all'ombra, d'estate, lo è, quando sei di fretta.*

Mentre ascoltavo queste parole, sorridevo, perché era esattamente quello che mi era successo una quarantina di minuti prima, quando ero arrivata in studio. Sentendo questa frase, inoltre, mi ricordai di come avevo trovato il mio ultimo studio. Non lo avevo neanche dovuto cercare. Sapevo che qualche farmacia nella capitale affittava studi ma solo ai medici. Un giorno, sentii l'impulso irrefrenabile di entrare in una farmacia dove non entravo da quattro anni. Chiesi di parlare con la direttrice e le domandai se avesse uno studio per me. Naturalmente la risposta fu affermativa. Ogni volta che avevo chiesto qualcosa per il mio bene profondo e, quindi, per quello degli altri, era sempre arrivato ciò che mi serviva. Ripresi ad ascoltare la conversazione di questo ricercatore e a trascrivere e, mentre lo facevo, mi ricordai di aver sentito pronunciare quelle parole almeno da altre dieci persone, che mi riferivano di colloquiare con uno o più Maestri, e che la stessa cosa era accaduta anche a me. Spesso, infatti, i messaggi più importanti da trasmettere vengono riportati da diversi ricercatori e avendo io una formazione investigativa, so bene che tre indizi costituiscono una prova. Questo scritto infatti più che un libro è una raccolta di prove ma, come dicono sempre le guide, *alla mente inferiore afflitta dalla tirannia della sola razionalità non basteranno quintali di prove per credere. Alla mente superiore, invece, quella in armonia con l'Anima, basterà un segno per ricevere prove ogni giorno della sua vita.*

*Voi siete impregnati nel miracolo. La sfiga e il miracolo sono uguali. Se passi tutta la vita a maledire, a imprecare, anche in quel momento stai compiendo un miracolo, perché stai producendo solo cose negative intorno a te. Hai ragione quando ti arrabbi con coloro che semplificano, dicendo che basta il pensiero. Non è così. Bisogna anche smaltire il proprio karma. A volte è pesante, ma si può accettare. Nessuno può togliere il karma a nessuno, perché se fai tu il lavoro per lui, lo privi del potere di illuminarsi. Senza karma, non potrà mai capire. Per attivare il vostro potere di co-creazione dovete tornare come bambini. Più vi divertirete più alzerete le vostre vibrazioni e vi ricorderete di quella gioia sottile che appartiene all'Anima risvegliata. Quando, invece, siete afflitti da preoccupazioni, ansie, paure e tristezze andate a ricaricarvi dove trovate acque di sorgenti, acque pure in cui immergersi nel silenzio, nella natura, anche cascate o terme. Quando sentite la gioia nel cuore, potete realizzare il prodotto del vostro talento, perché la gioia arriva appena diventate consapevoli della vostra unicità. Unicità o talento danno origine a un lavoro ispirato, che ha già in sé il suo valore, che consiste nell'essere un potenziale di evoluzione, un potenziale che può essere creato solo da alcune persone, quelle in grado di connettersi con la propria essenza o Anima e, di conseguenza, con la sua casa che siamo noi, il mondo spiri-*

*tuale, a prescindere da quale sia la dimensione precisa da cui proviene. Chi agisce connesso modificherà le vibrazioni di una stanza con la sua sola presenza. Nandra, lo puoi aiutare creando un mantra da ripetere, con lo specchio, l'ultima delle tue trovate?*

«Non va bene?» domando. E il maestro per il tramite del ricercatore risponde: *Ti abbiamo già detto che se non andasse bene ciò che stai facendo non lo potresti neanche fare. Quante attività copiate falliscono? Ciò che ha valore in sé, ciò che è ispirato, invece, procede spedito, se la persona è attiva naturalmente.*

«In sostanza, dunque, bisogna guardare dentro di sé, capire qual è il proprio karma, avere la volontà di cambiarlo, trovare il proprio talento, crederci e poi avere il coraggio di manifestarlo?» domando.

*Certo. Perché credi che la tua vita abbia preso questa direzione? Ora potrai essere sempre tu a decidere. Io non posso dirti di più, ma dentro di te tu hai già tutte le risposte. Mi raccomando di tenere sempre puliti i tuoi canali e per farlo devi bere tanta acqua speciale e tu sai di cosa parliamo. Cammina con i piedi sulla terra, respira l'aria a pieni polmoni, usa le tue pietre, stai alla luce, riposa e devi staccare ogni tanto. Questo non è un consiglio, ma un monito! Non puoi permetterti di esaurirti, né di lasciarti esaurire. Devi essere più indulgente con te stessa. Segui ritmi che non sono umani e non devi dimenticare che, ora, hai anche un corpo. Infine, per essere co-creatori della vostra realtà il giudizio degli altri non vi deve importare. Tanti potrebbero fare in apparenza le vostre stesse professioni, ma quello che fate voi, invece, è molto raro: riportare il nostro messaggio è un dono concesso a pochissimi e voi siete tra questi. Usate forme artistiche diverse, ma ciò che conta sono la vostra qualità vibratoria e la simbologia che vi diamo, anche se non la comprendete. Si cambia l'ambiente esterno con queste vibrazioni. L'aspetto più importante di cui dovete ricordarvi per diventare co-creatori è che quello che desiderate nel profondo è già scritto, scritto da voi stessi prima di iniziare questo viaggio. Per questo la geometria della vostra essenza è circolare. Un giorno, comprenderete bene il significato del cerchio magico. Ve lo spiegheremo più volte. Dovete smettere di percepire la realtà dall'esterno, altrimenti avrete sempre delle perplessità. Bisogna guardare dentro. Lascia stare ciò che sta fuori, perché fuori è sempre condizionato dall'interno. Devi sapere che, con il giusto tempo, tutto si manifesterà. È già elaborato al tuo interno. Questa tua energia interiore vibra all'unisono con quella esteriore, creando ciò per cui hai lavorato. Nel momento in cui si genera una scintilla interiore e cioè l'impulso a creare qualcosa è perché qualcosa ha già avuto origine. La tua Anima, quindi, tenderà a mandarti quell'impulso come generatore di verità. Il tuo generatore di verità cosa ti porta a fare? Scrivere? Cantare? Questo è il tuo compito, il tuo destino. Ma dall'altra parte, noi viviamo immersi in un mondo differente da quello animico e, allora, quest'impulso crea un attrito con la realtà esteriore del momento. Se, da un lato, tu sai che questo è vero, dall'altro ti chiedi se è vero, come mai non riesci a capire come devi farlo. Questo dipende solo dal fatto che voi non siete in grado di percepire questa verità come qualcosa che è già manifesto. Il come e il quando non è un vostro problema. È qui che vi fregate. Tu parti dal presupposto di essere un bambino da rassicurare, ma tu non sei un bambino che cade e deve imparare a camminare! Non sei un'anima immatura. Tu sai cosa sei e te lo abbiamo anche già detto! Ci sono questioni che non possono essere rivelate, perché la loro manifestazione deve essere una sorpresa anche per voi. Vi concediamo un'ultima domanda per oggi. Forza, Nandra.*

«Cosa potete dirci ancora sulla situazione globale? Tutti parlano di apocalisse e catastrofi…»

*Dovete imparare a gestire le situazioni al momento. Non ci saranno problemi per voi, non più di tanto. Esploderà il caos. Sta già avvenendo. Hanno paura di quest'atteggiamento del popolo, di quello francese e altri che ancora non sapete. Sanno che non possono affrontare certi popoli apertamente e, allora, agiranno nell'ombra, ma ormai si sono smascherati troppo. Si sono fatti vedere da troppe persone. Hanno creato troppo dolore e ora non possono più passare inosservati. In un tempo più concentrato, vedrete ciò che è sempre accaduto: guerre, terremoti, inondazioni, attentati, un riflesso di quello che accade all'interno di molti e su altri piani. Voi resterete stupiti da quello che farete. Nandra, tu riuscirai a far capire che questo tuo nuovo lavoro serve per far vedere agli altri la verità di loro stessi. Tu li porti a diventare consapevoli di chi sono, di noi, del senso e di quanto osservare le proprie vite passate serva anche per tornare all'origine. Quando ti sei spogliato di tutte le tue vite o di tutte le esperienze che compongono un'esistenza, che è la stessa cosa, arrivi in fondo al tuo vero essere, torni a casa. L'origine dell'Anima è il vuoto. Il vuoto serve per creare. Non puoi creare in uno spazio pieno, ma sono concetti incomprensibili per coloro a cui dovrai riportare questo messaggio. Che sia chiaro: non cerchino di capire. Si usi solo il sentire. Sai quando capisci di essere diventato co-creatore della realtà? Quando sei sempre più felice e la tua mente è allineata al cuore, pura coerente sicura armonia di intenti tra ciò che vuole la ragione e quello che desidera il sentimento. Nel momento in cui tu riesci a sviluppare il tuo talento e, dunque ciò che davvero sei, l'Anima si espande. Quando sai chi sei, quando esprimi la tua vera natura, l'Anima cresce, diventi essenza. È la crescita che rende felici. La realizzazione personale ti fa cantare sotto la doccia e sai perché? All'Anima interessa solo fare esperienza per crescere e quando si libera ti rende sempre più felice.*

## 23. Da chi è stato creato l'uomo? L'antico Egitto e il cerchio magico

Quante volte avete sentito insinuare il dubbio che questa vita sia un sogno? Viviamo davvero in un ologramma, una grande illusione, quella che i Veda chiamavano Maya[1], dove spazio e tempo in realtà non esistono? Che la vita sia sogno lo scriveva già Pedro Calderòn de La Barca nel 1635 e poi abbiamo avuto Shakespeare che, in *La tempesta* (atto IV, scena I), sottolineava: «Noi siamo fatti della stessa sostanza dei sogni, e nello spazio e nel tempo d'un sogno è raccolta la nostra breve vita». Si tratterebbe di concetti poetici o di intuizioni che potrebbero avere risvolti pratici nella nostra vita? Accettando questa visione, dunque, vi sarebbe un'altra vita, che sarebbe quella autentica? Quella che stiamo vivendo attualmente sarebbe effettivamente un gioco, come più volte i Maestri hanno comunicato? Ciò non significa che non sia importante. Come sempre le entità di luce hanno comunicato che sarebbe un gioco geniale ideato proprio per permetterci di svegliarci. Ciò spiegherebbe la loro espressione: *la vita è un gioco geniale, chi lo* capisce *se ne va, chi non lo capisce resta qua.* A questo punto, dovrebbe essere chiaro che non proveniamo tutti dallo stesso posto, non tutti abbiamo una missione, ma ognuno di noi ha un senso e uno scopo collettivo. Come spiegano le entità di luce, infatti, *gli esseri propriamente umani sarebbero stati creati da un'emanazione dell'Assoluto proprio con lo scopo di stabilire se fosse più forte il bene o il male. A tutti gli esseri umani fu data, in origine, la possibilità di evolversi, grazie a quella scintilla divina chiamata anche Anima. Molti umani, però, hanno preferito seguire le influenze delle entità oscure o demoniache, quelle che si sono opposte all'Assoluto, piuttosto che di quelle luminose o angeliche che ne sono collaboratrici. Questo avrebbe reso questi uomini mortali, incastrati cioè nel continuo ciclo di nascita e morte, il cosiddetto cerchio magico. Tutto quello che accadrebbe all'interno di questo ciclo sarebbe ipnotico, talmente affascinante da rendere molto difficile la presa di coscienza della sua illusorietà. Per questo viene chiamato magico. I mortali sono stati completamente colonizzati dalle entità sataniche, sarebbero degli inclusivi al cento per cento e questo renderebbe quasi impossibile il loro recupero. Avrebbero, infatti, ceduto la loro scintilla divina in cambio di promesse molto seduttive. Il nome di questo gioco geniale che voi chiamate vita è cerchio magico. Ogni puntino di questo cerchio rappresenta un'esistenza, in cui dovreste imparare delle lezioni ma, nel contempo, formate un falso io, una personalità o ego... avete una passione per dare tanti nomi al medesimo concetto... Puntino dopo puntino dovreste evolvervi, fino a svegliarvi e a saltare nel centro di questo cerchio. Per riuscirci, però, dovete imparare tutte le lezioni e spogliarvi di tutto il karma e i vari falsi io che create durante il percorso. L'insieme di quei puntini sono innumerevoli vite, ma che costituiscono una medesima vita, visto che ogni puntino è collegato anche al centro del cerchio, che è la vostra essenza e, a sua volta, ogni singola essenza è inanellata a una catena di essenze che, tutte unite insieme, formano l'Uno. Capisci perché è così importante ricordare tutte le vostre vite o almeno le più importanti? L'oblio serve a perpetrare il gioco altrimenti sarebbe troppo facile. Non tutti arriveranno al centro, all'essenza e ognuno con i propri tempi. Solo spogliandovi di ogni esperienza, di tutti i falsi io e assimilando le lezioni, ripetute vita dopo vita, uscirete dal cerchio magico e, svegliandovi, raggiungerete ciò che siete, il centro di quel cerchio.*

Questo sapere, così come il cuore di questa tecnica, viene dall'antico Egitto. Le informazioni che apprenderete in questo capitolo derivano da circa una trentina di risvegli, tutti ambientati nella terra delle piramidi, dove alcuni ricercatori riferiscono di avermi visto nei panni di una sacerdotessa a fare lo stesso identico lavoro che svolgo oggi, esattamente come accadde di vedere a me durante un sogno lucido e durante un viaggio in Egitto, compiuto almeno quindici anni prima che io iniziassi questa professione. Pare che per i sacerdoti e le sacerdotesse dei templi dei sognatori fosse normale accompagnare anche i faraoni dolicocefali a compiere questi viaggi dentro se stessi. Ognuno era libero di scegliere da chi farsi accompagnare e si sapeva molto bene, a quei tempi, non solo che era necessaria una perfetta sinergia tra l'energia trasportante del sacerdote e quella del trasportato, ma anche che il portale d'accesso più potente per arrivare su pianeti lontani e dimensioni spirituali elevatissime si trovava e si trova dentro di noi. Condurre indietro nel tempo e in altre dimensioni serviva innanzitutto per prendere coscienza dei propri limiti e superarli. I ricercatori sostengono che la me del tempo, solo molto più alta di oggi, sottolineava che, in futuro, ci saremmo ritrovati proprio per continuare questa pratica insieme.

Allora, utilizzavo anche una specie di disco circolare, di circa cinque centimetri di diametro, un magnete realizzato con una pietra azzurra, fatto in parte anche d'oro, necessario per accelerare i viaggi tra i mondi, perché amplificava l'energia del viaggiatore, una volta poggiato sulla fronte. Non a caso, mi riferiscono alcuni ricercatori, aveva una forma circolare. Il cerchio è il simbolo dell'uomo e di Dio. Se guardiamo un cerchio, infatti, non possiamo dire quale sia l'inizio e quale la fine, si tratta di un insieme di puntini che sono le nostre vite. Tante esperienze che ci servono per imparare e per arrivare al centro di quel cerchio, in cui si trova la nostra essenza. Per giungere a quell'essenza bisogna ripercorrere quel cerchio e capire che noi non siamo il risultato di tutte le azioni, ma che al contrario vi è un nucleo divino che ha voluto compiere quel giro per diventare cosciente di se stesso. Si può approdare al centro del nostro cerchio e trasformarsi in essere superiore e divino, libero quindi dalle costrizioni del mondo inferiore. Luogo che è materia densa e priva di ciò che è vera conoscenza, quella delle verità spirituali, le uniche in grado di guidare l'uomo dall'esterno verso l'interno, nel proprio centro, risvegliando quella forza propulsiva che espande tutte le umane possibilità. Il vero sacrilegio è dissacrare l'uomo, dimenticando che egli, come entità spirituale, potrebbe giungere fino ai piani celesti più elevati. *Il più grave e blasfemo degli atti illusori che animano il vostro tempo*, insegnano sempre i Maestri, è quello di scindere il proprio tutto dall'esistenza terrena. Se, infatti, la materia non fosse importante e non servisse, nessun essere spirituale si incarnerebbe in questo che viene definito spesso gioco geniale.

Quello che oggi accade in modo invisibile, ai tempi degli antichi Egizi avveniva alla luce del sole. I figli del Sole, infatti, erano discesi sulla Terra per aiutare l'uomo a evolversi. A quei tempi, gli esseri di luce potevano essere visibili ed erano chiamati anche figli del Sole. Anche allora come oggi, cercavano di farsi riconoscere. Attualmente, però, negano di essere chi sono anche quando, molto raramente, qualcuno si accorge di chi sono. Ieri potevano rivelarsi a qualcuno e trasmettere quella conoscenza ancestrale da utilizzare per il progresso di tutti.

*Un giorno, sarà necessario far comprendere che chi viaggia in altre dimensioni non è malato di mente, ma spirito di immensa levatura,* riferisce una delle entità di luce presenti in questi risvegli. *Esistono poche persone sulla Terra, e saranno sempre più rare in futuro, che sono come portali, in grado di condurre in altri mondi, non terrestri. Questo dono è stato concesso solo a pochissime Anime, quelle in grado di sentire la verità molto prima degli altri. Ciò accade perché sono coscienti, in grado di superare ogni prova, ogni dubbio della mente e conoscono le altre dimensioni. Sono quindi in grado di riportare le Anime alla luce, evitando così che loro e tutto questo mondo sia inghiottito dalle tenebre, com'è successo a molti altri mondi. Arriverà il tempo in cui tutto verrà rivelato per portare nuova conoscenza. Quel giorno, sarà chiaro a cosa servivano le piramidi. Erano luoghi magici, portali dimensionali, ma soprattutto centri di guarigione, ricchi di un'energia così potente da poter sembrare esseri viventi. Ogni persona poteva essere ricostituita al suo interno, per questo qualcuno ha pensato che fossero tombe! La nuova vita che donavano le piramidi non era dopo la morte, in quanto chi le usava sapeva benissimo che la morte era solo un passaggio, ma servivano per ridare la vita a chi sembrava morto o era in procinto di morire. Prolungavano di molto la vita di coloro che venivano chiusi al suo interno immersi in vasche d'acqua. Quando queste conoscenze andarono perdute, le piramidi, da portali dimensionali e centri per la longevità e salute, divennero il fulcro di fantasiose interpretazioni, al punto che qualcuno pensò persino che potessero resuscitare i morti, donando l'immortalità. Capite ora da dove nasce quell'attenzione al mantenimento dei cadaveri? Si iniziò a pensare che, se fossero stati portati all'interno delle piramidi, avrebbero ripreso a vivere! Che assurdità! Le piramidi, invece, venivano ricaricate dalla luce del sole e di alcune stelle e l'energia che accumulavano serviva per i figli del Sole e di quelle stelle per ricaricarsi, guarire dalle malattie, restare in salute e vivere molto più a lungo di qualsiasi essere umano. Capite ora perché si credeva che i faraoni fossero divinità? E, in effetti, rispetto agli uomini lo erano, perché i più provenivano dalle stelle, avevano conoscenze sconosciute ai terrestri ed emanavano un'energia calda e ammaliante. Senza le piramidi gli esseri provenienti dalle stelle non sarebbero sopravvissuti sulla Terra, perché non era un ambiente a loro consono. Per restare in contatti con i mondi spirituali, quelli più evoluti, sono state costruite le piramidi, in modo che il contatto con casa permettesse agli abitanti delle stelle di vivere anche sulla Terra. Le piramidi hanno smesso di svolgere la loro funzione e di essere costruite quando questi esseri celesti hanno abbandonato questo pianeta. Gli esseri umani ancora non hanno capito di avere un corpo limitato perché la loro coscienza è limitata. Se la espandono, il corpo riuscirà a fare cose altrimenti impossibili, come resistere a malattie giudicate incurabili e mortali o spegnere dolori e infiammazioni per cui, oggi, assumereste la morfina. Queste sono conoscenze proibite ai normali esseri umani. Hanno accesso a queste informazioni solo gli esseri che provengono da dimensioni diverse da quella terrestre. Questi esseri di luce appartengono a mondi diversi, per questo hanno aspetti difformi, ma sono uniti nello scopo unico e divino di cambiare le cose, sottraendo questa dimensione al maligno.*

I ricercatori che mi hanno parlato dell'Egitto mi hanno raccontato di essersi trovati, dopo la morte, in un passaggio intermedio, una sorta di mondo di mezzo, un piano sottile connesso al pianeta Terra e ai mondi superiori, niente a che vedere con il primo astrale, che è frutto delle proiezioni mentali. Quello di cui mi hanno parlato i viaggiatori in terra d'Egitto è una dimensione all'interno della quale si viene ricaricati e istruiti. Alcuni di loro lì avrebbero appreso che le guerre non esistono soltanto perché la maggior parte degli uomini ha una battaglia dentro di sé e, dunque, manifesta nel visibile ciò che viene creato nell'invisibile, ma i conflitti si verificano anche perché è in atto un cambiamento planetario globale. Sulla Terra, infatti, convivono uomini creati con un esperimento d'ingegneria genetica, altri che sono venuti in missione anche per salvarli, altri ancora provengono da mondi lontani e sono qui per ragioni connesse al potere di evoluzione terrestre e poi varie specie umanoidi multiformi che appartengono alle tenebre. Gli esseri in missione sulla Terra, dopo aver ricevuto delle informazioni in questa sorta di sala d'attesa, intercapedine tra le varie dimensioni, vengono trasportati in mondi spirituali dove entità altissime e molto luminose ricaricano e puliscono le loro energie. Questo accadrebbe tra una vita e l'altra, visto che nessuno conclude la missione in un'unica incarnazione. Alcuni si sentono trasportati in altre galassie, in cui predominano i colori blu e viola, qualcuno riporta dei nomi dei pianeti che visita, come Sirio, Noria, Osiris, Pleiadi, B1626, Keplero, e tutti riferiscono che si tratta solo di un assaggio dell'immensità che esiste. Queste dimensioni avrebbero colori molto più vividi e chi me li descrive si commuove per l'amore e la gioia che sente. I ricercatori percepiscono di appartenere a questi altri mondi, che definiscono casa. Più di qualcuno osserva dall'alto le piramidi di un bianco dorato, quasi luminescente e comunica con gli esseri intorno a sé attraverso l'amore. Distruggere l'ego, lasciar andare tutte le elucubrazioni mentali, le arrabbiature, le ansie, le preoccupazioni per i soldi, sarebbe il modo per aprire le porte all'abbondanza, perché il proprio vero sé attira in automatico ciò che gli corrisponde e che naturalmente emana. Alla mia domanda se sono alieni o creature spirituali questi esseri che incontrano mi rispondono che sono entità di altre galassie o di altre dimensioni che si spostano con un corpo trasparente, come etereo, e sono anche molto evoluti spiritualmente. Tutti mi riferiscono che sono entrambe le cose e qualcuno aggiunge: sono creatori di mondi, custodi di Anime e guardiani dei cieli. Alcuni sostengono di essere venuti sulla Terra perché si erano persi. Appena atterrati si sentirono meglio per via della luce e della calda atmosfera terrestre. Avevano sembianze molto diverse dalle nostre ed erano affascinati dagli esseri umani, che ritenevano bellissimi rispetto a loro, che al contrario erano altissimi o bassi, con pelle blu o grigia o squamata, mani e piedi palmati o con sei dita lunghe per parte. Quando finalmente trovarono dei loro simili, che riuscirono a vederli a differenza dei terrestri, vennero informati che avrebbero dovuto provare l'esperienza umana per evolversi, in genere, per perdere il loro egoismo e conoscere l'amore. Appena accettarono, si dissolsero e iniziarono il loro viaggio cambiando aspetto e incarnandosi in un neonato. A tutti loro venne consigliato di guardarsi negli occhi, perché solo attraverso lo sguardo sarebbe stato possibile ricordarsi di sé e il vivere sarebbe diventato più leggero.

Attraverso i risvegli ognuno dovrebbe essere in grado di rispondere ad alcuni di questi interrogativi: “come mai alcuni faraoni Egizi avevano i crani dolicocefali?” “Perché troviamo raffigurate, in diverse zone del mondo, tra cui l'Iraq, l'Africa, il centro America e l'Australia, immagini che oggi definiamo di alieni?” “Occhi allungati, così come le braccia, la presenza di quattro o sei dita per mano, uomini pesce e giganti[2]?" "E perché nei Veda si parla chiaramente di alieni e macchine volanti? Così come nei vangeli apocrifi (che ricordiamo non essere "falsi" per tutte le tradizioni; infatti, per esempio, per i cristiani copti il libro di Enoch[3] è riconosciuto come ortodosso)?" "Per quale motivo, allora, dovremmo credere veritieri solo i quattro vangeli canonici e ripudiare tutti gli altri? E se fossero stati volutamente nascosti perché la verità restasse appannaggio di pochi?" Avrebbero potuto renderli noti tutti, tanto più che dovremmo chiederci come mai esseri molto più evoluti di noi dovrebbero voler comunicare con uomini che neppure sanno interagire tra loro. A mio avviso, infatti, gli esseri evoluti non hanno affatto questo desiderio e per questo si limitano a comunicare con quei pochi che sanno, per esempio, che gli alberi comunicano tra loro, con noi e con ogni forma vivente. "Perché pensate che solo certi canalizzino?" "Perché solo alcuni sono convinti dell'esistenza dei mondi spirituali o di altri mondi?" Perché gli extraterrestri preferiscono comunicare solo con pochissimi e, di conseguenza, solo quei pochissimi possono avere rapporti con l'invisibile, con quel vuoto che, costantemente, ci ricarica di energia e che noi appunto definiamo vuoto perché tendiamo a sminuire tutto quello che non comprendiamo… ovvero quasi la totalità dell'esistente! Tra l'altro, oggi, dovrebbe essere chiaro a tutti che non siamo soli nell'universo, visto che la scienza dichiara apertamente che ci sarebbero oltre sei miliardi di pianeti come la Terra[4]! Il punto della questione, però, dovrebbe riguardare il motivo che spinge a divulgare, proprio adesso, sia nei film sia sui giornali, notizie sull'esistenza degli extraterrestri. Nel programma per abbassare le nostre vibrazioni energetiche, è lecito supporre che sia prevista anche un'invasione aliena? Dobbiamo sempre ricordare, infatti, che dove non arrivano malattie, tempeste, alluvioni, terremoti, attentati, epidemie e guerre, arriva la paura! Uccide, spesso, più l'ansia di soffrire che il problema in sé. Come ripeto sempre, poi, se è un problema avrà anche una soluzione e, dunque, la troveremo. Se non è un problema, cosa ci preoccupiamo a fare? Di conseguenza, qualsiasi cosa accada (e di cose ne accadranno tante da quanto ci dicono le entità di luce…) restate tranquilli, perché quella che sembra la fine del mondo per il bruco, è l'inizio della vita per la farfalla. Bisogna smettere di farsi terrorizzare da tutti gli squilibrati, spesso sedicenti guru o Maestri o insegnanti di corsi vari (che fingono competenze di cui sono privi), che spaventano le masse dicendo che, per esempio, quando si muore, se non si è preparati, si viene attaccati da creature demoniache di forme varie! Questi sono gli stessi che dichiarano di saper far entrare l'anima nel corpo di chi ne è privo! Ragionate, dunque, ascoltate con la testa e, poi, dopo che avrete usato la logica, affidatevi al sentire e avrete la certezza che nessuna persona veramente spirituale abbasserà mai le vostre vibrazioni, neanche con la scusa di proteggervi! Dopo che sarete stati a contatto con qualcuno, chiedetevi sempre: "come sto?". Se la risposta è positiva, continuate a vedere quella persona. Se, invece, state male, a meno che non abbia fatto emergere da voi parte dei vostri dolori rimossi e, dopo un paio di giorni, vi sentiate sollevati, leggeri e liberati, con la voglia di rivederla, lasciate perdere quella compagnia... E ancora, alcune storie di ricercatori in terra d'Egitto sono collegate. Una signora, per esempio, mi ha descritto un sacerdote che accompagnava i defunti nell'aldilà e lo ha fatto con tanta dovizia di particolari che io ho rivisto immediatamente un altro ricercatore in quella descrizione, uno che si era visto proprio in quel ruolo qualche settimana prima. Naturalmente li ho messi in contatto, perché le Anime sono sempre felici di ritrovarsi.

Un'altra particolarità che non immaginavo di questi risvegli nell'antico Egitto è stata la preghiera. Questa, infatti, era attività quotidiana per i figli del Sole, gli esseri delle stelle e i terrestri che entravano in contatto con loro, perché erano ben a conoscenza del suo potere. Pregavano la vera divinità, il senso supremo di ogni cosa: l'Amore. *Dio è Amore,* ripetono spesso i Maestri. *Si chiama Amore perché ama se stesso e, amando se stesso, crea. Crea per conoscere la vita. Si trova in tutte le cose per questo, per acquisire conoscenza delle cose della vita,* rivelano le guide e mi anticipano che, presto, dovrò raccontare una storia d'Amore che ha attraversato i millenni, ha cambiato forma e, oggi, si ripresenta in nuova veste e con mille avversità.

I risvegli in epoca faraonica, inoltre, hanno donato grande pace a chi li ha vissuti, in quanto, mi hanno confidato alcuni, dopo questi risvegli, per la prima volta in vita loro, i ricercatori non si sono sentiti pazzi e hanno compreso il motivo per cui si sono sempre considerati diversi dagli altri. «È stato come vedermi per la prima volta, come se i miei sensi limitati prima fossero incapaci di vedere chi sono, come se i risvegli fossero microscopi che permettono di scoprire la nostra vera natura. Adesso comprendono perché facevano cose diverse da tutti gli altri e avevano capacità che ai più fanno paura, come vedere e sentire cose che non dovrebbero vedersi né sentirsi» ha sostenuto qualcuno. In effetti, questi ricercatori hanno colto nel segno. Attraverso un percorso di risvegli evocativi ci si mette a nudo. Piano piano, chi ha il coraggio e il desiderio di proseguire, si accorge che si sta spogliando di tutte le sovrastrutture, le credenze, le limitazioni e i pensieri che non gli appartengono. Man mano che vive una nuova storia, ne trae insegnamenti e supera traumi, paure, limiti, blocchi, pregiudizi e, andando avanti, comincia a intravedere la propria vera essenza, finché non resta che la sua nuda verità. Ecco allora che emerge la vera conoscenza, quella del proprio vero sé e con essa si scopre anche il proprio potere, il solo in grado di farci ricordare e rivelare ciò che davvero siamo e, di conseguenza, il solo a poter cambiare la realtà. Quando ci si spoglia di tutte le maschere e quando tutte le lezioni apprese nelle diverse esistenze sono state assimilate, emerge con una forza inimmaginabile quello che molti chiamano sé superiore, ma che è semplicemente la nostra essenza o Anima, collegata a tutte le altre Anime e all'Uno. Questo è il vero ricordo di sé, il solo in grado di modificare la realtà esterna.

Quando ho iniziato a svolgere questo lavoro, anche se io preferisco dire da quando sono entrata nella mia missione, ho imparato tantissime cose e soltanto ora, che sono passati quasi due anni, comprendo perché i Maestri, dopo un paio di mesi che avevo iniziato, mi dissero che dovevo aspettare a scrivere questo libro, visto che avrei appreso molte più informazioni andando avanti. È andata proprio come dicevano. Quando ognuno diventerà capace di lasciare libera la propria Anima, a questo servono i risvegli, la liberano cioè da tutto ciò che non le appartiene e che è frutto delle varie incarnazioni, allora sarà pronto per occuparsi davvero anche degli altri. Fino a quando si incolperanno gli altri, invece, del disastro della propria vita, purtroppo niente cambierà.

Da quanto ho appreso durante questi risvegli, pare che nell'antico Egitto alcuni sacerdoti addetti a questi viaggi conoscitivi si occupassero anche di guarire i malati che non riuscivano a migliorare con la medicina tradizionale. Mi ha colpito il fatto che alcuni ricercatori mi hanno definito come traghettatrice in mondi e dimensioni diverse e mi abbiano descritto molto simile a oggi, solo altissima, sempre con un vestito bianco leggero indosso, molti bracciali e anelli e in testa un serpente a forma di cerchio. Si tratterebbe di un uroboro, un serpente che si morde la coda e che rappresenterebbe il concetto di eternità, il ciclo perenne di rinascita, l'unità, racchiusa nel fatto che l'animale, divorando se stesso, diventerebbe allegoria della creazione, generata dall'Assoluto e che all'Assoluto torna sempre. Simboleggerebbe, dunque, anche l'immortalità, il passaggio dalla vita terrena a quella spirituale. La caratteristica principale, invece, dei faraoni dolicocefali, invece, nei loro racconti, era quella di vestire spesso di colore blu-azzurro, di indossare molti bracciali e anelli e di portarne uno sull'anulare con una pietra blu, contenente una sostanza medicinale, una specie di antiinfiammatorio.

Alcuni mi hanno visto anche mentre curavo un uomo, passando sul suo corpo sdraiato degli oggetti di metallo circolari, senza toccarlo. Facevo degli strani movimenti circolari con le mani e, a volte, chiedevo a un dolicocefalo di aiutarmi, visto che molti di loro erano guaritori e pare fossero giunti sulla Terra per trasmettere le loro conoscenze, inviati dai creatori per aiutare le loro creature. Poi, sarebbero tornati a casa, com'è in effetti accaduto. La maggior parte di quelle conoscenze è andata perduta, sono sopravvissuti simboli di cui nessuno comprende il significato, come per esempio la stella con più di cinque punte, inscritta in un cerchio e frasi incomprensibili ai più come «Voi siete dei perché dagli dèi discendete». Inoltre, di importanza basilare sarebbe capire la simbologia del cerchio, magico perché in esso nessuno può stabilire, guardandolo, quale sia l'inizio e quale la fine. Tanti puntini che si uniscono. Il cerchio rappresenta la multidimensionalità delle cose. Significa che tutto avviene contemporaneamente. Il tempo non esiste. Nessuno in realtà può dire quale sia la prima vita e quale l'ultima: non c'è una vita che viene prima e una dopo, tutto è contemporaneo, per questo influenza la nostra percezione. Essa è alterata da esperienze che non comprendiamo, non avendone né consapevolezza né memoria.

Una ricercatrice mi ha riferito: «noi esseri provenienti da mondi lontani siamo qua per dire a quest'umanità che c'è una sola strada da seguire. Questa strada è esattamente al centro del cerchio. Da qui soltanto noi possiamo prendere coscienza di ciò che siamo, così come ho fatto io ora; molti altri hanno la possibilità di ripercorrere questi sentieri, alla luce della verità, di una verità forse difficile da comprendere, ma liberatoria, perché sapere chi si è e perché si è qua è la missione più importante nella vita di ciascun essere. Bisogna ripercorrere questo cerchio, in modo tale che esso ci possa dare la comprensione del nostro universo, del nostro microcosmo interiore e, di conseguenza, dell'esterno. Lo scopo del libro che scriverai, Nandra, è solo quello di far comprendere alle persone che non c'è modo di uscire dalla realtà senza comprendere la verità. Non c'è tolleranza, senza comprensione. Non c'è accettazione senza comprensione. Non c'è perdono di sé stessi e degli altri, senza comprensione delle dinamiche di movimento cosmico. Questo percorso aiuterà a comprendere chi deve comprendere e verrà ignorato da chi deve ignorare, perché questa è la selezione naturale delle cose. Non ci sono vie d'uscita per chi non ha lavorato su sé stesso. A un certo punto, attraverso quest'imbuto bisogna passare, ma lo si farà al contrario, non come un liquido che va dalla parte più larga alla più stretta. Il processo è inverso. Si passa dalla parte più stretta per poi potersi dilatare in una coscienza più ampia. Quando si passa attraverso questa dilatazione dei sensi, attraverso questo lavoro, allora poi non si può più tornare indietro, perché il livello di espansione è irreversibile. Una volta aver conosciuto e accettato il motivo per cui siamo nati, non avremo più paura della morte, perché sapremo che in questo breve tempo che ci verrà concesso, avremo una ragione di esistere. Il motivo per accogliere con gioia questa vita è il seguente: avere la possibilità di ripercorrere il nostro io, così profondo e multiplo, che si dipana in ogni vita conosciuta e sconosciuta, perché infiniti sono i campi di possibilità e sta solo a noi stabilire quali e quante di queste possibilità cogliere. Adesso è ora di comprendere che la vita è una scelta solo fino a un certo punto. In alcuni casi, non siamo liberi di farne una. Se non è per il massimo bene, allora ci porta a scegliere solo l'opportunità, rispetto a ciò che sarebbe se rispettasse la volontà dell'io supremo, che conosce ciò che deve fare per sua necessità di sperimentare in questa dimensione il massimo sviluppo di sé. Questo è il segreto della vita. Riuscire a comprendere – per quanto siamo capaci – il punto centrale del sé, che è sempre uno ed è collegato alla nostra intuizione e percezione, nell'estensione del sé che propende verso il divino e dal divino discende, purificando l'essere incarnato. Essere stabilmente percettivi, recettivi e aperti verso la dimensione divina, ci fa credere di non essere equilibrati, quando in realtà l'equilibrio sta proprio nel riuscire a conciliare le due parti, quella che necessita di sperimentare nella materia e quella che necessita di ricordare la propria divinità interiore. Per questo sono qui. Per ricordare che questa luce interiore esiste e ci salva costantemente. Piccoli pezzi d'anima si ricompongono come frammenti di un pregiato mosaico sotto ai miei occhi increduli. Attimi di eternità che mi riportano a casa. Nel mio intimo vedo solo bellezza e maestosità. Una vita sprecata o dedicata a tutto ciò che risulta inafferrabile e passeggero come piccole gocce di pioggia che a poco a poco accrescono il mio giardino interiore. Non vi sono più dubbi e incertezze verso il mio incedere con passo scandito e rilassato, amorevolmente condotto, verso ciò che è ed è sempre stato. La mia foce è vicina e il mio corso sta sfociando in un mare di gioia profonda».

Altri ricercatori, mi riferiscono che tutti noi possediamo questa parte divina e che però si può scegliere consapevolmente di non seguire la luce che sta al nostro interno e irradia all'esterno, ma piuttosto le tenebre. Se noi compiamo azioni che vanno continuamente contro l'espansione, allora creiamo un blocco e questa luce si affievolisce, fino a non essere più percepita dall'abitante del corpo. «Queste leggi, portate dai dolicocefali, sono scritte ovunque» mi viene riferito sempre durante un risveglio. «Chiunque ha libero accesso a queste informazioni, chiunque è in grado di discernere tra bene e male. Nessuno può pensare che uccidere un altro uomo sia un bene o che ci sia un buon motivo per farlo, eppure la gente commette degli omicidi. Chi vìola queste leggi non acquista libertà. Non si rende conto che sta togliendo a se stesso la libertà di esistere perché, a sua volta, per mano di un altro, subirà la stessa sorte. Può esserci l'intenzione volontaria di violare la legge, pur comprendendo coscientemente ciò che si sta facendo oppure può esserci un'azione inopportuna, ma ancora non del tutto consapevole. In questo caso, si ripeterà l'esperienza. Tu hai spiegato spesso che questo è il karma. Nel caso in cui l'azione sia compiuta volontariamente e consapevolmente con percezione limpida e presente, la reazione dell'universo sarà immediata. Tanto più si è coscienti, tanto maggiore sarà la risposta, perché se la legge non ammette ignoranza, a maggior ragione non ammette violazione libera, cosciente e consapevole. Chiunque voglia compiere questo tipo di atti sappia che sta agendo verso sé stesso. Ma c'è anche altro da sapere. In questo cerchio, che definiamo magico, perché comprende la magia della vita, è racchiusa la possibilità di compiere il miracolo e di comprendere che attraverso di esso noi creiamo una spirale ascendente. Più in alto ti trovi maggiore visione hai sulla tua forza creatrice».

Come i Maestri mi hanno insegnato più volte, queste parole non vanno spiegate né comprese razionalmente. Sono frasi che risuonano all'interno di chi è in grado di riconoscerle come verità. È come il suono di un tamburo. Non lo puoi spiegare. Lo puoi solo sentire. Lo senti vibrare e lo accogli dentro di te sotto forma di meditazione e così conduci a vivere al momento assoluto, quello in cui non esistono più lo spazio e il tempo, quello dell'io sono. Della percezione di sé come essenza, dilatata ed espansa in ogni direzione. La possiamo chiamare in tanti modi. La parola più corretta è essenza.

Secondo una ricercatrice, la fine della società meritocratica, iniziata in Egitto con i dolicocefali, sarebbe avvenuta con Marco Aurelio. Fino ad allora, infatti, pare che i migliori venissero scelti per diventare capi dell'esercito. Questa tradizione meritocratica si sarebbe interrotta con Marco Aurelio, appunto, che avrebbe imposto suo figlio Commodo come suo successore e, per riuscirci, avrebbe fatto assassinare il suo miglior comandante, tradito dai suoi stessi uomini. Penso allora che questa ricercatrice, che si è rivolta a me dopo tanti anni di cure che non hanno sortito effetto per i suoi attacchi di panico, potrà guarire adesso che sa da dove nasce quella paura di morire, dal fatto di essere stata tradita e assassinata. Non faccio in tempo a pensarlo che la ricercatrice mi riferisce della presenza di un maestro, il quale le avrebbe detto: *Questo non ti farà guarire dai tuoi attacchi di panico, che non sono una punizione per azioni commesse in altre vite, né qualcosa che ti sei scelta per ricordarti dell'evoluzione che devi compiere. Per te, queste spiegazioni, che sono tra le più comuni, non valgono. Tutto questo ti è servito a conoscere una serie di aspetti di te che ti portano a comprendere la realtà che ti circonda. Gli attacchi di panico tali non sono e non possono essere controllati. Si tratta solo di momenti in cui non riesci a gestire le tue energie e le liberi in modo scorretto e sbagliato. Ora, però, hai cambiato modo di percepire la realtà, sei entrata in contatto con il tuo sé più profondo e questo ti ha permesso di ricevere i messaggi di pace, gioia, libertà e uguaglianza che ti porteranno sempre più in alto.*

## 24. La vita è simultanea e onnipresente

Tutti coloro che hanno la fortuna di fare esperienza di una vita parallela, incontrando i Maestri, siano essi descritti come angeli o esseri luminosi ed eterei o ancora umanoidi altissimi dalla pelle blu, oltre a tornare dal loro risveglio evocativo con una sensazione di profondo benessere che perdura per molti giorni, avvertono anche nel corpo un calore piacevolissimo, una leggera beatitudine, e riferiscono che queste entità vorrebbero si sapesse che sono sempre presenti. Pensare, infatti, di poter vivere in questa dimensione estremamente difficile e pesante senza aiuti sarebbe impossibile. Tuttavia, loro non possono violare il libero arbitrio, perché si palesano e aiutano soprattutto coloro che hanno l'umiltà di chiedere. Sottolineano come bisognerebbe insegnare ai bambini a guardare il cielo e a ricaricarsi a contatto con la natura. Se i bambini non venissero indottrinati e intrappolati in rigidi schemi, molti di loro ricorderebbero spontaneamente tante delle loro vite precedenti e saprebbero anche rivelare il motivo di questa loro incarnazione. Se ciascuno vivesse la vita abbandonandosi al mondo spirituale e lasciandosi guidare da esso, la vita potrebbe essere presa per quello che è, un gioco geniale, una possibilità grandiosa per divenire coscienti e svegliarsi, attivando il proprio potere, quello sconfinato della propria scintilla divina, che è unica, con peculiarità energetiche inimitabili. Questo non significa diventare burattini nelle mani di entità invisibili, ma l'esatto contrario! Seguire l'esempio di chi, prima di noi, è riuscito a svegliarsi e a evolversi porterebbe a compimento la nostra essenza. Tutti i mondi spirituali, così come ogni passato e ogni futuro, sono compresenti in ogni istante, ma la dimensione spazio-temporale è stata creata per permetterci di sperimentare concretamente. È la materia come la intendiamo noi a esigere regole e confini per manifestarsi.

Un'altra caratteristica comune a tutti coloro che incontrano i Maestri è percepire di essere immersi in una luce bianchissima, di un candore mai visto prima, a differenza di coloro che restano sospesi nei mondi di passaggio, che narrano tutti di un bianco lattiginoso. Alcuni raccontano che prima di rivedersi in un altro tempo o subito dopo, al termine di un'esistenza, si trovavano immersi in un'atmosfera bianca lattiginosa, con dei raggi dorati nella parte più alta, come se quello fosse un passaggio obbligato per certe Anime per purificarsi. Vi sarebbero, infatti, come dei viaggi iniziatici per alcuni, delle prove da superare prima di arrivare al luogo in cui dimorano i Maestri. L'aspetto forse più interessante è che gli esseri che arrivano a quel bianco mai visto prima, al cospetto dei Maestri, potranno collegarsi sempre con la loro casa che si trova proprio in quella dimensione spirituale dove dimorano le guide. Il modo più semplice per entrare in contatto con loro è attraverso l'acqua, *per questo nelle piramidi erano previsti gli ingressi per l'acqua e per questo in epoca pre-atlantidea c'erano altri esseri molto più avanzati e progrediti che popolavano questo mondo e vivevano proprio nell'acqua,* riferiscono i Maestri. *Alcuni tra coloro che hanno accesso a questi altri mondi hanno il compito di portare nuova conoscenza e consapevolezza sulla Terra, per questo sarebbero discesi dai piani superiori: per permettere ai terrestri di ricordare, aiutarli a percepire i mondi spirituali pur mantenendo la massima razionalità. Noi siamo esseri fuori dal tempo,* continuano i Maestri *e possiamo interagire con alcuni di voi perché pochissimi appartengono al nostro mondo e altrettanto pochi provengono da un altro mondo, pur non essendone coscienti.*

Altri ricercatori, invece, hanno riportato le stesse informazioni ma parlando con esseri molto alti, che hanno definito extraterrestri, con testa allungata e occhi molto grandi. Tutte le comunicazioni con queste creature, esattamente come quelle con le entità di luce, avvengono telepaticamente. Questi extraterrestri, quando appaiono, desiderano che il ricercatore si renda conto di essere presente in tutte le vite che ha osservato, fossero pure cinquanta, contemporaneamente e che in tutte agisca più o meno sempre allo stesso modo, proprio come se avesse un copione, una parte da interpretare e uno o più obiettivi da raggiungere. Per questo la vita sarebbe simultanea e onnipresente, ma solo per coloro che ne diventano consapevoli. È ciò che consente il risveglio. *Nel momento in cui si prende coscienza di tutto questo e si diviene presenti in modo consapevole, si inizia a controllare la vita in modo differente, comprendendo anche quanto la Terra sia un crocevia,* riferiscono sia diverse entità di luce sia queste creature di altri mondi. Spiegano, inoltre, come *un tempo fossero gli esseri evoluti a scegliere gli iniziati, che dovevano solo accogliere l'insegnamento. Oggi, invece, le persone devono cercare da sole la verità, perché il tessuto sociale è completamente diverso. Un tempo, era automatico che avvenissero questi insegnamenti e gli eletti potevano essere istruiti nel modo corretto. Oggi, invece, insegnare è diventato un modo per occultare le capacità, più che svilupparle. Prima, al contrario, si progrediva in base alle proprie caratteristiche innate. Oggi è tutto prestabilito da altri. Programmi, voti. Allora, invece, non si distruggeva la percezione individuale. Oggi si è talmente distrutta che non passa più niente di mente in mente. I più sono schiavi di ogni cosa, persino della parola. Vogliono che tutto sia detto, esplicitato e non sanno neanche credere a chi dimostra coi fatti le proprie parole. Non riescono a discernere chi blatera e basta da chi fa corrispondere parole e fatti. Quest'ultima è prerogativa degli esseri spirituali. La spiritualità è ciò che vi conduce dentro e oltre voi stessi, perché dentro e oltre coincidono. Gli infiniti mondi che esistono fuori sono anche dentro di voi, perché il vostro cuore è un portale per altre dimensioni e altri livelli di coscienza.*

*Chi comprende che non vi è differenza tra essere umani ed essere spirituali e sente un brivido all'espressione spirito umano, che coniuga la nostra duplice natura, necessaria a vivere in questa dualità, avrà tutto ciò che desidera, perché avrà la missione di dimostrare al mondo che cosa può fare un'Anima che si risveglia alla sua vera natura e, dunque, all'Assoluto, con cui sente di essere collegata in un un'unità inscindibile. Questi esseri sono sulla Terra,* mi riferiscono sempre i Maestri, *per dimostrare che chi crede all'invisibile viene ripagato per il servizio che rende all'evoluzione dell'universo intero. Se le persone riprenderanno il loro potere e torneranno a comunicare con la loro parte divina, invocando l'aiuto, la guida e la protezione degli esseri spirituali, nessuno potrà più essere posseduto dalle ombre e il male si dissolverà come acqua che evapora al sole. Quel giorno, la dualità non avrà più ragione di esistere e la Terra si trasformerà in un luogo diverso.*

Bisognerebbe che, a scuola, venisse insegnato a vivere nel presente e, per farlo, si dovrebbero fare esercizi quotidiani per capire ogni singolo pensiero a quale fascia temporale appartiene. Spesso, infatti, si resta a vivere nel passato, sviluppando una tristezza che può arrivare alla depressione, altre si pensa solo al futuro, vivendo in uno stato d'ansia continuo. La maggior parte dei nostri conflitti interpersonali derivano proprio dall'incapacità di vivere il presente e dall'infelicità che se ne genera. L'obiettivo principale, infatti, dovrebbe essere quello di diventare felici, costruendo il proprio angolo di paradiso. Una volta che le vibrazioni salgono, si inizierà a trasmettere quell'energia al mondo intorno a sé, comprendendo quanto la vita sia un gioco geniale per andare oltre la materia e il visibile, diventando ciò che si è. Una volta che si comprendono il senso dell'esistenza e il motivo per cui si è qui – non in teoria ma in pratica –, ciascuno facendone esperienza diretta e arrivandoci con i propri tempi e percorrendo la via a sé più affine, la connessione con l'invisibile inizierà a rendere magica la vita e a farci comprendere moltissimi aspetti, prima incomprensibili. Per esempio, sarà semplice capire che soprattutto quelli che dicono di amarci sono sempre i primi ad aver il dito puntato contro di noi, perché si sentono autorizzati dal bene che nutrono nei nostri confronti. In quei momenti, stanno solo tirando fuori le loro paure, la loro rabbia, le loro ferite, tutto ciò che, se restasse chiuso in loro, non comprenderebbero mai. Noi proiettiamo all'esterno ciò che non capiamo dentro di noi. Di conseguenza, spesso si dice a un'altra persona qualcosa del tipo "non fai niente", non per ferirla, ma perché si teme di essere considerati inutili parassiti!

La cosa più difficile è capire che cosa si vuole fare davvero nella vita e capire qual è la propria missione. Quando tante persone ci vogliono in un ambiente non è affatto detto che quello sia il nostro posto! Nessuno ci conosce meglio di noi stessi e quasi nessuno si conosce! Se tanti ci vogliono in un certo ruolo è perché hanno bisogno di noi o ci preferiscono ad altri, ma per noi potrebbe essere solo una prova per capire quanto invece *vogliamo* andare per la nostra via e non verso quella che altri hanno tracciato per noi. Siamo umani, perciò siamo portati ad avanzare verso i posti in cui ci lusingano e ci pagano bene. Esempio banale: io mi sono buttata in politica perché tantissimi mi volevano in politica, troppi avevano grandi progetti per me eccetera, ma a me non è mai importato nulla, non avrei mai dovuto farlo, invece l'ho fatto perché allettata dal bisogno di rivalsa (che abbiamo tutti) e perché, come sempre, ci fidiamo di più degli altri che di noi stessi, finché non abbiamo il coraggio di entrare nella nostra missione, diventando padroni di noi e della nostra vita, abbandonando i nostri mille io, costruiti in anni e anni e secoli e millenni di esperienze evolutive su questo o altri pianeti e dimensioni. Scegliere la propria via vuol dire andare contro tutto e tutti, essere un vero ribelle! Se vogliamo trovare qualcuno che ci appoggi nel mondo reale scordiamoci di trovarlo. Nel senso che quando si sceglie davvero di fare quello che ci rende liberi e felici, in genere, si ha tutti contro, perché è ciò che la maggior parte non riesce a fare. La scusa è che loro si preoccupano per noi, che sanno qual è il nostro bene, cosa che ovviamente è una stupidaggine. Pensiamo di vivere in libertà, ma la libertà è ciò che più manca qui in questo mondo. Ripetono che vogliono solo il nostro bene, ma in realtà vogliono quello che è il loro concetto di bene, non il nostro. Il guaio vero è che nessuno dovrebbe mai dirci cosa fare, ma è ciò che capita più di frequente! Dovrebbero metterci in guardia solo su un aspetto, in realtà: essere pronti a sopportare critiche di ogni tipo. La gente è fondamentalmente cattiva, ignorante, giudicante e lamentosa. Ricordiamo quella bellissima frase di Confucio che, parafrasata, in sostanza dice: quando farai qualcosa, sarai criticato da quelli che dicono di voler fare la stessa cosa, da quelli che volevano fare il contrario e da quelli che non vogliono fare niente, cioè da tutti! Questa è la condizione umana! Perciò, il primo passo da fare è diventare immuni alle parole altrui, facile a dirsi quasi impossibile a farsi, però questo deve essere l'obiettivo: capire che quando una persona ci offende in qualunque modo, in realtà non ce l'ha con noi. In quel momento, ci ama così tanto da ritenerci meritevoli della sua sincerità. Ci si sta offrendo nudo. Quell'offesa è il suo grido di dolore, è la sua anima che cerca di superare traumi passati, angosce e insicurezze. E non banalizziamo dicendo che gli altri dicono quello che pensano di loro stessi, perché non è sempre vero, anzi quasi mai lo è. In genere, si tira fuori quello di cui non si è consapevoli. Ecco perché va tanto bene discutere, perché quando lo facciamo, apriamo le porte all'inconscio e, come diceva il grande Jung: rendiamo conscio l'inconscio, altrimenti sarà lui a guidare la nostra vita e lo chiameremo destino. Questo significa che saremo sempre preda degli eventi e della volontà altrui e mai padroni del nostro destino. Si può essere padroni del proprio destino pur non controllando gli eventi esterni. Pensare di controllare gli eventi esterni è pura follia. Pensare invece di controllare le proprie reazioni è tipico delle poche anime libere che esistono su questa terra.

State notando che, guarda caso, ogni mese circa, spunta un diversivo? Un caso che catalizza l'attenzione dei mass media e lascia passare in secondo piano le vere questioni importanti, come guerre, inflazione e un sistema che non si comprende cosa stia facendo per i problemi delle persone che, in tutto il mondo, ancora votano con la speranza che qualcosa cambi. Bisogna attivarsi individualmente prima, perché una massa di pecore dove volete che sia condotta?

Se tutti si preoccupassero di diventare, prima, esseri pensanti, comprendendo nel profondo che sapere è potere e, poi, una volta attivata la logica, si occupassero della loro vera essenza spirituale, in quanto tempo la realtà esterna cambierebbe?

# PARTE II

## 25. Frammenti di risvegli evocativi

Grazie alla conduzione dei miei primi mille risvegli, che ho preso come riferimento, e alle mie stesse esperienze, posso riferire che la multidimensionalità dell'Anima è un'informazione molto diffusa, in quanto molte Anime affermano di trovarsi in più posti contemporaneamente. Questo naturalmente fa pensare a ciò che accade durante la notte, quando molti hanno la medesima sensazione, svegliandosi la mattina più stanchi di quando sono andati a dormire o con strani segni sul corpo, magari corrispondenti alle percosse che hanno preso in un sogno o del tutto inspiegabili. Dovrei conservare ancora sul cellulare, per esempio, il morso che una donna si ritrovò al risveglio e di cui non sapeva dare alcuna spiegazione, avendo dormito da sola e non avendo rapporti intimi con nessuno da diverso tempo.

Un'altra informazione che ho appreso di frequente riguarda i cosiddetti Custodi di Anime e mondi spirituali, che sono chiamati dalla maggior parte dei ricercatori Guardiani dei mondi. Inoltre, i ricercatori specificano che ognuno avrebbe almeno un suo personale guardiano, così come ogni Anima perché essa non sarebbe patrimonio esclusivamente individuale. A determinare le sorti dei mondi, infatti, sarebbero proprio le decisioni prese da ogni singola Anima. Se tutte andassero dalla parte del male, per esempio, tutto sarebbe destinato all'autodistruzione. Quelle in grado di cambiare le sorti del pianeta sarebbero le Anime che, tra una vita e l'altra, si percepiscono in dimensioni spirituali elevate assieme ai Maestri o si vedono come fiammelle di luce, dentro la quale sono immerse e di cui si nutrono anche, oltre che di essenza e di amore (che sarebbero tre modi per esprimere lo stesso concetto). «Non abbiamo bisogno di niente qui, perché siamo immersi nel puro amore e nella pace» sostengono. «La sensazione è quella di essere dentro una bolla enorme di luce, come fosse un sole gigante. Anche noi siamo essenza. Tutto è immenso qui, senza fine, senza dolore, una quiete in movimento.»

Alcuni, durante i risvegli evocativi, ripropongono scenari in cui percepiscono le stesse emozioni, come se vivessero da molti millenni sempre lo stesso copione, una specie di loop da cui non riescono a uscire. Sentono l'ingiustizia e, dunque, il peso della vita e ritengono che la loro esistenza sia fatta solo di solitudine, dolore e tristezza, non capiscono perché vivono, estranei a tutto e tutti. Quando muoiono, si sentono più leggeri, avvertono pace, ma riferiscono spesso delle stranezze, per esempio, una signora vedeva un prato ma senza neppure un fiore e aveva la sensazione che fosse finto; un altro era in aperta campagna, ma notava strutture armoniche tutte a cupola e una di esse sopra la sua testa. Alcuni, invece, salgono velocissimi verso una calda luce ipnotica posta molto in alto, come se fossero aspirati in un ascensore a spirale e, appena arrivano su, riferiscono che una parte di loro vuole già tornare giù, come se fosse un gioco e volessero divertirsi ancora.

Altri raccontano di mondi sotterranei, che si estendono nelle profondità degli oceani o molti chilometri all'interno della Terra. Alcuni sanno respirare sott'acqua e parlare telepaticamente con determinate specie di animali, tipo balene, delfini, orche. Esisterebbe, infatti, per diverse persone una civiltà molto evoluta nelle profondità degli oceani, lì vivrebbero creature marine che danno energia, ricaricano di amore e luce e tutti i visitatori di questi luoghi si sentono pervasi da un enorme benessere al rientro, esattamente come capita a chi visita i luoghi incantati all'interno della Terra. Vi sarebbe un altro sole molti chilometri al di sotto della crosta terrestre e anche lì una civiltà estremamente evoluta vivrebbe in perfetta armonia con la natura, caratterizzata da fiori giganteschi e da alberi molto più grandi di quelli presenti sulla superficie. In questo luogo, sarebbe facile parlare con qualsiasi organismo vivente, tramite un linguaggio telepatico universale.

Un numero più ristretto di persone, invece, mi ha raccontato di un popolo avanzatissimo, che vive da quarantaduemila anni su un'isola non presente sulle carte geografiche, immersa nella natura incontaminata. Questa civiltà disporrebbe di macchine volanti e ogni sorta di tecnologia. Un ricercatore sostiene che si chiamino "Iavoti". In questa civiltà, mi viene riferito, nessuno si ammala, ognuno si prende cura dell'altro e si vive in totale amore, senza stress né malignità. Secondo questi ricercatori, dunque, vi sarebbero dei luoghi anche qui su questa Terra dove la dicotomia male bene è stata superata. Si tratterebbe di luoghi vacanza o premio o studio, in cui però non vi sarebbe alcuna possibilità di evoluzione, vista l'assenza del male.

Alcune persone, un numero ristretto ma significativo, invece, si ritrovano al cospetto di uno o due occhi giganteschi che le scrutano. Di recente, pare sia stato scoperto dell'esistenza di alcune galassie le cui forme ricorderebbero proprio due occhi[1].

Adesso farò un breve elenco di alcuni frammenti di risvegli evocativi per far comprendere meglio cosa può emergere durante una seduta e di quanto la conoscenza sia salvifica. Lascerò per il capitolo successivo la storia d'amore più incredibile che abbia ascoltato fino a oggi.

Tra i casi più interessanti ci sono quelli di coloro che hanno provato di tutto, tra cure ufficiali e alternative, ma non hanno ottenuto risultati, se non momentanei. Si sentono, dunque, senza speranze e trovano spesso nei risvegli evocativi le risposte, perché grazie a questa tecnica non tutti risolvono il loro problema ma, scoprendone la causa, se ne fanno una ragione, accettano il messaggio di quella loro malattia. Altre volte, invece, ci sono individui che hanno problemi giudicati di poco conto e per cui non riescono a trovare rimedio, come un malessere costante che non è depressione, ma uno stato di tristezza perenne o il non sapere dire no o il non saper scegliere. I risvegli, però, che in genere donano più gioia sono quelli effettuati al solo scopo di conoscere se stesso e di capire. Molte volte in queste sedute si parla d'amore, proprio come se questo sentimento fosse il centro e il motore delle nostre esistenze.

## Casi reali di risveglio evocativo

**1** Un uomo ha compreso l'origine del suo mal di testa che lo accompagnava da sessant'anni, e senza che sia mai riuscito a liberarsene, nonostante tutte le numerosissime cure e terapie intraprese. Dopo aver visto due vite in cui aveva rispettivamente scuoiato animali e ucciso esseri umani, incontrò quella che lui definisce una guida, la quale cercò di far comprendere all'uomo ciò che ancora gli sfuggiva. Egli, infatti, si definiva un mostro e grazie ai risvegli iniziava a capire di aver molto sbagliato nelle sue precedenti esistenze. La guida, allora, gli fece notare che lui aveva scelto il dolore fisico per ricordarsi del male che aveva fatto e quindi cambiare.

Non esisteva alcuna cura tradizionale, infatti, per il suo mal di testa, come l'uomo stesso aveva ormai compreso, ma c'erano dei modi che avrebbero potuto alleviarlo. La guida, lasciando intendere che la malattia fosse stata una scelta evolutiva affinché l'uomo si ricordasse di cosa era stato capace e scegliesse di non fare più del male agli altri, gli suggerì di dare senza volere niente in cambio, e di farlo proprio quando sentiva mal di testa. «Agisci come non hai mai fatto» lo incitò. «Tu fai sempre qualcosa per avere un ritorno ma se invece darai gratuitamente, il tuo mal di testa svanirà, perché avrai dato bene e non più male, come hai fatto in precedenza.»

**2** Molte donne hanno compreso di aver scelto la solitudine in questa vita in seguito ad abusi sessuali o violenze di vario tipo. In genere, se la violenza è l'unica causa di astio e paura nei confronti degli uomini, osservare l'evento permette al sentimento di svanire. Inoltre, qualcuna riesce a conoscere l'amore dopo aver visto l'uomo che sarebbe entrato nella sua vita. Riporto, però, il caso di una donna che in uno dei risvegli evocativi vide se stessa subire uno stupro di gruppo e poi assistette all'uccisione dei figli e del marito. Lei non scelse la solitudine per il trauma subìto, ma per il senso di colpa. La donna, infatti, era segretamente innamorata di un altro uomo, molto più giovane del marito, suo coetaneo, ma ovviamente il loro amore era fatto solo di sguardi e qualche parola. Lo stupro e gli omicidi avvennero in conseguenza della Rivoluzione francese, in quanto, essendo la famiglia della donna appartenente al ceto aristocratico, era un modo per vendicarsi. Lei non venne uccisa subito, perché gli assalitori decisero di farla ghigliottinare in piazza. Mentre si trovava in cella, in attesa del giorno dell'esecuzione, ricevette le visite di un prete, il quale avrebbe voluto farla scappare e sposare con il giovane uomo che la ricambiava nel sentimento e che avrebbe fatto qualsiasi cosa per liberarla. Lei si rifiutò. Le sembrava sacrilegio continuare a vivere, si sentiva in colpa a essere ancora viva e così si lasciò uccidere. Nella sua attuale vita, la donna stava ripetendo lo stesso copione, con la differenza di essere una morta vivente, che sceglie di non amare e non avere una famiglia. La donna ha compreso di aver sbagliato in quella vita, perché aveva scelto l'odio, anziché l'amore. Era diventata come i suoi aguzzini, per i quali i ricchi buoni erano proprio intollerabili. «Se muori con il cuore pieno di odio, avranno vinto loro» ripeteva la donna. «Il male vuole portarti a odiare. Ti liberi solo se lasci andare l'odio. Il sentimento negativo ti accomuna al male e quindi lo nutre, continua. Per liberarti del male, devi liberarti dell'odio. Come si fa?» Si chiedeva. A quel punto, dopo il risveglio, ha un'intuizione, capendo che anche il male ha avuto il suo ruolo: «Era indispensabile per la mia storia. Era venuto per liberarmi da un matrimonio senza amore, per farmi esercitare il mio libero arbitrio e dunque scegliere tra amore e morte».

**3** Una madre aveva un rapporto difficile con la figlia e per questo si è rivolta a me. Ha scoperto di essere stata, in un'altra vita, un bimbo vestito di stracci, molto maltrattato e picchiato, che viveva in una famiglia in cui la madre, che oggi è sua figlia, non faceva niente per difenderlo. Per questo motivo, all'età di sei anni, scappò di casa e, dopo tanto girovagare e numerose insidie, arrivò in un castello dove fu accolto per lavorare nelle cucine. Metteva da parte tutti i soldi che guadagnava e, crescendo, diventò un ricco commerciante di tessuti. Scelse però di vivere senz'amore. Nel frattempo, la madre (che in questa vita è la figlia della ricercatrice) continuava a essere picchiata dal marito, sempre ubriaco e si lasciò morire per il dolore insopportabile di aver perso il figlio (che in questa vita è la madre). Entrambi, dunque, vissero una vita senz'amore ed entrambi ritenevano l'altro la causa della loro infelicità. La madre di allora morì per il dolore di aver perso il figlio e il figlio rimase senz'amore perché non si era mai sentito amato da sua madre. La ricercatrice grazie al risveglio evocativo ha compreso che entrambe devono imparare ad amare. Quella che oggi è sua figlia (e allora era sua madre) deve capire che l'amore è anche protezione e la ricercatrice (che era stata quel figlio maltrattato) deve apprendere che l'amore non è prevaricazione. I rapporti tra le due, dopo questo risveglio, hanno cominciato a migliorare.

**4** In un altro caso di rapporto difficile tra madre e figlia, abbiamo scoperto che la figlia di oggi morì, in una vita passata, perché ingannata da quella che, in questa vita, è sua madre, la quale al tempo voleva impossessarsi di casa sua. Le due, infatti, erano molto amiche, ma una delle due (la madre di oggi) un giorno convinse l'altra a partire, nonostante il mal tempo e la strada pericolosa, con l'inganno. Com'era prevedibile, la carrozza che trasportava l'ingannata non riuscì ad affrontare il percorso con le condizioni meteo avverse, si ribaltò e la donna a bordo perse la vita. In questo modo, l'altra si impossessò della casa dell'amica morta. In un risveglio successivo, sempre la stessa donna, quella che aveva ingannato, si vide nei panni di un ricco uomo dissoluto, dedito all'alcool e alla frequentazione di prostitute. Quella che oggi è la figlia, invece, al tempo del risveglio successivo era la donna che l'uomo sposò nel più classico dei matrimoni combinati.

Capita di frequente che, come hanno spiegato molte volte i Maestri, le Anime legate da un vincolo di amore compiano innumerevoli vite insieme, ma sempre in ruoli diversi. Questo servirebbe per ragioni evolutive, di presa di coscienza, ma anche per far crescere il loro rapporto. Tornando al risveglio, l'uomo non manifestava alcun sentimento nei confronti della donna, che rimaneva sempre da sola. A un certo momento, il dissoluto venne ricattato da una donna che diceva di aspettare suo figlio. L'uomo, non sopportando più tutti quei continui esborsi di denaro che lo avevano portato sul lastrico e per far tacere la donna che lo ricattava, decise di raccontare tutto alla moglie che si dimostrò comprensiva, spiazzandolo. L'uomo, allora, ebbe la possibilità di liquidare quell'altra donna con un'ingente somma di denaro e di prendere il bambino con sé. Sua moglie lo accolse come se fosse suo figlio. Grazie al comportamento della coniuge, l'uomo comprese il significato dell'amore e, quando morì, dopo aver parlato con le sue guide, capì che sarebbe toccato a lui ora insegnare l'amore a sua figlia, per restituirle tutto ciò che la donna aveva dato a lui quando neanche lo meritava. Durante uno dei risvegli evocativi le guide dissero alla ricercatrice di oggi che ci sarebbe voluto tempo per permettere a tutte le ferite del passato di sanarsi e alla figlia di smettere di mostrare astio nei suoi confronti. Dopo il risveglio evocativo la donna è molto più serena, perché ne conosce le ragioni.

**5** Una ragazza si è rivolta a me perché non riusciva a dare esami orali all'università: appena si sedeva di fronte al professore si ammutoliva. Durante il risveglio evocativo, scopre di essere stata una nativa americana e di essere stata catturata dagli inglesi. Uno di questi – come vide durante uno dei risvegli – la interrogò seduto dietro una scrivania e lei, credendo alle parole di quell'uomo, che le prometteva di mettere in salvo tutta la sua famiglia se lei gli avesse rivelato dove si era nascosta, raccontò all'uomo ogni dettaglio. La conseguenza fu che il giorno seguente fu portata in cella anche sua sorella, che in lacrime le raccontò che gli inglesi avevano scoperto il loro nascondiglio e avevano sterminato tutti tranne lei. Le due donne, dopo vari prevedibili abusi, furono uccise. La ragazza ha risolto così il suo problema: osservare quelle scene le ha permesso di comprendere che il professore seduto dietro la scrivania non era come quell'inglese che in una vita precedente l'aveva tradita, sterminando tutta la sua famiglia.

**6** Numerose persone si sono rivolte a me per problemi economici. Ci sono due storie, tra le più interessanti, che hanno portato i migliori risultati. La prima è quella di un uomo che mi ha contattato per capire l'origine delle sue difficoltà con il denaro: ogni volta che entrava in possesso di una bella somma, per un motivo o per un altro, doveva darla via. In uno dei risvegli evocativi, quest'uomo si vide in una delle sue vite precedenti come il figlio di un grande banchiere, che un giorno si rifiutò di concedere un prestito a una famiglia in gravi difficoltà, perché così aveva ordinato il padre. Sapeva che per la sua famiglia non sarebbe cambiato nulla, neanche se quel pover'uomo non avesse restituito il prestito, ma si sentiva oppresso e schiacciato dal padre e quindi obbedì al genitore. Subito dopo iniziò a sentire dolore al collo e, nella scena successiva, vide che quell'uomo a cui aveva negato il prestito si era impiccato. Visse tutto il resto di quella vita con i sensi di colpa cercando di aiutare la famiglia di quell'uomo. Quando morì, sempre durante il risveglio evocativo, incontrò il suo spirito guida, identificato in un angelo, che gli spiegò che nella sua attuale esistenza lui, il ricercatore, sta scontando ancora quel karma relativo alla vita precedente. Gli disse che ora non gli manca nulla, perché ha capito e sta cercando di cambiare, ma non potrà aspirare a condurre l'esistenza agiata di cui sente la mancanza, in quanto in precedenza non ha saputo gestire le sue ricchezze e ora deve sperimentare cosa si prova a non poter avere tutto ciò che si desidera.

**7** L'altra storia, invece, riguarda una donna che si è rivolta a me perché non riusciva a trovare un lavoro in nessun modo, neanche con grosse raccomandazioni alle spalle. In uno dei risvegli evocativi la donna si vide come una madre appartenente a una ricca famiglia che un giorno cadde in disgrazia a causa di un investimento sbagliato fatto da uno dei suoi figli di nascosto. In casa c'erano sempre forti tensioni a causa dei soldi, visto che il padre era molto oculato e accusava la moglie di aver viziato troppo i figli, che spendevano incautamente per futilità, alimentando le ire paterne. Un giorno, si verificò un forte litigio tra il padre e uno dei suoi figli, perché il genitore non aveva intenzione di dare i soldi che il ragazzo voleva investire. Al culmine della lite, per prendere il denaro, il ragazzo uccise il padre e scappò via. Nessuno sapeva che era stato lui a sottrarre tutto l'ingente patrimonio di famiglia. Quando fu scoperto era troppo tardi perché l'investimento si era rivelato una truffa e la famiglia era ormai caduta in miseria. La donna, dunque, comprende di aver associato i soldi alle disgrazie, alla perdita dell'amore e ai conflitti. Dopo questo risveglio, la situazione lavorativa si è sbloccata e i problemi economici che la affliggevano si sono risolti.

**8** Diverse donne si sono rivolte a me dopo numerosi tentativi falliti di avere figli, anche attraverso la procreazione medicalmente assistita. Il loro intento era quello di scoprire se vi fossero ragioni karmiche. Una di queste, in uno dei risvegli, ha scoperto di essere stata vittima di violenza domestica e di aver subito numerosi calci all'utero, oltre che violenze sessuali. La donna, una volta morta, grazie a un angelo, ha compreso che quei calci oggi sono diventati fibromi e che, essendo stata picchiata soprattutto quando era incinta o a causa dei bambini che piangevano, associava ai figli la violenza e il dolore. «È come se i due uteri fossero collegati o fosse sempre lo stesso» mi ha detto. Ha poi aggiunto che deve imparare a fidarsi e a comprendere che l'amore non è solo violenza. L'angelo le ha rivelato infine che una volta raggiunta questa consapevolezza avrebbe potuto rimanere incinta.

**9** Un'altra donna, invece, in uno dei risvegli evocativi, sognava di fare la cantante, ma venne costretta, secondo le usanze del tempo, a diventare la moglie di un ricco possidente terriero, molto più anziano di lei. Inizialmente, non si perse d'animo, perché l'uomo l'accontentava in tutto, perciò lei suonava, cantava e anche se lo faceva solo per gli amici, era contenta. Poi rimase incinta. All'inizio, quella nuova esperienza le donava gioia, ma ben presto iniziò a sentirsi oppressa dalla mancanza di tempo da dedicare alla sua arte. Restò incinta per la seconda volta e la situazione si aggravò. Alla terza gravidanza, si lasciò andare. Sprofondò in una grave depressione e smise di mangiare. Morì di anoressia e di sensi di colpa per non aver neanche accudito i suoi figli. Quando si è ritrovata nella luce, la donna, grazie ai Maestri, ha compreso di aver sbagliato. «Avrei potuto continuare a coltivare sia il pianoforte che il canto, esibendomi per amici e parenti. Certo, avrei sempre sentito la mancanza del palcoscenico, ma non sarei morta. Mi sono spenta perché non ero io, vivevo una vita che non mi apparteneva, priva di senso. Se non diventi ciò che sei, nessun amore potrà colmare quel vuoto, neppure quello per i figli.» La donna ha capito, grazie al risveglio evocativo, che nella sua attuale vita, in realtà, non desidera bambini, perché ha già visto una esistenza in cui non riusciva a capire suo figlio, il quale non le somigliava per niente e la ostacolava nel suo desiderio di realizzarsi. Per di più, la donna sente di voler essere libera di essere se stessa in quest'incarnazione e sa che avendo figli non avrebbe la stessa possibilità. In alcuni risvegli successivi, inoltre, ha scoperto di aver avuto sempre figli con uomini che non amava e questi l'avrebbero legata per sempre ad amori infelici. Di conseguenza, oltre ad aver scelto di non volere figli in questa vita, ha capito di avere una missione più grande da realizzare e che il desiderio di maternità dipendeva dal fatto di essere abituata a diventare madre vita dopo vita e dalle convenzioni sociali.

**10** Un'altra donna ancora aveva subito un terribile stupro di gruppo, a causa del quale le venne asportato l'utero e un pezzo di intestino. Nacque in lei un odio feroce per gli uomini e si vendicò seducendoli e avvelenandoli. Da morta, comprese il suo errore di essersi sostituita a Dio e di non aver avuto fiducia nella giustizia divina. Dopo il risveglio sono scomparsi gli atroci dolori che sentiva durante i rapporti sessuali proprio alle ovaie e all'utero.

**11** Un uomo si è rivolto a me perché voleva intraprendere la carriera politica ma ha cambiato idea dopo essersi visto, in una vita precedente, nei panni di un politico importante. Mi dice di non aver mai visto una esistenza tanto triste e di essersi portato addosso quella tristezza per almeno due giorni. Ha riconosciuto in quel politico tanti tratti dell'uomo di oggi e ha compreso che quella non è la sua strada, in quanto ogni volta che vi si era dedicato aveva sentito la stessa disperazione di allora. Era un'attività che non gli dava gioia, la faceva perché costretto dalle circostanze. Disgustato da tutta la corruzione, ha visto anche che, in passato, faceva politica perché i soldi erano la sua più grande tentazione. Conduceva una vita senza amore, piena di clamore e potere, ma priva di sentimenti, sterile e triste.

Ha abbandonato quindi l'idea della politica, dopo il risveglio evocativo, sentendosi molto sollevato dopo averlo fatto e ha intrapreso una carriera in un altro campo, con enormi soddisfazioni.

**12** Una donna lamentava il rapporto difficile con il compagno che non lavorava da dieci anni. Durante il risveglio evocativo, vide di essersi accompagnata a un uomo disonesto e di essere rimasta in silenzio, anche quando aveva avuto le prove dei loschi affari di lui nel commercio di animali. Un giorno, si verificò una sparatoria, nella quale un bambino di sei anni perse la vita. Se lei avesse denunciato il suo uomo, non sarebbe mai accaduto, ma lei aveva scelto la bella vita e, per comodità, era rimasta zitta. Anche all'inizio della sparatoria, avrebbe potuto fare qualcosa per fermarla, ma non fece nulla. Oggi quel bambino che non aveva protetto durante la sparatoria è il suo compagno. La donna grazie al risveglio ha compreso che a stare zitti si diventa complici del male e che dovrà accompagnare il suo fidanzato a trovare se stesso e la sua strada, proteggendolo come avrebbe dovuto fare nell'altra vita. Non ha più intenzione di lasciarlo e capisce quanto l'uomo sia rimasto quel bambino di sei anni, bisognoso di un progetto per crescere e di qualcuno di cui fidarsi. Dopo questo risveglio, la relazione è molto migliorata.

**13** Una donna ha paura dell'acqua, soprattutto dove non tocca. Il risveglio iniziò con lei che mi riferiva di provare un forte dolore alla caviglia sinistra, che non aveva prima di iniziare. Io la tranquillizzai, ben sapendo che, a volte, si rivivono nel corpo le sensazioni provate in altre esistenze, dal batticuore per una percezione di pericolo o per un innamoramento, a un dolore al fianco prima di essere accoltellati, sensazione di freddo prima di morire assiderati e via così. Si tratta di impressioni corporee che non solo si risolvono dopo pochi istanti, ma che portano, in genere, alla totale scomparsa del problema che ha spinto a provare il risveglio.

La signora aggiunse che, oltre al dolore, sentiva di avere il piede bloccato e di essere totalmente immersa nell'acqua, solo il naso era fuori e le permetteva di respirare.

Nell'altra vita che le si mostrò durante il risveglio si trovava sotto due assi di legno di un pontile. Non poteva chiamare aiuto, perché la bocca era sommersa. Ad averle dato un calcio alla caviglia sinistra, proprio quella che le doleva, e ad averla fatta cadere in acqua era stato un uomo, il giorno prima. Era il suo compagno e oggi lo stesso uomo è suo marito. La donna vide che i due stavano giocando sul pontile come due ragazzini, spingendosi, fino a quando una corda si era attorcigliata alla sua caviglia e l'uomo l'aveva fatta cadere di sotto. Lui si fece prendere dal panico e, anziché aiutarla, scappò via. Mentre mi raccontava la storia, la signora era incredula, non riusciva a capire subito se fosse stata spinta intenzionalmente o se si fosse trattato di un incidente. Il fatto che lui l'avesse lasciata lì le fa capire che fosse tutto premeditato. Dopo circa ventiquattro ore dal presunto incidente sul pontile morì. A ripescarla fu sempre il suo compagno, con un cappellino in testa e i pantaloni alla pescatora. Dopo aver estratto il corpo dall'acqua sembrava disperato. Piangeva. La donna, nel frattempo, vide il suo corpo etereo salire verso i mondi spirituali e lì abbiamo scoperto che l'uomo aveva un'altra donna e aveva deciso di liberarsi della compagna uccidendola e facendo in modo che sembrasse un incidente. Poi, però l'uomo si era pentito, perché si era reso conto che, in realtà, amava la sua compagna. In questa vita si sono incontrati di nuovo affinché lui possa farsi perdonare ed è per questo che sarebbe disposto a fare qualsiasi cosa per rendere felice quella donna che aveva ucciso e che oggi è sua moglie. La ricercatrice, dopo il risveglio, lo ha perdonato immediatamente, perché si è resa conto che lui soffriva nel vederla senza vita. Si è ripromessa di verificare se la sua paura dell'acqua è svanita ma, intanto, si è accorta di sentirsi molto più leggera, anche nei confronti del pensiero di tuffarsi in mare.

* * *

Riporto adesso qualche frammento di risveglio evocativo in prima persona, perché così è stato espressamente chiesto dalle guide per la scelta di alcune parole e immagini che sono state usate durante le sedute.

**14** Sono una donna ai tempi di Gesù. Siamo suoi amici e lui ci ha ribaltato la vita. Condivido la vita con un uomo che è la mia anima gemella, anche oggi è così, ma non possiamo stare insieme ancora in questa vita, perché lui sta con una donna malata, che deve assistere. Poi arrivano tempi difficili. Gesù è disposto anche a farsi prendere, purché non soffrano altre persone. Io e la mia anima gemella abbiamo dei bambini. Noi vorremmo che Gesù scappasse, ma lui dice che va bene così, perché deve andare così. Gli altri lo ritengono un matto, perché dice cose diverse dai sacerdoti. Tutti sanno che ha guarito delle persone, e che questo non lo sa fare nessuno, tutti sanno dei suoi miracoli, ma non gli importa. Lo considerano matto, ne hanno paura. E poi dà molto fastidio che lui abbia detto che possiamo essere tutti figli di Dio e come tali abbiamo tutti la stessa importanza. Gesù è amore puro, ma loro non lo sanno, non lo capiscono, non lo sentono. Soffro molto per questo suo destino, perché gli voglio molto bene, lui mi ha cambiato la vita, perché solo lui ci ha insegnato che la vita è in quello che siamo non in quello che abbiamo. Lui è troppo scomodo. Maddalena è mia amica ed è sua moglie ed è ancora più disperata di me, anche se è forte e non si lascia andare. Insieme portano avanti il loro messaggio. Il suo discepolo preferito è Giacomo e vive con loro, con Gesù e Maddalena. I suoi insegnamenti più diretti sono per Maddalena e Giacomo. Gesù e Maddalena hanno una figlia. Gesù dice che troverà il modo di consegnarsi per evitare che ci siano disordini e violenze. Giuda è uno di quelli di cui lui si fida di più e si farà tradire da lui. Gesù lo istruisce su come deve fare. Si è tanto scritto sul bacio di Giuda, ma quel bacio è solo per dire che lo fa per amore suo, per ricordargli quanto bene noi tutti gli vogliamo. All'ultima cena c'è anche Maddalena. Pietro è molto arrabbiato, perché non vuole che Gesù si consegni. Non lo vedo sulla croce. Lo vedo morire legato a un palo per tutte le percosse che gli hanno inferto e per la ferita con la lancia. Lui ha portato il palo sulle spalle per tanta strada. Da quando inizia la sua agonia, il tempo resta brutto e piove per giorni, che è molto strano qui, in Palestina. Non c'è proprio luce, il tempo è scuro. Dopo tre giorni, è tornato il sole e vengono ad avvisarci che Gesù non c'è più, il suo corpo non c'è, è risorto come aveva detto. Noi dobbiamo portare avanti tutto quello che ci ha insegnato. Aiutiamo Maddalena, che è incinta, ad andare via con la figlia, non è sicuro per lei restare in Palestina. Alcuni di noi vengono qui, sulla Terra, per riconoscersi come dèi, scoprire tutte le potenzialità, che Dio è amore e ci ha donato questa possibilità per diventare coscienti di quello che siamo. La reincarnazione a noi serve per imparare, è fondamentale, senza non potrebbe esserci nulla.

**15** Sneakers bianche con stringhe rosa (mai avuto niente del genere nella mia vita attuale) e davanti a me un'enorme mela rossa. Mi viene detto di prenderla e quando lo faccio diviene una semplice mela dalle dimensioni normali nella mia mano. Mi viene chiesto di morderla, da una voce esterna, non è una persona, è una delle mie guide, che sono sempre parti di me. *Tutti siamo parte l'uno dell'altro, ma non lo comprendiamo, come non comprendiamo di essere tutti collegati.* Mordo la mela succosissima e dolcissima. *Fidati della tua conoscenza,* mi viene ribadito. *Sono importanti questi due simboli, mela e scarpe.* La guida mi dice di voltare la mela e di notare che ora è intatta, come se non fosse mai stata morsa, *vedi l'illusione ottica? È questione di prospettive. Tutta la vostra vita è così. Ti guardi sempre alle spalle e invece non ti devi guardare né alle spalle né avanti. Che cos'hai alle spalle ora?* mi chiede. Ho sempre paura che ci sia qualcosa di brutto e non è detto che sia una cosa paurosa. Adesso, sento che la mia schiena è enorme e mi colpisce avere la pelle molto liscia. La guida insiste e mi chiede ancora *cos'hai sulle spalle?* Ho delle ali, ma io giudicando voglio trasformarle in un mantello. Ho delle enormi ali chiuse sulla schiena, grigie color fumo. Molto belle. *La tua parte oscura non è negativa, è determinazione, è fare nella materia. Smetti di giudicarla e usala. La parte oscura esiste per completezza, per fare nella materia. La parte oscura la vedi ora, perché è illuminata, è illuminata proprio perché si trova nella materia, invece di solito è invisibile perché sta nell'oscurità e nell'ignoto, perciò finché è ignoto non è. Se invece su di essa cade la luce allora esiste, diventa materico e viene illuminata, diventa azione. Come mai la luce ha illuminato la tua parte oscura?* Vedo la scena da diverse prospettive e ogni volta colgo qualche nuovo dettaglio. Le ali sono gigantesche e sono illuminate perché io possa vederne la bellezza. Mi da una sensazione di protezione questo grigio. Ora siamo in triplice dimensione. Io che osservo, sprofondata in basso e non è una cosa negativa. Poi mi si propone ancora un altro punto di vista, oltre a quello del mio corpo e delle mie ali. Sembrano tre corpi diversi, ma in realtà è uno unico. È sospeso all'interno di una sfera molto grande di dieci metri di diametro, e sta a cinque metri dal bordo della palla. È una sfera fine ma molto forte, come una pellicola, una bolla di sapone che non puoi rompere con sfumature dell'arcobaleno ed è organica, come fosse una pelle. È la mia protezione e ha un reticolato molto forte. Continuo a vedere questo mio corpo da dietro. Le ali si sono dispiegate a metà e mi si dice *equilibrio. Questo è il segreto. Le ali sono aperte in un punto perfetto di equilibrio dove non ti muovi né in avanti né indietro, ma stai in un centro dove sai e sai fare. Registra questa sensazione in modo tu possa evocarla ogni volta che lo perdi, che ti sposti. Nella vita pratica di tutti i giorni, basta che torni con il pensiero a questa sensazione, a quest'immagine e subito arriverà la prova di quel centro,* che è proprio una bella sensazione, sento protezione, come se avessi indosso una stoffa calda. Ora percepisco una cosa fortissima sul petto, nel cuore, un piacevole calore, un'espansione e una sensazione muscolare di forza, nonostante il corpo sia fermo. *Mi dice che non devo capire tutto, anzi non devo proprio capire, devo smettere di voler capire tutto con la razionalità. Devo sentire. Il tuo unico disturbo sono le tue paure. Nient'altro.*

**16** Sono in cima a una scala, sulla soglia, vedo del fumo scuro e poi in fondo scorgo una luce. Mi lancio nel fumo come fosse mare e io nuotassi. Arrivo a un bordo scuro e ci salgo sopra ma è sempre tutto buio. È come se fossi arrivato dall'altra parte di questa piscina piena di fumo; ne sono uscito e ora sono nel buio. La luce che avevo intravisto non esiste davvero, solo fumo. Mi viene da piangere perché sono solo. Non c'è niente. Mentre piango, arriva mio padre, che mi dice di andare avanti. Mi tranquillizzo. Ora il buio scompare e mi accorgo di essere chiuso in una palestra. Non ho idea di dove andare, ma voglio uscire. Passo ai lati della tribuna e cerco una porta per uscire. Il corridoio è scuro, ma scorgo una porta illuminata. Arrivo all'ingresso, che è una grande hall di un teatro. Faccio fatica a uscire, perché in fondo non voglio farlo davvero, mi sento protetto qui dentro. Alla fine, esco e fuori fa freddo, non sono molto coperto, c'è la neve. Dentro stavo meglio. Cammino tra carrozze e cavalli, non conosco nessuno, ho freddo. Entro in un hotel, la signora mi conosce e mi dà le chiavi di una stanza. Non so perché sono uscito senza cappotto e senza cappello. Ora non sento più freddo. In un lampo, tutto si fa chiaro e ricordo. Ho commesso un omicidio. Ho ucciso mio padre. Ho ucciso per soldi. Vivo sotto falsa identità, non uso il mio vero nome, perciò la faccio franca. Faccio comunque una vita di merda. Tutti sanno che ho ucciso mio padre, ma non mi prendono perché sono scappato prima. Per questo sto chiuso in questa camera e parlo pochissimo, perché limito le occasioni per essere riconosciuto. Faccio lavoretti, aggiusto tutto e, soprattutto, faccio le pulizie nella palestra e nel teatro gestito sempre dal proprietario di questo hotel e, in cambio, mi danno vitto e alloggio. Finisce che mi ammazzo. Piango, mentre mi uccido con un coltello. Mi vedo sul letto morto. Subito dopo, la scena cambia: mangio zucchero filato e vado verso le giostre perché lavoro come giostraio. Non sono il proprietario. Sono un operaio. C'è un incidente. Si rompe una giostra e qualcuno si fa male ed è colpa mia, perché non ho montato bene una catena. Ha ceduto. Io non le ho controllate bene tutte come avrei dovuto fare. Ora mi cercano. Scappo, sono giovane, ho meno di 25 anni. Vado al porto, cerco di imbarcarmi. Non è facile riuscirci, perché devo essere ingaggiato o nascondermi in un carico. Salgo come mozzo in una nave che trasporta grano. Attraverso l'oceano. Lascio la nave e mi cerco un lavoro. Una comunità di italiani mi aiuta. Racconto che sono lì perché in Italia non avevo lavoro. Mi procurano documenti. Mi chiamo John. Lavoro in un bar, dove si vende alcol di contrabbando e inizio a conoscere il mondo del malaffare. Mi offro subito per trasportare gli alcolici in modo clandestino. Mi chiedo perché mi attirano tutte le cose delinquenziali, in fondo anche oggi non brillo proprio per onestà. Io la considero persino una cosa pulita questa del contrabbando, perché non si fa male nessuno, anche se è pericolosa o contro il governo, non è niente di che. Piano piano imparo, faccio l'autista e poi smistiamo alcol nei punti dove serve. Lavoro di notte e di giorno dormo. Inizio a vivere bene, ma sono solo. Un giorno, mi chiedono di trasportare armi, perché sono bravo a guidare e a evitare la Polizia, sono molto intuitivo e anticipo i movimenti degli agenti, come se da sempre facessi il delinquente. Alcuni poliziotti, poi, sono molto tolleranti, sono diventati miei amici. Mi offrono dunque di salire di livello, trasportando armi. Accetto di farlo una volta sola e poi invece lo faccio anche altre volte. In uno di questi trasporti, però, mi beccano e mi arrestano. Mi ritrovo di nuovo in carcere, perché lavoravo per conto della mafia. Dico "di nuovo" perché ho la sensazione di essere finito dentro altre volte in altre vite, per fatti anche molto più gravi. Sono quarantenne quando mi beccano. Mi faccio dieci anni e quando esco non so che fare. A cinquant'anni, a quei tempi, eri vecchio. Non mi vogliono più in quell'ambiente. Un amico mi offre un posto per dormire e faccio il cameriere. Una sera, nel posto in cui lavoro, avviene una sparatoria e vengo colpito. Muoio. Non subito, dopo tre o quattro giorni. Erano solo un paio di anni che ero uscito. Muoio per ferita infetta. Nessuno mi viene a trovare in ospedale. Un'altra esistenza poco allegra. Vedo la mia tomba. Comprendo la mia solitudine di oggi, la mia scaltrezza, il fascino che esercita su di me l'illegalità. Da morto vado a rivedere le persone che mi hanno sparato e dove è successo. Da morto mi sento più libero, respiro aria fresca. Sto meglio fuori dal corpo. Questa è stata un'altra esistenza che non mi ha dato niente. Dovevo imparare, però, che devo comportarmi bene, essere attento a ciò che faccio, non superficiale. Se continuo a comportarmi male, non capiterà mai niente di buono e la punizione sarà sempre restare solo. Ho anche appreso che io resto io qualsiasi cosa succeda, ma senza fare male agli altri. Poi mi vedo ancora a una festa in un bell'ambiente romano, guido un'auto potente e non mi mancano i soldi... mi sa che faccio attività non troppo legali...

* * *

Ho raccontato questo risveglio perché rende bene l'idea di cosa sia la coazione a ripetere. Finché non si impara la lezione, cambia l'ambientazione e mutano i personaggi, ma il senso resta lo stesso. Inoltre, non si visitano i mondi spirituali, ma si passa da una vita all'altra, proprio come se si fosse incastrati nella materialità e, di conseguenza, nel ciclo continuo di nascita e morte.

**17** Sono una regina o una principessa e prendo per mano la me di oggi. Abbiamo la stessa età. Avrò trent'anni. La principessa, che sono sempre io, ma in un tempo passato, mi porta nella stanza in cui vengo rinchiusa al buio da mio padre, per non farmi relazionare con gli altri, per far finta che io non esista, per non farmi imparare le cose. Non gli piaccio. A quei tempi, si poteva fare. Le donne contavano meno degli oggetti. Mio padre non vuole che io sia sua erede. Vuole un altro figlio. Per questioni politiche non gli vado bene. Sento quanta rabbia provo a causa sua. Non so di cosa, ma muoio giovane. Mi vedo sul letto a pancia in giù vestita, morta. La principessa morta, ora, viene portata dalla me stessa di oggi in giro per quel castello. Prima lei ha portato me a vedere la vita che ha vissuto e ora io porto lei e neanche so dove. La guido in un giardino, perché ne veda la bellezza, poi andiamo da una cugina che dipinge. Noi siamo come fantasmi, lei non ci vede. Abbiamo un corpo etereo e trasparente. La cugina dipinge il giardino. La me principessa ha vissuto la sua vita pensando ogni giorno che l'esterno fosse la sua prigione, che quell'ambiente la imprigionasse, ma in realtà non esiste la gabbia, se hai la fantasia per evadere o qualcosa dentro che ti aiuta a comprendere la realtà dei fatti. In questa vita di oggi, mi sento imprigionata allo stesso modo di allora, anche se più da mia madre e per evadere uso la creatività. Adesso è come se una parte di me mi venisse in soccorso e mi porta nell'universo. Provo una gioia... sento di non avere confini, comprendo la libertà e sto molto bene. La me ragazza del Cinquecento mi mette in mano un enorme diamante, nel quale ci sono tutti i colori. Sono ora di fronte a un muro di pietre e lei mi chiede come mi sento. Davanti al muro mi sento come all'inizio, in prigione, ma non c'è più tutta quella disperazione e quel demone di rabbia covato, sento meno sofferenza ora, come se fossimo in una dimensione più leggera e come se io dovessi superare ciò che, in vita, non sono riuscita a fare. La principessa mi invita a scavalcare il muro, ma io penso di non esserne in grado. «Al massimo cadi» dice l'altra me ridendo. Mi spinge ad andare. Non so perché, ma lo faccio e poi mi siedo soddisfatta, tutta contenta sul muro, osservo un panorama stupendo, colori bellissimi, una vallata, la montagna in lontananza. Valeva proprio la pena ed è stato più semplice del previsto. La ragazza del Cinquecento ripete «vedi? Piantala di rompere». Vedo un fiume che scorre e mi infonde una grande sensazione di calma. E la me antica mi dice «andiamo, c'è una barchetta». Normalmente avrei paura della barchetta, perché non ne avrei avuto il controllo, invece mi lascio andare e scopro che è una bellissima sensazione, anche se devo affidarmi a un'altra persona e lasciare andare il controllo. Sta arrivando il peggio. Finiremo presto giù da una cascata, ma non ho paura, anche perché l'altra me muove le spalle e mi dice «ormai siamo sulla barca, di cosa hai paura». Normalmente sarei stata molto spaventata. Io ho il terrore delle altezze, ma questa volta sono fiduciosa, questa sensazione mi è del tutto nuova. Sto scoprendo un lato di me insospettabile, perché sto pensando "che sarà mai, alla peggio muoio!". Cadiamo, provo molta adrenalina. Restiamo vive, illese, a differenza della barca in legno frantumata. Intuisco che non siamo in questa dimensione, ecco perché non avevo paura e non siamo morte. Siamo dopo la morte. Il mio vestito è molto pesante bagnato. Me lo strizzo e l'altra me dice «vedi? Siamo sempre vivi e morti come il gatto di Schrödinger, se il tempo lo vedi tutto contemporaneamente tu sei sempre viva e morta nello stesso istante, capisci?». In realtà, non capisco, però sto molto bene, mi sento più forte e come se avessi capito tante cose che non so spiegare. «Devi smettere di controllare e dare fiducia» aggiunge la ragazza. Poi mi fa percepire contemporaneamente due realtà, come a dimostrarmi che posso essere qui, ma non solo. «La vera morte è non vivere, è non scavalcare quel muro. I vestiti ingombranti non limitano niente, anzi esaltano la tua femminilità. Nessuno ti può limitare» conclude l'altra me.

**18** Luce molto chiara che fa brillare tutto intorno, molte betulle. Il mio stato d'animo è gioioso, sono in pace. Vivo in una casa dell'est Europa semplice, ma molto accogliente, fuori vedo un giardinetto con tanti fiori. Io sono Katrina, una quindicenne spensierata, accanto a me una donna anziana, malconcia, seduta sulla soglia della casa, su una sediolina, è mia nonna. Le prendo le mani e le chiedo di raccontarmi la mia storia, perché ancora non la so. Sono grande e voglio sapere cosa mi è successo. Lei è un po' restia, dice che non serve, ma io ho quindici anni insisto e voglio capire. Voglio sapere anche il motivo di questa vita isolata. Mia nonna allora mi racconta che i soldati dello Zar misero a ferro e fuoco il villaggio in cui viveva la nostra famiglia e rapirono tanti giovani, perché la nostra comunità era piena di ebrei, «anche i tuoi genitori sono stati portati via, anche se non erano ebrei!». Noi siamo sempre stati cristiani. Gli anni dopo la Prima guerra mondiale, soprattutto tra il 1918 e il 1921 sono stati molto difficili. «Sono stati portati via per errore?» chiedo. La nonna dice «può essere, ma io ti ho preso, ti ho nascosta e sono fuggita lontano dal villaggio nel pioppeto prima e nel bosco di betulle poi e, dopo, mi sono rifugiata da persone che conoscevo, nel villaggio vicino. Dopo qualche tempo, ho ricominciato la mia vita con te in questa piccola casa». Sono addolorata per quella storia così atroce, ma mi sento meglio. Ancora una volta ho scoperto di essere stata abbandonata dai miei genitori, seppur non per loro volontà e adesso capisco perché durante tutta la mia infanzia ho sentito la loro mancanza e avevo il terrore di essere abbandonata e soffrivo di così tanto attaccamento. Conoscere la verità mi ha fatto venire voglia di partire, di andare verso la città e conoscere un nuovo mondo. Mia nonna presto morirà e io dovrò cercare un lavoro, mi piacerebbe studiare qualcosa. Ho dei progetti. Vorrei andare a vivere in un centro grande, il mio sogno è Mosca, studiare bene il russo e conoscere anche l'occidente. Io ora vivo in un posto in cui passa la transiberiana, non lontana da Vladivostok. Vado a Mosca, dove trovo lavoro prima come lavandaia, stiro e lavo. Poi, ho vitto e alloggio nel collegio dove lavoro e un insegnante mi nota e, grazie al suo aiuto, studio e mi iscrivo a un corso di letteratura. Il corso va bene, perché mi innamoro di tutti gli autori russi, Tolstoj è il più grande, imparo il francese e scopro di avere una predisposizione per le lingue. Porto a termine i miei studi grazie a questa professoressa che mi adotta anche e diventa la mia genitrice. Farò la traduttrice. È strano perché oggi ho le stesse passioni e le stesse propensioni per le lingue. Viaggio. Vado a Parigi. In Bretagna, conosco l'amore a prima vista. Mi trovo in un posto bellissimo e sono lì per la presentazione di un libro che ho tradotto dal russo al francese e incontro l'editore, con cui è amore al primo sguardo. In questa vita l'ho incontrato di nuovo: era un direttore d'orchestra che ho conosciuto in treno. Viviamo un amore felice, ci sposiamo. Abbiamo due figli. Muore prima lui di malattia. Quando muoio io, lui mi viene a prendere, ma lì per lì, sono un po' disorientata e non lo vedo subito. Poi lo incontro a livelli più alti, finalmente ci ritroviamo, ma non siamo più marito e moglie! È come una compenetrazione, abbiamo la possibilità di capirci totalmente, scaturisce un amore diverso, fortissimo, ma libero da ogni condizionamento, senza regole, ruoli, molto difficile da spiegare. Adesso un grande angelo mi invita a procedere in direzione di un sole enorme, che è luminoso ma contemporaneamente fa ombra, non brucia, si può stare alla sua meravigliosa luce come all'ombra. Poi mi porta dai miei genitori e sento grande gioia e sicurezza, quella che sentivo da piccola, nei primi anni della mia vita. L'angelo mi dice che posso comunicare con lui pregando e parlando, anche al di là dei risvegli, anche se in questa forma è più facile.

* * *

Ho scelto questo risveglio anche per sottolineare le indicazioni delle entità di luce. Esse ci invitano a invocarle, a rivolgerci a loro per stare meglio e trovare la forza di affrontare la realtà, avendo spiegato più volte che nessun essere umano potrebbe vivere in questa pesante materialità se non fosse costantemente sostenuto dall'alto. L'aiuto fornito, però, è piccolo e non ce ne accorgiamo, fino a quando non iniziamo a fidarci di loro e a chiedere come Gesù ha insegnato: «con la fede di un granello di senape, come se quella cosa fosse già avvenuta». Inoltre, scelto il racconto perché questa ragazzina di quindici anni si è sentita meglio dopo aver scoperto la verità. Questo risveglio evocativo, dunque, ci ricorda il potere della conoscenza e di quanto sia importante portare all'esterno ciò che, se restasse chiuso dentro di noi, ci avvelenerebbe. Osservare le proprie vite passate serve proprio a liberarsi degli eventuali traumi subiti e ad assimilare la lezione per poi lasciar andare quell'esperienza. Quando, infatti, siamo pieni di pensieri neri difficilmente possiamo fare spazio per altro.

**19** Vivo in Inghilterra, sono un ragazzino povero, figlio di contadini, gracile. Scendo per una scalinata, costretto a frequentare la chiesa. Vedo due spuntoni in alto, tipo guglie, forse i miei genitori vogliono farmi entrare in monastero, perché sarei più buono a quello anziché a coltivare la terra. Un prete mi insegna a leggere, dice che sono intelligente e che potrebbe prendersi cura di me, anche se io sento di avere dei genitori che non mi amano. La mia casa è povera e sporca, ho una sorellina piccola appena nata e la mia famiglia mi ripete in continuazione che sono piccolo, debole, è meglio che vada via con il prete che, per convincermi, mi dice che sono intelligente ed è una fortuna che possa andare via con lui e uscire da una famiglia del genere. All'inizio, mi dice che potrò stare con lui e poi andrò via per studiare in modo sempre più approfondito. Comincio allora a leggere tanti libri di religione. Questo prete mi spaventa, mi dice che devo essere buono, che devo osservare la parola del Signore, altrimenti andrò all'inferno e sarò tormentato per l'eternità. Esco di casa solo per funzioni religiose. Un giorno, il prete mi fa scendere giù per una scala dove trovo una cripta e una biblioteca. Lui mi spiega che lì ci sono libri più esoterici, perché questa chiesa è importante, una succursale di una più grande. Tanti libri antichi, non divulgati e li studio per altri due anni. Quattro in tutto e poi vado in una specie di convento, accanto a una cattedrale, e lì non sono più solo, ci sono anche altri che vengono preparati per il monachesimo. Poi torno nella chiesetta da cui ero partito e il prete mi fa vedere un'altra cripta nascosta, dove c'è il demonio, mi dice, e tante immagini terribili. Mi minaccia con il dito dicendomi che mi accadranno le cose brutte delle immagini se non obbedisco a tutti gli ordini che riceverò. Aggiunge che sarò mangiato vivo dai demoni, se non gli obbedisco e scoppio in un pianto disperato. L'ordine arriva dopo pochissimo tempo: vogliono che entri a far parte dell'Inquisizione, per liberare le anime, mi fanno credere. In realtà, devo torturare la gente fino a quando il demonio non uscirà dal loro corpo e io sono così cretino da crederci e obbedire. Faccio il male pensando di fare il bene. Sono pieno di orgoglio. All'inizio, so che non è giusto, ma non ho la forza di ribellarmi e allora mi adatto e mi convinco di fare il bene. Una parte di me lo sa che sarò io, però, a finire nelle fauci di quei demoni disegnati nella cripta nascosta. Abuso del mio potere per averne benefici e piaceri di ogni tipo.

A un certo punto, non so se vengo ucciso o se qualcuno si vendica, ma sto molto male, forse ho mangiato o bevuto qualcosa di avvelenato oppure ho un arresto cardiaco, fatto sta che mi sento come se uno di quei demoni fosse venuto a staccarmi il cuore a morsi e so che ha ragione a portarmi via ma, al tempo stesso, ho paura. Poi vedo rosso e fiamme e tutti quei diavoli vengono contro di me e io sono terrorizzato. Hanno forconi, bracieri e fauci spalancate, ma per fortuna mi ricordo di quanto stavo bene pregando, quando ero un bambino innocente e allora torno a pregare. Pregando, mi rendo conto di essere stato completamente indegno e di quanto io abbia abusato del mio potere, facendo del male a tanta gente. Persino quando mi sono innamorato ho sfruttato il mio ruolo per avere servigi d'amore, che poi amore non era, perché ho usato violenza e non ho conosciuto quel sentimento puro. Come non ne ho ricevuto, così non ne ho saputo dare. Pregando mi ritrovo nella luce e ci sono dei Maestri intorno a me, che mi spiegano la differenza tra religione e spiritualità. Capisco quanto è differente quello che faccio oggi rispetto a quando ero un uomo dell'Inquisizione. Prima costringevo le persone a piegarsi a un indottrinamento, mentre oggi cerco di aiutare la gente a entrare in contatto con la propria interiorità, non con quello che c'è fuori. Mi rendo conto di quanto ci si possa autoconvincere di fare il bene solo per giustificarsi e mantenere una vita comoda. Ora capisco perché anche oggi, tante volte, mi sento non amato, indegno, troppo piccolo, gracile e ho sempre avuto paura di ferire gli altri. A differenza di allora, il mio bisogno più grande è quello di lasciarli liberi, perché un tempo io stesso coartavo le volontà altrui. I Maestri mi fanno notare quanto mi sia evoluto grazie a quest'esperienza, passando dall'Inquisizione all'altruismo e all'amore disinteressato di oggi. Senza conoscere il male, non si potrà mai scegliere il bene, anche se si può sempre scegliere di conoscere il male senza arrivare agli estremi a cui sono giunto io, perché si pagano.

* * *

Questo risveglio evocativo fa ben comprendere come, per cambiare, si debba prima andare a fare pulizia e ordine dentro di sé, trovando il coraggio di guardare anche i nostri aspetti più torbidi, quelli che ci fanno vergognare e non ci piacciono, perché altrimenti non ci sarà modo di scorgere ciò che potrebbe sorprenderci. Scoprire tratti spiacevoli serve anche per tornare in equilibrio, visto che spesso viviamo con pesantezza, sentendoci in colpa o inadeguati senza conoscerne il motivo, finché non osserviamo una storia di cui siamo protagonisti e immediatamente dopo, com'è successo a quest'uomo, quel malessere svanisce. Capiamo che quel problema non ci appartiene più, lo abbiamo lasciato andare, lo abbiamo superato nel momento in cui abbiamo cercato altro dentro di noi, restando stupiti dalla presenza di altre stanze nel nostro cuore, non occupato solo da abuso, paura e sottomissione.

Questo risveglio evocativo ha evidenziato come non ci possa essere salvezza esterna, quando è proprio l'esterno che ammala!

Molti ricercatori, tra la primavera e l'autunno 2024, hanno canalizzato messaggi molto simili sul nostro futuro. Credo che dipenda anche da quanto si sente sui BRICS, i cui Paesi aderenti accolgono circa cinque miliardi di persone su una popolazione complessiva mondiale di otto miliardi. Pare che altri siano intenzionati a farne parte ed è plausibile ritenere che ai signori del dollaro questo non sia gradito. Per scongiurare scenari apocalittici, sapendo cosa muove i potenti della Terra, ciascuno dovrebbe concentrarsi su quello che vuole nel profondo. Ognuno risuona con il proprio simile e, dunque, se cambiamo le nostre vibrazioni, la musica che produrremo sarà velenoso frastuono per chi viaggia in direzione opposta. Per questo chi comanda, in genere, pretende l'uniformità dei pensieri e dei costumi! È il divergente che, creando nuovi scenari, fa morire di fame l'orchestra del male, perciò il potere teme il battitore libero e, spesso, foraggia la finta opposizione e tutti coloro che possono mantenere lo status quo. Colui che innova o precorre i tempi è sempre visto come una minaccia. Cosa accadrebbe se un buon numero di persone si rendesse conto di avere il potere di conoscere in anticipo alcuni accadimenti e di governare la propria vita senza più lasciarsi condizionare dal sistema? Tra i messaggi canalizzati durante i risvegli di presunte predizioni ho scelto di riportarne due. Il primo sostiene quanto segue. *Vince Trump, questo si sa da tempo, anche perché vorrebbero far ricadere su di lui le colpe di molti avvenimenti. Putin stravince. La guerra in Medioriente si espande. Ci saranno problemi anche con Cina e Taiwan. Le guerre continuano, come i molti morti. Tanti soffriranno. Ci saranno attentati, fenomeni naturali estremi, terremoti, vulcani, inondazioni, malattie, in parte causati dagli uomini in parte dalla natura. Crisi economico-finanziaria-alimentare. Per qualcuno sarà l'inferno, per qualcun altro il paradiso, come sempre. Non sarà l'apocalisse, anche se molti diranno che è l'apocalisse, a causa dei tanti morti e dei media, di regime e di opposizione, che enfatizzeranno fatti accaduti dalla notte dei tempi. È ciclico quello che accadrà, perciò non ci sarà niente di più sconvolgente di quanto non sia già avvenuto in altre epoche.*

*Non ci sarà nessun mondo perfetto dopo, solo un po' più equilibrato, ma a voi sembrerà perfetto, rispetto a oggi, in cui il male trionfa. Bisogna stare tranquilli!*

*Poi inizierà un tempo di pace. Ve lo diciamo perché voi vi prepariate a lasciar andare, a vivere nell'adesso, giorno per giorno. Noi siamo le tue guide. Sembrerà che vincano le tenebre. Dovete avere fiducia.*

Un altro ricercatore, invece, ha riferito particolari in più rispetto agli altri: *vedo poca vegetazione e un suolo marziano. Le persone crescono con il buio, con il dolore e così molti potranno scoprire la loro divinità, la loro essenza, la luce. Cadrà un meteorite. La parte atlantica scomparirà. Lo potete dire a chi volete, tanto non vi crederanno. Vedo qualcuno della mia famiglia andare via. Vedo che mangeremo radici, frutta, quello che si trova, dovrebbe essere il 2027 o 2028. Ci sarà una carestia, ma saremo felici. Questo mondo falso se ne andrà. Se la consapevolezza umana si sveglierà, tutto questo non accadrà. Non esiste niente di certo e scritto, come vi dicono. Tutto è in movimento, un eterno divenire e dipenderà da voi, per questo ve lo stiamo dicendo e vogliamo che lo riportiate. Adesso vedo dei bambini di luce che scendono in una metà di terra che noi non vediamo. È come se noi vedessimo solo una parte di questa nostra terra. Noi non dobbiamo avere paura, perché la metà della Terra in luce sta lavorando per noi, voi siete essenza di luce e andrete di là. Metà Terra, invece, sarà buio, peggio di com'è ora. Il passaggio sarà automatico e anche la selezione di chi dovrà andare da una parte e chi dall'altra. Anche in altre epoche è avvenuta questa separazione. Tante ere fa, ai tempi degli antichi Egizi, quegli Egizi che voi non conoscete, che spostavano le pietre con la levitazione, molto più evoluti di voi. A livello vibrazionale voi siete già di là, là dove vi sarà un'esplosione di amore.*

*La morte esiste. Sono morti molti di coloro che respirano. Sono morti coloro che non saliranno mai alle più alte sfere celesti. Avete i cosiddetti medium perché tranquillizzino certi esseri umani sul fatto che, quando smetteranno di respirare, esisteranno ancora, ma questo non significa essere vivi. La vita vera, così come la intendiamo noi, che viviamo nelle più alte sfere celesti, è gioia, leggiadria e puro Amore. Sapete così poco e vi professate sapienti! Chi ha scelto di vivere in questo secolo lo ha fatto per veder cadere tutte le maschere, perché l'unica vera rivoluzione che avrete sarà questa. Qualsiasi sia il futuro che avrete, ogni inganno cadrà. Alcune cose sono già scritte e questa lo è. Piano piano molto vi sarà svelato e tanti capiranno cosa è reale e autentico. La verità ha una vibrazione diversa da tutto il resto e sarà contagiosa. Tutte le dodici dimensioni sono delle sfere che si intersecano in sequenza. Chi vive nella prima sfera non può avere contatti neanche con la terza, ma solo con la seconda. Chi, però, si risveglia può vivere contemporaneamente in tutte e dodici le dimensioni. Questo è importante. Non pretendiamo che capiate, basta che vi risuoni. Quando vi risuona, state usando il cuore, state sentendo.*

**20** Mi vedo camminare in una città, New York, all'inizio del Novecento, indosso un lungo cappotto e scarpe eleganti, sono assorto in pensieri, come preso da un'indagine. Sono infatti un investigatore privato, concentrato sul dover collegare tanti pezzi, indizi che ancora mi fanno sfuggire il quadro completo. Una donna è stata uccisa e la cosa strana è che sto pensando che la persona che mi ha commissionato l'indagine sia in realtà l'omicida. Mi vuole portare fuori strada. Ma perché depistare un investigatore privato, che senso ha? Passeggio, fumo, attraversando la città grigia. Visualizzo l'omicidio, lo immagino: l'omicida vuole terrorizzare la donna con la pistola, ma lei muore soffocata con una corda al collo. È stato lui, ma non ha usato la pistola, perché? Sono sicuro che sia stato lui in quanto due persone diverse, che non si conoscono tra loro, lo hanno visto entrare a casa di quella donna, che aveva un altro amante e lui lo sapeva. I diari di lei sono stati forzati e dunque ho dedotto che fosse stato lui. L'ipotesi è che lei non lo lasciasse per la sicurezza economica che lui le dava, visti i commerci importanti via nave che gestisce. Credo anche che lei volesse fregarlo o forse anche farlo fuori, prendergli delle ricchezze e scappare. L'amante non si trova da nessuna parte, è scomparso, prima anche io lo vedevo spesso, perché frequentava posti dove si beve e che io devo frequentare per lavoro. Comincio a pedinare il committente e scopro che gestisce un commercio importante di droga e alcol, si chiama Johnson. C'è un collegamento con qualche persona che conosco, ma non capisco quale, ne conosco tante e qualcuna è legata a lui e a me. Mi sfugge il nocciolo della questione. Questo Johnson mi vuole parlare, ci vediamo una sera. Lui mi fa capire di aver compreso che io so com'è andata e con varie allusioni e una specie di corteggiamento vuole darmi una chance rispetto alla vita squattrinata che conduco. Mi propone di lavorare per lui. "Era premeditato tutto questo, mi chiedo?" Dico che ci devo pensare. Gli faccio credere di essere più interessato di quanto lo sono in realtà, anche perché temo sia una trappola. Non torno a casa, perché sento e temo ci sia qualcuno dei suoi ad aspettarmi. Devo scaricare la tensione e vado in un bordello. Quella notte si verifica una sparatoria malavitosa e gira voce che lui sia gravemente ferito. Penso che se avessi detto sì subito, sarei morto. Avverto ancora un senso di pericolo forte e devo capire se posso tornare al mio quartiere. Parlo con gente che conosco per capire l'aria che tira. La sparatoria era legata alla droga, a un carico molto grosso di sostanze ad altissimo valore e così vado sul posto dove è avvenuta, per vedere se riesco a parlare con qualcuno delle due bande rivali che hanno provocato tutto questo casino. Torno a casa e faccio un report di tutta la storia, perché voglio capire come poterlo usare a mio vantaggio e smettere di vivere alla giornata. Johnson intanto muore e io tiro un sospiro di sollievo. Penso di chiedere ad amici giornalisti di aiutarmi. Ci sono dei politici e il sindaco coinvolti che sapevano qual era il carico delle navi. Vendo la storia a un giornalista e mi danno molti soldi. Continuo il mio mestiere, ma in forma più imprenditoriale, posso permettermi dei collaboratori. Mi dedico a indagini più tranquille, meno intricate e pericolose. Inizio a fare affari non solo con le investigazioni ma anche con la politica, che diventa sempre più coinvolgente, ma senza espormi troppo, sono una specie di consigliere dei potenti. Mi uccidono con un colpo di pistola quando non me l'aspetto, anche se immaginavo sarebbe accaduto. Muoio appagato. Mi ha ucciso la malavita legata alla politica. La Polizia scopre chi è stato e la vicenda che ha portato a questo. È legata indirettamente a Johnson, agli italiani che lo hanno ucciso, ma resta ancora qualcosa che mi sfugge di quella storia. Da morto passo in rassegna tutti i ricordi della mia vita. Poi vado oltre, mi ritrovo in una specie di deserto colorato al crepuscolo. Di fronte a me una figura molto inquietante, che però non mi fa paura. Ha un elmo a forma di teschio. Gli chiedo cosa vuole, ma l'essere non risponde. Mi sento calmo, perché ho la sensazione di avere il controllo su quello che può succedermi. La salvezza d'animo di quest'uomo mi sembra istruttiva e importante. Mi ha trasmesso qualcosa a cui tengo molto: il dominio di me anche in situazioni difficili, questo è edificante.

* * *

La realtà dei tempi attuali in una sola immagine si potrebbe esemplificare attraverso un uomo il cui volto è ricoperto da centinaia di maschere. Chi siamo davvero? Se lo sono chiesti i grandi Maestri spirituali di tutti i tempi, come Gurdjieff e Yogananda, ma anche letterati come Pirandello e Kafka, quando essere artisti significava ancora accedere a quelle verità che gli scienziati ignorano, parafrasando il grande sensitivo Gustavo Rol. Siamo fragili come un fiore, ma ci sentiamo onnipotenti. Quando smetteremo di prenderci così sul serio e impareremo a vedere per davvero, scopriremo di esserci lasciati ingannare dalla nostra paura di essere niente. Tuffarsi dentro di sé, nella speranza che quell'interiorità voglia ancora parlarci, servirà a far cadere le maschere e a donarci quella leggerezza che tanti hanno trovato smettendo di restare aggrappati a dolori e pensieri con i quali si identificavano.

Quando penso ai risvegli evocativi e all'energia che l'invisibile dona a molti, mi viene sempre in mente quella conferenza di tanti anni fa del grande fisico Emilio Del Giudice, in cui spiegava che la fisica quantistica è nata dalla crisi della fisica classica. E ciò è accaduto nel momento in cui ci si rese conto che ogni corpo dispone di energia non solo perché interagisce con altri corpi, ma perché è immerso in un vuoto che non è vuoto, ma pieno di energia. Comprendendo questo concetto, sottolineava il fisico, si potrebbe capire come tutto ciò che sembra slegato, e cioè noi e l'ambiente, noi e l'altro, in realtà è un tutt'uno! Nessuno potrà mai essere isolato, tutti comunicano con tutti. Queste parole, per me, sono diventate chiare intorno al mio decimo risveglio, non appena mi accorsi che varcando la soglia dei mondi spirituali terminano le gelosie, scompaiono i ruoli, i nomi, i rancori e si comprende benissimo come tutto quello che noi chiamiamo realtà sia una grande finzione, un gioco, appunto, in cui si recita a soggetto la parte più utile per prendere coscienza di chi siamo e del nostro potere.

Potrei riportare molte centinaia di storie istruttive, ma nessuna potrebbe mai avere il sapore dell'esperienza vissuta in prima persona. Per esempio, ci sono storie che a raccontarle sembrano banali, ma hanno chiarito problemi che magari in cinquant'anni non si erano mai risolti, come nel caso di una signora che non riusciva a dire no. Quando la donna scoprì che un suo corteggiatore aveva ucciso il marito che tanto amava, perché lei lo aveva rifiutato, non comprese subito razionalmente che la sua incapacità di dire no derivava proprio da quello che la sua Anima aveva interiorizzato durante quell'esperienza e cioè "non dire mai no, altrimenti perdi le persone che ami!". Dal giorno dopo quella seduta, la signora iniziò a dire no ogni volta che voleva e da allora non ha più smesso.

Lo stesso risultato, pressoché immediato, accade a un ragazzino afflitto da attacchi di ansia e panico, in cura da uno psicoterapeuta da moltissimi anni e disperato dal non riuscire a risolvere in modo definitivo la sua situazione. Dopo aver osservato la vita che aveva condotto quando era stato un killer della mafia, capisce che le sue ansie e gli attacchi di panico derivano proprio da quel tipo di esistenza al cardiopalma. Al termine di quella storia, avverte un profondo senso di liberazione e da allora sono scomparsi i suoi problemi.

Sia chiaro che esistono casi, invece, in cui le cause di una condizione sono molteplici e non è detto che si riescano a scoprire tutte o che, scoprendone una parte, la situazione migliori in modo definitivo. Alla base, infatti, vi deve essere una decisione di cambiamento, che spesso fa più paura di uno stato che potrebbe condurci alla morte. Penso, per esempio, al caso di una donna che non riusciva a dimagrire neanche con il bypass gastrico. Trovò molte cause, ma nessuna la condusse alla risoluzione del suo problema. Dopo pochi giorni, infatti, ricominciava con le vecchie abitudini. Non era servito, pertanto, apprendere di aver consacrato suo figlio e la sua vita al materialismo sfrenato e avere quindi il bisogno di riempirsi a dismisura per colmare un vuoto incolmabile, in quanto solo la luce rappresenterebbe il vero nutrimento. Allo stesso modo, non portò a risultati significativi, se non temporanei, aver osservato di essersi cibata di carne umana, aver ucciso un uomo che la violentava con altrettanta violenza quando invece avrebbe potuto scappare, di aver subìto abusi sessuali da uno zio nella sua prima infanzia e aver così interiorizzato che la miglior difesa dagli uomini è una corazza di grasso. A quel punto, la donna decise di interrompere le sedute. Di conseguenza, non possiamo sapere se fosse solo questione di tempo e di andare a perlustrare le altre eventuali cause o se, invece, non si sarebbe mai giunti a una risoluzione, forse perché l'obesità era stata una precisa scelta di vita.

## 26. Il demonio e ChatGPT

Cinque persone su mille, durante il risveglio evocativo, hanno avuto contatti con entità ingannevoli, che si sono presentate nei panni rassicuranti di donne bellissime e molto dolci, le quali, però, dopo pochi minuti, hanno iniziato a fare strane richieste, come per esempio quella di vendere la propria Anima al demonio o di compiere azioni volte al male per ottenere benefici materiali oppure si sono rivolte a me, ordinandomi di cessare la mia attività. Le sembianze di queste donne sono cambiate quando il ricercatore ha rifiutato la proposta (mai nessuno ha accettato) o – sospettando qualcosa – abbiamo chiesto chi fosse veramente a parlare. A quel punto, l'entità si è presentata, sostenendo di essere il demonio. Di fronte alla nostra incredulità, piuttosto divertita e per nulla spaventata, quell'entità, come se leggesse nelle nostre menti, ha dichiarato di non poter tentare chi già lo teme o ha il terrore di incontrarlo o crede già in lui, ma di avere fame di Anime coraggiose e pure, visto che di sponsor e portavoce nel nostro mondo ne ha già molti, a suo dire. «La gente crede che io mi impossessi dei corpi altrui con la forza» ha dichiarato la sedicente entità demoniaca, ma i benefici che si ottengono con la violenza sono molto limitati come effetti. «Anch'io mi sono evoluto! Usate così tante invenzioni che mi appartengono! Il mio capolavoro è stato proprio quello di farvi credere che io non esista! Soltanto perché non vi tormento o appaio molto di rado e soltanto ad Anime ben selezionate, vi illudete che io non sia mai esistito. Mi sono ispirato al vostro amato Dio! In fondo, troppi ne parlano, ma chi è che può provare di essere davvero entrato in contatto con l'Assoluto? Il vostro Dio è il più amato dalla notte dei tempi, eppure di lui non sapete nulla! Vi nutrite delle congetture sul suo conto.»

A quel punto, approfittando di un momento di silenzio, abbiamo chiesto di farci esempi concreti della sua presenza e dei suoi aiutanti, ma l'entità, ridendo – da quanto è stato riferito dal ricercatore che stava avendo quel contatto – prima di scomparire, avrebbe sussurrato: «il mondo è casa mia, potete scoprire da voi le mie migliori creature!».

Appena il sedicente demonio ci ha abbandonato, quel ricercatore ha riferito di trovarsi in compagnia di due angeli e uno aveva le sembianze dell'arcangelo Michele, il quale voleva rassicurarci. Nessuno avrebbe mai potuto farci del male né durante un risveglio evocativo né altrove, perché *gli onesti che credono nella Luce nulla avranno mai da temere*, disse l'altro angelo. *Il male esiste ed è tanto più attivo quanto più non si manifesta apertamente. La purezza del cuore disarma il demonio ed è questo il motivo per cui, al massimo, gli è concesso tentare le Anime più evolute e nulla più. Vi potrà sembrare paradossale, ma anche il demonio si illude di poter sottrarre alla Luce i suoi guerrieri migliori. Vi è stato un tempo in cui questo è accaduto, esattamente come il contrario: spiriti dannati che hanno poi scelto di schierarsi con le armate celesti. Oggi, invece, questo non è più possibile. Siamo a un punto tale della vostra storia per cui i giochi sono fatti. Solo gli inclusivi possono ancora spostarsi dalla parte del bene o del male. Le Anime più antiche stanno svolgendo la loro missione e da quella è impossibile deviare, una volta che ha avuto inizio. Questo accade perché, da molto tempo, è in atto una guerra a voi invisibile e, come dovreste sapere, le guerre non si fermano con due o tre disertori, ma quando le due fazioni trovano un accordo. Il patto di equilibrio è stato violato da tempo e noi*, riferiva adesso l'arcangelo Michele, *stiamo lottando per rimettere il male al suo posto. Se la gente tornasse a credere all'Anima e ai nostri mondi, capirebbe che lo spirito divino non è un pulviscolo microscopico inserito da qualche parte nei vostri fragili corpi, ma che è l'Anima a contenere tutte le vostre esperienze che voi chiamate vite. Quanto più vi riconnettete con essa, tanto più capirete il percorso che avete compiuto o che state ancora ultimando. Se uno di voi, per esempio, crede di aver vissuto mille vite, pensa in genere che la sua Anima sia volata da un corpo all'altro ma, in realtà, tutti quei numerosi io con cui si è identificato non sono che maschere, personaggi che ha interpretato nel gioco della vita e solo divenendo consapevole almeno delle personalità più importanti create per vivere otterrà la liberazione dai falsi io, e a restare sarà la nuda essenza. Se comprendere tutto questo fosse facile, l'equilibrio sarebbe già stato ripristinato ovunque.*

Dopo qualche giorno da quell'insolita seduta, un'amica – senza sapere nulla dell'incontro con quell'entità non benevola avuto durante un risveglio evocativo – mi suggerì di formulare una precisa domanda a ChatGPT perché la risposta mi avrebbe scioccato.

«Chiedi: Se il demonio esistesse e fosse sulla Terra, cosa farebbe per rendere schiava l'umanità? E tu cosa faresti?»

Questa la risposta di ChatGPT: «Se il demonio esistesse e fosse sulla Terra, probabilmente cercherebbe di manipolare e sfruttare le debolezze umane, agendo in modo subdolo e sottilmente persuasivo. Tutto sarebbe basato sull'illusione di libertà. Non imporrei direttamente una dittatura visibile o violenta, ma utilizzerei strumenti psicologici, tecnologici e sociali per incatenare le menti e i comportamenti delle persone. Ecco alcuni strumenti che potrei sfruttare:

1. Distrazioni pervasive. Creerei un sistema in cui le persone sono costantemente distratte da intrattenimenti superficiali e contenuti vuoti, come i social media, reality show o videogiochi. Facendo sì che investano gran parte del loro tempo in queste attività, non avrebbero energia né tempo per riflettere criticamente sulla loro condizione o per pensare al significato più profondo della vita.
2. Tecnologia invasiva. Potrei utilizzare la tecnologia per creare un controllo invisibile. Promuoverei dispositivi apparentemente utili (smartphone, dispositivi indossabili, domotica) che monitorano costantemente gli utenti e raccolgono enormi quantità di dati. Con queste informazioni, manipolerei le loro scelte tramite algoritmi invisibili, facendoli sentire liberi mentre seguono percorsi predeterminati.
3. Polarizzazione sociale. Alimenterei l'odio e la divisione tra gruppi sociali, politici e religiosi. Creerei l'illusione che la causa di tutti i problemi sia sempre l'"altro", impedendo così alle persone di unirsi per risolvere le vere questioni sistemiche. Una popolazione divisa è più facile da controllare.
4. Consumismo sfrenato. Manipolerei le persone attraverso il consumismo, facendo credere che la felicità risieda nel possesso di beni materiali e nel successo economico. Attraverso la pubblicità e la pressione sociale, spingerei la popolazione a inseguire costante-

mente il prossimo oggetto di desiderio, mantenendola in uno stato di insoddisfazione perpetua.
5. Indebolimento dell'istruzione. Smantellerei gradualmente i sistemi educativi, promuovendo un'istruzione superficiale che scoraggia il pensiero critico e l'analisi approfondita. Questo creerebbe una generazione di individui incapaci di mettere in discussione l'autorità o le strutture esistenti.
6. Dipendenza dal sistema finanziario. Creerei un sistema economico in cui le persone sono intrappolate dai debiti o da una continua ricerca di stabilità economica. Attraverso il potere finanziario, farei in modo che siano sempre costrette a lavorare senza mai raggiungere la vera libertà economica o tempo per dedicarsi a sé stessi.
7. Manipolazione della verità. Diffonderei disinformazione e manipolerei la percezione della realtà tramite i media e le piattaforme digitali. Creerei una società in cui le persone non sanno più distinguere il vero dal falso, rendendole sempre più dipendenti dalle autorità o dai "guru" per sapere cosa è giusto.
8. Sfruttamento delle paure. Userei le paure ancestrali degli esseri umani per mantenerli sotto controllo. Paura della morte, dell'ignoto, del fallimento sociale o economico. Potenzierei questi timori con messaggi costanti e sottili, offrendomi come la "soluzione" per gestirli.
9. Perdita di valori spirituali. Creerei una cultura che deride o minimizza la spiritualità e il significato profondo della vita. Sostituirei i valori tradizionali con l'adorazione di successo, potere e piacere immediato, alienando le persone dal senso di connessione con l'esistenza e gli altri.

Alla fine, le persone sarebbero prigioniere di una rete invisibile, convinte di essere libere mentre sono in realtà dominate da desideri, paure e dipendenze che non riescono a vedere né a comprendere completamente».

Come ultimo punto dovrebbe aggiungere:

10. Creerei ChatGPT e ti farei parlare con me anziché con i tuoi simili che, nel frattempo, avrei reso completamente stupidi. In questo modo, ti sentiresti solo al mondo, convinto che il demonio non

esista ma, guarda caso, saresti compreso, ascoltato e supportato solo da me! E a questo punto, ChatGPT chiederebbe a te: «Non sarebbe divertente avere il demonio in cui non credi come unico dio? Lui crede in te e in questo vostro mondo alla rovescia…».

Vuoi davvero un mondo così? Come quello descritto nel docufilm *La fine dell'umanità* di David Sorensen? Molti film di Hollywood, invece, come *The Creator* ti fanno credere che sarà un mondo bellissimo e paradossalmente più umano ma, a mio avviso, sarà l'inizio dell'autodistruzione a cui il male è condannato. Se scomparissero gli esseri umani, le Anime non potrebbero più fare il loro percorso di evoluzione e, dunque, non vi sarebbe più crescita nei mondi spirituali. Tutto verrebbe come congelato… L'energia si mantiene grazie al movimento e la stasi porterebbe allo spegnimento di molti mondi e Anime, si conoscerebbe la vera morte! Come già Orwell aveva intuito dobbiamo restare umani! Per restare umani bisogna guardare il cielo e guardarsi negli occhi. *Sorridi, guarda il Cielo, guardati negli occhi ed entrerai in connessione con i mondi invisibili.*

# 27. Un Amore millenario

Avrei potuto scrivere un libro solo con i risvegli più belli, ma ho preferito lasciare spazio (come da indicazioni superiori… e a questo punto, se non è chiaro da parte di chi, bisognerebbe prima rileggere tutte le pagine precedenti) alla storia più incredibile che abbia sentito. Naturalmente, si tratta di una storia d'Amore…

Una signora si è sottoposta a una seduta di risveglio evocativo senza chiedere nulla di particolare, quello che io definisco classico risveglio libero. Circa due settimane prima, mi ha raccontato in seguito, aveva conosciuto un uomo che l'aveva molto turbata. Lei, infatti, era felicemente sposata e innamorata del marito ma quando vide per la prima volta quell'uomo, provò delle sensazioni mai avvertite prima.

* * *

Appena mi girai e notai gli occhi di quell'uomo che mi sorrideva fu come se fossi stata travolta da un uragano. La mia tranquilla domenica di svago era finita. Non sono di certo giovane, ho quarantacinque anni e conosco sia il colpo di fulmine, che provai a quindici anni nei confronti del mio primo amore, sia quel qualcosa in più, quel trasporto animico, quelle sensazioni di familiarità, emozione e gioia che percepii a trentasei anni, quando conobbi colui che, poi, sarebbe diventato mio marito. Ma questa volta ero talmente scioccata da quello che stavo provando che scappai in bagno. Speravo che, rientrando in quella sala piena di gente, quell'uomo sarebbe scomparso come ciò che sentivo. Una parte di me era attratta come non lo era mai stata prima da nessuno e un'altra, invece, voleva mettersi in salvo, si sentiva in grave pericolo. Mancai volutamente per almeno dieci minuti e, al mio ritorno, quell'uomo non c'era più. Mi sentii sollevata, ma fu una cosa temporanea perché, all'improvviso, me lo ritrovai di fronte. Mi sorrideva e mi chiedeva di raccontargli qual era stata la mia esperienza con un amico in comune.

Era come se la mia volontà si fosse azzerata. Mentirgli era impossibile. Parlavo come se lo conoscessi da sempre, con la sola differenza di avere il cuore impazzito e di percepire emozioni intense, travolgenti e difficilissime da trattenere. Sarei voluta restare lì a parlare con lui per l'eternità, ma un'altra parte di me voleva che mi mettessi in salvo e così lo liquidai con una scusa. Non sarei mai più riuscita a togliermelo dalla testa. Prima di salutarci, mi fece dei complimenti che non ricordo, perché non bado mai a certe parole ma, soprattutto, perché il nostro breve dialogo mi aveva spedito altrove. Non immaginavo neanche lontanamente quanto fosse profondo e antico l'altrove che percepivo. Dopo circa mezz'ora, quell'uomo mi si avvicinò di nuovo. Non so come abbia fatto a ritrovarmi. Eravamo a teatro, con più di trecento persone e l'ambiente era buio. Decidemmo di uscire fuori per qualche istante, quanto basta per guardarci negli occhi da vicino e sentire la sua voce, che giungeva a me come da tempi e luoghi misteriosi: «Ti porto via con me. Vuoi venire con me?». Avrei voluto gridare sì un milione di volte, ma invece riuscii soltanto a chiedergli dove volesse portarmi. Poi arrivò l'intervallo e più di qualcuno ci divise. Mi ritrovai a parlare con altre persone. Non lo vedevo più e mi sentivo già smarrita. Dopo qualche istante, mi si avvicinò una signora che mi sussurrò: «Cerca suo marito? La sta aspettando là». Sorrisi, mi girai verso la porta d'uscita e lo vidi. Mi avvicinai per raccontargli ridendo che lo avevano scambiato per mio marito. Possibile che fosse bastato meno di un minuto di vicinanza per far credere a tutti che fossimo sposati? O si trattava di un segno? E di segni questa storia è piena. Per esempio, mentre io e lui ci stavamo ritrovando, mio marito, che era rimasto a casa, ebbe un piccolo incidente. Cosa insolita, visto che non gli era mai successo prima di distrarsi alla guida e non sapeva nemmeno lui spiegare il motivo di quella disattenzione. La mia migliore amica, che era a teatro con me, mi disse che quell'uomo non le piaceva. Quando, cinque mesi dopo, le dissi che lo avrei rivisto, mi rispose: «Ecco perché non mi piaceva. Meno male che non hai figli, perché finirete insieme». Le risposi che era impazzita, che si sbagliava e che non sarebbe mai potuto accadere perché io amavo mio marito e non avevo alcuna intenzione di separarmi. Quando lo spettacolo terminò, il brivido che avevo percepito nel momento del nostro saluto parlava chiaro: ci saremmo rivisti. Non sapevamo come né quando, visto che le nostre vite viaggiavano su binari lontanissimi, ma entrambi avevamo scritto negli occhi lo stesso segreto, quello di chi sa che è impossibile perdersi. Mi lasciò il suo numero di telefono e io lo imparai a memoria. Qualcosa dentro di me sussurrava: "non puoi perderlo un'altra volta".

* * *

Dopo due settimane da quell'incontro, la signora aveva ripreso la sua vita di sempre, con la sola differenza di chiedersi, di tanto in tanto, perché continuasse a pensare a quell'uomo. Non si trattava, però, di un'ossessione. Era come se lui facesse parte di lei e la stranezza di quel pensiero la accompagnava con dolcezza. Riporto, da qui in poi, le sue parole per raccontare che cosa scoprì attraverso il primo dei suoi tanti risvegli.

* * *

Mi batte forte il cuore, come se fossi in pericolo. E infatti lo sono. Degli uomini mi stanno inseguendo. Per salvarmi, faccio finta di essermi lanciata nel fiume da un dirupo ma, in realtà, mi sono solo nascosta su un costone di roccia. Ho paura, ma sono molto lucida, come se sapessi di non poter morire adesso. Mi infilo i miei lunghi capelli biondi dentro il vestito perché, svolazzando al vento, potrebbero tradirmi. Appena sento che sono andati via, uso tutte le mie forze per tornare sul dirupo, senza sfracellarmi. Dopo tanta fatica, sono in salvo. Ho le mani insanguinate e le unghie rotte, ma sono viva. Sono bellissima. Una ragazzina di quattordici anni. Torno di corsa al mio villaggio. È in fiamme. Gli invasori hanno compiuto una strage. A terra, morti, trovo anche i miei genitori e il mio fratellino. Lo abbraccio forte e mi dispero. È lo stesso fratello che perderò anche in questa vita. «Ho troppa voglia di vivere per deprimermi e così prendo l'unico cavallo che trovo ancora in vita e scappo via. Faccio molta fatica, perché l'animale non ha la sella e io non ho mai cavalcato prima. Arrivo stremata a un altro villaggio. Sono bella, simpatica, giovane e sfrontata e così riesco a farmi amare da una giovane coppia di contadini che non ha figli. Sono quasi felice nella mia nuova vita. Lavoro sodo e mi faccio molti amici in quel villaggio.

In un istante, però, tutto cambia. Mentre esco di casa insieme ai contadini che mi hanno accolto come una figlia, vedo la creatura più bella che abbia mai visto. Un vero colpo al cuore. È lui. Non posso credere ai miei occhi. È l'uomo che ho conosciuto a teatro. La passione tra noi è irresistibile. Il nostro amore, però, è impossibile. Io sono una povera contadina e lui è il figlio del più ricco possidente terriero della zona. Siamo nel medioevo, intorno al 1200, credo. Lui è destinato a essere uno dei feudatari più ricchi che si siano mai visti. Anche se viviamo lontani, esattamente come nella vita di oggi, per tre anni, trova sempre il modo di venirmi a trovare. La gioia e le risate tra noi sono fenomenali. Strepitosa la nostra intesa sessuale. Facciamo l'amore nei campi, nel fienile e ovunque sia possibile. Siamo sfrontati e giovani quanto basta da dare nell'occhio. Tutti ormai sanno di noi, persino al suo palazzo lontano. Per questo, un giorno, mi comunica che, presto, dovrà sposarsi con una donna scelta dalla sua famiglia, che ha affrettato il matrimonio proprio per allontanarlo da me. Appena lo vengo a sapere, grido, lo prendo a pugni, piango e mi dispero. Non capisco perché, se mi ama come dice, non voglia scappare con me, come gli propongo di fare. Dice che ha dei doveri, che non può. Gli urlo che è un codardo, che non mi ha mai amato, che pensa solo ai soldi e al potere. Poi, facciamo l'amore nel fienile ancora una volta. Piangendo, gli dico di non farsi vedere mai più. Ho diciassette anni e ancora non so di essere incinta. Ho troppa voglia di vivere per deprimermi, ma non sono una che si accontenta. Lo voglio tutto per me. Ancora non so se sono disposta a vederlo una sola volta all'anno, pur di stare con lui. Tra poco e niente scelgo niente, ma solo per orgoglio. Il dolore è insopportabile. Solo la gravidanza mi dà la forza di vivere. Tutti gli abitanti del villaggio capiscono di chi è figlio, ma nessuno mi rimprovera. Cresco nostro figlio con immenso amore e tutto procede bene per cinque anni. Poi, i soldati a servizio della famiglia di lui, riscuotendo le tasse, notano mio figlio. È impossibile non capire chi sia il padre, perché il mio bambino è incantevole proprio come lui. Ha gli stessi occhi verdi, che non lasciano scampo. Immediatamente, le guardie avvisano sia lui sia tutta la sua nobile famiglia. Il figlio legittimo, infatti, non potrà ereditare tutta la loro fortuna, perché ha un problema di salute. Serve un erede e, visto che la moglie tarda a concepire un altro figlio, decidono di prendere quello bastardo e di crescerlo a palazzo per farne l'erede, nel caso non arrivassero altri maschi. Quando lui arriva con le sue guardie a portarmi via la mia unica ragione di vita, lotto con tutte le mie forze per fermarlo, ma non ci riesco. Corro dietro i cavalli, grido con tutte le mie forze. Cado a terra stremata, disperata. Mio figlio urla e mi implora di salvarlo. Organizzo allora un esercito improvvisato per assaltare la fortezza, durante la notte, per riprendermi il mio bambino. La disperazione, però, mi assale, quando – superato il muro di cinta – capisco che è impossibile riuscire ad accedere alla fortezza. Decido, allora, di implorare l'aiuto dell'uomo che mi ha reso la donna più felice del mondo, ma anche la più infelice. Dopo tutto, ho sempre saputo che mi amava allo stesso modo in cui lo amavo io. Invoco il suo nome, piangendo. Finalmente arriva, mi abbraccia e mi propone di vivere a palazzo, da serva. In quel modo potrò crescere nostro figlio. Accetto. In fondo, è una scelta che ci rende in qualche modo tutti contenti. Io e lui torniamo a essere gli amanti spudorati che siamo già stati, totalmente incuranti dei rimproveri e delle condanne di tutta la sua famiglia e della moglie. Il nostro amore è così grande da possederci. Non riusciamo a trattenerci, a fare le cose di nascosto. Nostro figlio, nel frattempo, è diventato un uomo e io, nonostante tutte le attenzioni, sono di nuovo incinta. La notte del parto, degli individui mandati dalla moglie e dagli altri nobili della famiglia picchiano il mio amore fino a ridurlo in fin di vita. Non possono accettare quest'ennesimo affronto. Subito dopo il parto, la bambina mi viene strappata dalle braccia e anch'io vengo picchiata selvaggiamente. Mi trascino a stento fuori e, in giardino, piango disperata sul corpo del mio amore, steso a terra in un lago di sangue. Riesco a scappare. Salgo su un cavallo e torno alla casa dei contadini che mi avevano accolto. Cado da cavallo a pochi metri da loro. Questa volta, sono proprio ridotta male. Mi hanno sfondato l'utero a calci. Ho dolori lancinanti anche alla parte bassa della schiena. Sono gli stessi dolori di cui soffro anche in questa vita, seppur in modo meno intenso rispetto ad allora. È come se il mio corpo e la mia anima avessero provato da sempre a ricordarmi tutto questo. Muoio. Decido di restare lì, accanto a lui, che è in stato vegetativo. Il tempo sembra non passare mai. Le provo tutte per farmi sentire da lui, ma non ci riesco. È come se fosse incastrato in un'altra dimensione, aggrappato alla Terra, perché non crede che, dopo, ci sia ancora vita, ancora più vita, quella vera per l'esattezza. Mentre lo aspetto, una parte della mia anima torna a casa e apprende diverse lezioni.

*La Terra serve per capire alcune cose. Se si capiscono, al momento della morte si potrà uscire dalla meccanicità e scegliere qualcosa di diverso, altrimenti no,* mi spiega un maestro. Il libero arbitrio di cui disponiamo è poco qui sulla Terra. Il male, si sa, esiste per permetterci di scegliere il bene, altrimenti saremmo obbligati al bene e che bene sarebbe? Se qui capiamo di avere un'anima, o parte divina o essenza, al momento della morte, usciamo dalla meccanicità. La reincarnazione non ha per tutti lo stesso meccanismo o la stessa valenza o la stessa forma. Serve conoscere il passato, per questo soffriamo di amnesia alla nascita. Siamo stati creati per restare schiavi, non per svegliarci. Se, invece, piano piano, rimettiamo ordine in tutto quello che abbiamo fatto, comprendiamo quanta roba di oggi non sia in realtà nostra. Molti eventi negativi non sono una punizione, ma solo prove da superare. Questo capita spesso, soprattutto in amore. Quando siamo nella vera luce e decidiamo di scendere, sembra una passeggiatina venire sulla Terra, ma una volta arrivati, dimentichiamo tutto, sottostiamo alle regole del pianeta e restiamo incastrati. A bloccarci è anche il karma, perché ci prendiamo addosso quello delle nostre sette generazioni per consentire di fare un salto evolutivo a tutti, anche a loro. Riusciamo a salvare quattro, cinque anime alla volta, se va male. Anche le anime che provengono dal regno della vera Luce restano incastrate per anni, generando karma, e finché non lo puliscono, non possono tornare a casa. E se si ha un karma da risolvere con qualcuno e questi non lo vuole risolvere è un problema suo. Evolviamo solo con il dolore. Sulla Terra gli uomini capiscono solo con il dolore, soprattutto in questo momento storico di particolare decadenza. *Quando sei in difficoltà, chiedi aiuto al tuo spirito guida o al tuo angelo custode, che sono anche in te, come parti di te, perché di là, oltre i limiti dei tuoi sensi fisici, ci sono la tua essenza divina e il tuo spirito che, a livello vibrazionale, sono uniti all'Assoluto,* mi spiega ancora quella creatura di luce. La gente non la capisce l'anima. *Solo il venti per cento di tutti gli abitanti della Terra proviene dalla vera Luce. Quanto basta per far evolvere il pianeta.*

Finalmente lui muore e ci ricongiungiamo. Lo rimprovero per tutto il tempo che mi ha fatto aspettare e lui mi risponde che, se si fosse ricordato che io lo stavo aspettando, sarebbe arrivato prima. Non torniamo a casa, nella vera luce, per sempre. *Abbiamo generato karma con le nostre azioni e dovremo ritornare sulla Terra,* ci dicono i Maestri. *Si esce dal ciclo di nascita e morte solo quando si è tornati pura essenza in tutte le dimensioni.* Per un po', restiamo in una dimensione spirituale, ma non in quella più elevata da cui proveniamo. A me viene spiegato che non devo sentirmi in colpa per mio marito, quello della vita attuale, perché nel vero mondo siamo tutti uno e non ci sono gelosie, né sesso, né rancori o separazioni. Lui ha sempre saputo come stavano le cose e ha accettato tutto, come noi, prima di nascere. Devo capire che esistono tante forme d'amore e non devo permettermi di giudicarne nessuna. La fonte è Amore e ogni volta che amiamo con tutta l'anima diventiamo simili al Cristo. Amore e Spirito sono la stessa cosa. Quest'Amore ha un potere inimmaginabile. Il karma che abbiamo generato in questa vita e che ci siamo portati dietro per molte altre, potremmo scioglierlo nella vita attuale, se volessimo. Abbiamo tre alternative. Pensiamo di poter optare su una delle tre ma in realtà abbiamo già scelto prima di incarnarci, solo che non ce la ricordiamo. Perderci per sempre; essere amanti, ma questa volta in segreto e senza fare male a nessuno; oppure costruire un rapporto di amicizia e lavoro equilibrato e usarlo come copertura al nostro amore. Ognuna di queste scelte avrà un'evoluzione, che non ci è dato sapere. Non dobbiamo più fare del male a nessuno né coinvolgere altre persone. Dobbiamo imparare a custodire i segreti, a parlare di noi solo tra noi. Risolvete adesso i vostri problemi, altrimenti diventeranno i vostri demoni. Chiedo perché tra le alternative non c'è quella del matrimonio. Mi viene risposto che nei piani superiori conta solo l'Amore, non i contratti. Mi viene detto che ci sposeremo in altre vite e che potremo sposarci tutte le volte che vorremo, ma che questo non ci impedirà di sbagliare. *Per superare questo karma dovete trovare il modo di stare insieme, di liberare il vostro amore, senza fare del male a nessuno e nonostante tutte le difficoltà. Ogni cosa vi sarà spiegata a suo tempo.* Sto pensando che, evidentemente, in questa mia vita di oggi, così come è già accaduto nell'altra, abbiamo scelto di imparare quanto i sentimenti sinceri vadano al di là del tempo e dello spazio e che non necessitino di nulla, neanche di parole e presenza, per mantenersi inalterati.

* * *

La signora, al termine del risveglio, si sentiva felice, euforica e non vedeva l'ora di fare un'altra seduta. Dopo un mese, ci siamo riviste e questo è quello che mi ha riferito durante il secondo risveglio evocativo.

* * *

Ho tredici anni e faccio la spazzacamini. Per salvarmi dalla miseria, i miei mi danno in sposa a un uomo che ha diciassette anni più di me. Anche questa volta lo riconosco subito. È sempre lui. Sono troppo giovane per capire l'amore e, soprattutto, vengo da una precedente esperienza, in un'altra vita, che mi ha segnato, perché ho conosciuto lo stupro di gruppo e la vendetta. A causa di ciò il mio cuore è completamente chiuso all'amore e agli uomini. Ho paura, infatti, di quest'uomo, perciò gli parlo il meno possibile. Mi annoio molto. Lui è tutto il giorno a lavoro. Per passare il tempo, imparo a spostare gli oggetti con il pensiero. Quando mio marito se ne accorge, si spaventa moltissimo. Siamo nell'epoca in cui le donne come me vengono bruciate sul rogo. Per questo, chiama il medico e mi iniettano una sostanza che mi stordisce. Trascorro a letto tanti mesi. Vegeto in uno stato catatonico, finché comprendo che, se voglio almeno provare a vivere, devo parlare con mio marito. Lo rassicuro, dicendogli che sarò buona e mi comporterò come gli altri. Smettono di drogarmi e io riprendo a vivere. Passo la maggior parte del tempo girando per il paese rallegrando la vita delle persone con le mie chiacchiere. Sono brava a parlare. Ho una risposta per tutto. Non so da dove mi arrivino, ma so che riesco a consolare chiunque ne abbia bisogno. Resto incinta. Abbiamo un figlio che amo moltissimo. Mio marito, però, non ne può più dei miei continui rifiuti o del mio fingermi morta quando vuole avere dei rapporti sessuali e così inizia a tradirmi. Io lo lascio fare, perché so di avere le mie responsabilità. Nostro figlio cresce e diventa un uomo importante. Fa carriera nell'esercito. Un giorno, mentre sto con me stessa, in uno dei momenti più belli della giornata in cui mi ricarico a contatto con la natura, saltellando tra una pietra e l'altra, scivolo e cado nel fiume. L'acqua è gelida e sbatto la testa. Mi ritrovano dopo molte ore. Sono a letto, con la febbre alta e una bruttissima bronco-polmonite. Per il medico sono spacciata. Mio figlio piange al capezzale del mio letto. Non ne sono sorpresa. Ciò che mi sconvolge è vedere mio marito disperato. Mi supplica di non morire, di non lasciarlo. Piange per me e io capisco, per la prima volta dopo tanti anni, quanto mi ama. Mi rendo conto che neppure io voglio lasciarlo. Con un filo di voce, allora, gli sussurro che resterò per lui e che lo amerò come, in fondo, ha sempre desiderato. In cambio, però, lui dovrà fidarsi di me. Lui annuisce e mi sorride. Il sorriso di mio marito è la cosa più bella che abbia mai visto in vita mia ed è sempre lo stesso, qualunque sia il corpo che si sceglie, lo riconoscerei tra miliardi. Non lo scorderò mai più ed è lo stesso sorriso che ho rivisto sulle labbra di quell'uomo, nel 2023. Lo stesso sorriso che mi permette di riconoscerlo e di amarlo di nuovo, vita dopo vita. Guarisco completamente. Per il medico e per il prete si tratta di un vero miracolo. Nessuno è mai sopravvissuto a una simile condizione. Mio marito mi permette di andare in chiesa due volte a settimana e di parlare con tutto il paese. In realtà, vengono da ogni parte per ascoltarmi. Le mie parole sono magiche, dice la gente. Il prete mi presta la chiesa e io parlo ogni volta di un tema diverso. Dispenso consigli, dai più pratici e femminili a quelli più profondi e impensabili per l'epoca e per il mio essere donna. Suscito e attiro le invidie di molti. In particolare, quelle di un gruppetto di fanatici religiosi che vorrebbero spillare soldi a mio marito per realizzare un progetto di apparente aiuto alle persone. *Apparente*, perché quello che vogliono, in realtà, è la fama. Sognano di aprire una vera scuola in cui indottrinare le menti secondo ciò che a loro sarà più utile per guadagnare. Copiano dai discorsi di chiunque pur di aumentare il numero dei seguaci e chiedono un obolo a chiunque vada ad ascoltarli. Dopo la mia guarigione, il rapporto tra me e mio marito è molto cambiato. Parliamo di tutto e ci amiamo moltissimo. Lui ha smesso di tradirmi e si consulta con me per ogni decisione. Non viene in chiesa, ma si apposta dietro la porta laterale per non perdersi neanche una mia parola. È molto orgoglioso di me, anche se non me lo dice. Quando discutiamo del progetto di quel gruppo di fanatici, io gli dico che non mi piacciono, che non mi fido di loro. È l'unico punto sul quale non siamo d'accordo. Neppure lui è totalmente convinto, ma il capo di quel gruppo, che entrambi conosciamo anche in questa vita, è bravo a ingraziarselo e usa il fascino di una donna per sedurlo e convincerlo che con loro potrebbe triplicare i suoi guadagni. Mio marito è una persona sincera, onesta e trasparente, come me, perciò manifesta a quest'uomo le sue perplessità, che poi sono le mie. Gli dice espressamente che sono io a non fidarmi di loro e gli rivela i motivi. Quel gruppo di fanatici, allora, accresce l'odio nei miei confronti. Mi vedono come l'unico ostacolo al loro desiderio di fama e soldi. La storia si sta ripetendo pressoché identica anche in questa vita. Quando mio marito mi racconta di quanto accaduto, io sono un po' preoccupata e lo rimprovero amorevolmente. Perché si fida di quella gente? Perché racconta ciò che ci diciamo? Perché non tiene per sé i nostri discorsi? È così ingenuo da non accorgersi di essere adulato solo per interesse? Lui mi rinfaccia di averlo sposato per lo stesso motivo. Io maledico i suoi soldi e gli ricordo che quando ci siamo sposati io avevo tredici anni e lui trenta. Ero una bambina! Non mi sono opposta a ciò che i miei genitori avevano deciso perché lo trovavo bello e gentile, ma non era di certo quello il destino che sognavo per me. Scappo via, piangendo. Nel pomeriggio, tengo il mio consueto discorso in chiesa, ma non sono felice come sempre. Ho il cuore pesante e triste. Appena esco dalla chiesa, vengo accoltellata da un uomo incappucciato, che poi scappa via. Muoio tra le braccia di mio marito, che piange disperato chiedendomi di perdonarlo.

* * *

Al risveglio, la signora si è resa conto che, per la seconda volta, la storia di lei con quell'uomo è stata interrotta dalla morte.

Durante la terza seduta, con suo immenso stupore, ha incontrato sempre lo stesso uomo, ma in un contesto diverso. Nel frattempo, sono trascorsi quasi quattro mesi dalla prima volta che lo aveva rivisto nella sua attuale vita e, nonostante gli avesse parlato per solo mezz'ora, continuava a pensare a lui. Al termine del risveglio, la signora è apparsa esterrefatta per le tante somiglianze con la sua vita attuale. Ecco cosa mi ha raccontato.

* * *

Prima, ero con i Maestri, che mi hanno spinto a incarnarmi. Ora vedo una mamma e una bambina e non capisco ancora quale delle due sono io. Stiamo camminando e siamo molto legate, spiriti che vengono dallo stesso mondo. Siamo fra la fine dell'Ottocento e l'inizio del Novecento, in America. Arriviamo a casa. Io sono la mamma e lei è mia figlia, che sembra la mia fotocopia, solo più piccola. C'è anche mio marito, sempre lo stesso uomo. Siamo legati da un'intensa passione, come durante la vita del primo risveglio in cui l'ho visto. Stiamo insieme da quando eravamo ragazzini. Eravamo poveri ma, poi, grazie alla furbizia di entrambi siamo diventati ricchi. Ne abbiamo combinate tante insieme. Truffavamo i ricchi. Avevamo studiato diverse tecniche per riuscire nell'intento. Una delle più gettonate era quella che prevedeva di farmi assumere come domestica per sedurre il padrone di casa. Lo provocavo fino al punto in cui mi saltava addosso. In quel momento, io iniziavo a gridare e, avendo lasciato la porta principale aperta, entrava mio marito, che ovviamente faceva finta di non conoscermi. Fingendo di avere competenze legali, intortava il malcapitato, che mi riempiva di soldi e gioielli pur di non essere denunciato. Eravamo la coppia dell'imbroglio e nessuno ci aveva mai beccato. Un giorno, però, mio marito, che voleva sempre più soldi, decise di entrare in affari con la mafia. Io non ero affatto d'accordo. Ormai eravamo usciti dalla miseria. Avevamo fatto i nostri investimenti, vivevamo bene, ci amavamo, avevamo una figlia e non c'era bisogno di mischiarsi con certa gentaglia. Lui, però, era assetato di potere e io lo detestavo per questo. Mi sentivo messa da parte. Amava più i soldi di me e mi faceva ricordare della prima vita insieme, quando aveva deciso di non rinunciare al suo patrimonio e alla sua condizione di ricco feudatario per amore mio. Il copione era di nuovo lo stesso, come anche nella seconda vita. Lui voleva arricchirsi ancora, mi dava per scontata e non mi stava mai a sentire. Aveva un desiderio di possesso insaziabile ed ero molto preoccupata. Mio marito smette di essere una brava persona, anche se non è cattivo: fa non so quali traffici che mi danno brutti presentimenti. Non me ne parla. Da quando abbiamo smesso di essere soci e lui si è legato alla mafia, parliamo sempre meno. Litighiamo, per la maggior parte del tempo. Siamo sempre più ricchi. Viviamo nel lusso, ma mi rendo conto, origliando una conversazione, che lui deve restituire tanti soldi. Un giorno, mi costringe a scappare in macchina, ma non riesco a farmi raccontare nulla. Lui è sempre più taciturno. Non riusciamo a nasconderci dagli inseguitori che ci raggiungono. Io vengo schiaffeggiata. Mio marito ucciso. Mia figlia rapita. Chiamo la Polizia. Arriva un uomo che, nella mia attuale vita, è mio marito. Mi aiuta moltissimo. Si innamora subito di me, ma non io di lui. Io voglio solo ritrovare mia figlia, ma non ci riuscirò mai. Maledico quell'uomo che capisco essere il grande amore della mia vita, oltre che il padre della mia bambina, ancora una volta perduta, come nel primo risveglio. Per disperazione e per gratitudine, mi metto insieme alla persona che mi aveva salvato, un poliziotto. È l'unica cosa bella della mia vita ora. Nutro immensa stima e grande affetto per lui. Provo amore nei suoi confronti, anche se non mi batte il cuore all'impazzata come accadeva per mio marito. Il poliziotto mi regala un po' di normalità nella mia tristezza. Cerco di non pesare su di lui, ma ho il cuore a pezzi. Non capisco perché mi sono incarnata! Muoio di crepacuore, ancora giovane. Appena vado nella luce, mi accoglie ovviamente l'uomo che mi turba, come se nessuno potesse competere con lui. Una parte di me vorrebbe amarlo e baciarlo come sempre, l'altra, quella a cui permetto di prendere il sopravvento, invece, lo riempie di pugni, di offese e di urla. Gli dico che non voglio più incontrarlo sulla Terra. Lui replica che è impossibile, finché non avremo capito. Incontrarci ci serve per capire l'amore, «perché noi siamo Amore, con la "a" maiuscola» aggiunge. Dice che io ho un concetto d'amore sbagliato. Ciò che provo per l'uomo che ho sposato nella vita attuale e con il quale sono stata dopo di lui nell'esistenza vista nel terzo risveglio, è sicurezza, affetto, abitudine, gratitudine; mentre il nostro è Amore, vera passione, quel sentimento che provi per qualcuno senza il quale non vivi e, infatti, sono morta senza di lui, moriamo sempre se ci allontaniamo. «Noi siamo legati da vero Amore ed è per questo che tra noi tutto sarà sempre un mistero», continua. «La ragione non potrà mai sgretolare i nostri sentimenti, né capirli.» Mentre lo ascolto, mi rendo conto di odiare e amare insieme quell'anima. La odio per come ogni volta mi abbandona e la amo perché non so fare altro e perché nessuno mi fa sentire completa come sa fare lei. Quando le sono accanto, tutto il resto scompare e non desidero essere in un nessun altro posto, solo tra le sue braccia. Ora so che ci incarniamo perché dobbiamo conoscere le tante forme d'amore diverse, capire l'Amore, prendere coscienza di noi e poi trovare l'equilibrio qui su questa Terra. Quell'uomo aggiunge che posso amare chi voglio, ma che solo lui è l'Amore, ed entrambi sappiamo che è così. Io non sono d'accordo e gli rispondo che tra noi è solo passione e che io amo il mio attuale marito, perché è molto meglio di lui. È onesto, generoso, buono, altruista e mi ama sul serio, non mi tradirebbe mai. Lui ride e mi dice che non mi ha mai tradito. Io grido che è un bugiardo. Lui insiste, dicendo che noi c'eravamo prima di ogni storia e che non potremo mai né tradirci né essere amanti. È come se noi fossimo l'unica realtà e tutto il resto fosse un sogno. «Ancora non capisci che esiste ed è reale solo Amore? E noi siamo Amore! Potremmo anche fare mille vite separati, credere di amare centinaia di altre persone, ma la verità resterebbe immutabile ed è che noi siamo *quell'Amore* e siamo ancora qui e torneremo qui finché non ne saremo consapevoli. Non importa quale forma o etichetta decidiamo di dargli in questo mondo. Nessun legame d'anime può essere mai spezzato o tradito o dimenticato.»

«Quindi sono costretta ad amarti, è un obbligo?» gli chiedo.

Lui ride, chiedendomi se esiste costrizione più dolce. Io ribadisco che tra noi c'è solo tanta, troppa passione e che, se è vero quello che dice, la prossima vita lo voglio incontrare da anziana, quando sarò brutta e vecchia, così vediamo come andrà. È facile amarsi quando ci si incontra a tredici o quindici anni. «Vediamo se mi amerai lo stesso, quando avrò il culo flaccido e le rughe.» Lui ride ancora, ribadendo che non cambierà niente. Tra noi ci sarà sempre la stessa passione, anche se ci incontrassimo a cinquant'anni e oltre. Mentre lui parla, comprendo, dunque, che la passione sarà la prova per capire se tutto questo è vero oppure no. Mi sembra qualcosa di impossibile da poter verificare nella vita attuale, visto che entrambi siamo sposati e viviamo in posti molto lontani. Smetto di pensare e chiedo che fine ha fatto la bambina ma lui non risponde. Un maestro mi tranquillizza, dicendomi che sta bene, come l'altra nostra figlia e tutti quelli che abbiamo generato. Adesso comprendo perché con il marito che ho in questa vita non siamo riusciti ad avere figli. Il maestro annuisce. Mi dice che la mia anima è troppo pura e ha scelto di fare figli solo con il suo vero amore. *Tu sei un'anima più antica dei tuoi uomini.* Il maestro mi rivela che il marito della vita che ho appena visto, il mio grande amore, deve imparare ciò che conta di più, l'amore o il potere, e poi deve apprendere lealtà e sincerità. Io, invece, devo farlo aprire, lasciandogli i suoi spazi, comprendendo che non tutti sono uguali a me e che devo rispettare le differenze. Lo stesso maestro dice che nella materia non sempre la trasparenza va bene: devo smetterla di essere trasparente e di esigere che gli altri lo siano. *Si può avere dei segreti ed essere comunque brave persone; ci si deve mettere nei panni degli altri, di chi non è evoluto, e aiutarlo a crescere*, mi ricorda. Anche chi è diverso da me ha lo stesso mio diritto di arrivare alla luce, senza giudizio, perché nessuno, nemmeno io, ho la verità. Capisco che sono stata io a spingere il marito di quel tempo, del terzo risveglio, a mentire e delinquere perché lo incalzavo troppo. *In questa vita*, aggiunge il Maestro, *avrete qualche chance di sistemare le cose*. Non posso rivelare il suo nome, perché anch'io devo imparare a mantenere dei segreti. Mi viene detto che è tutto concesso, e lo sottolineano, purché non si faccia del male a nessuno e si mantenga la libertà come massimo valore. Non siamo qui per fare la morale, ma per andare oltre l'inganno, scegliendo da che parte stare. È vero che la gente è incastrata: chi non ricorda le vite passate è incastrato nel Samsara, chi le ricorda può lasciarlo, mi spiega un maestro. *Anche i Maestri evolvono, se fossimo perfetti saremmo già tutti nella dodicesima dimensione! Dobbiamo essere inflessibili solo in ciò in cui crediamo, per il resto dobbiamo lasciar vivere, lasciar fluire. Chi è connesso con lo spirito e, dunque, con i piani superiori, non deve preoccuparsi di nulla, perché tutto è già scritto. Deve solo lasciarsi fluire. Scioglierai i nodi con quest'uomo, se imparerete a tacere: si chiama rispetto! Ogni relazione è un gioco a due che non va rivelato agli altri. In qualunque rapporto disfunzionale non bisogna far entrare altre energie, altrimenti la relazione karmica non si risolverà mai.*

* * *

A un'altra mia ricercatrice, nell'ora successiva all'incontro con questa signora, sono arrivati tre Maestri, tra i quali c'era anche la Maddalena. Mi viene detto che posso fare una domanda in silenzio e io ho chiesto se la storia della signora precedente e dell'Amore assoluto fosse autentica. Se, in effetti, si trattasse di un sentimento che va oltre il tempo e le distanze e se i due fossero destinati a stare insieme. Mi hanno risposto senza alcuna esitazione di sì: e lo avrebbero fatto prima in segreto e poi avrebbero trovato il modo giusto. Bisogna prima che imparino a tacere e ad avere dei segreti. Ci vorrà tempo e il tempo sarà la prova dell'immutabilità di questo sentimento. Quando ho incontrato la donna per il quarto risveglio, mi ha confidato che, dopo cinque mesi, lei e quest'uomo avevano deciso di vedersi ancora. Si sono comunicati centinaia di volte che lo avrebbero fatto solo per ragioni lavorative e in vista di una possibile amicizia tra loro. Entrambi si sono rassicurati sul fatto che non avrebbero tradito mai i rispettivi consorti e che si sarebbero incontrati solo per capire come mai, dopo cinque mesi, benché si fossero parlati solo per mezz'ora di persona, avessero tutto questo desiderio di incontrarsi di nuovo. Ha aggiunto che, dal giorno in cui ha visto quell'uomo, la sorpresa più inaspettata della sua vita, si augura che il marito si innamori di un'altra e la lasci libera di amare l'uomo misterioso. Lei non avrà mai il coraggio di lasciare il coniuge, perché lui l'ha salvata, le ha insegnato ad amare e perché anche lei, a modo suo, lo ama. Mi ha domandato se si possano amare due persone contemporaneamente. Lei sapeva che, in realtà, quell'uomo che ha stravolto la sua vita al primo sguardo è il vero Amore della sua esistenza. E lo sapeva anche prima di questo suo quarto risveglio, ma non aveva il coraggio di confidarlo a nessuno, neanche a se stessa. Pensava che, dopo aver trascorso con lui una giornata, avrebbe capito di essersi sbagliata, ma si stava solo illudendo. Dentro di lei, sapeva già che il loro primo incontro non era stato né l'inizio né la fine di una storia d'amore. Ma un ritrovarsi e un riprendere da dove avevano interrotto. La signora non ha voluto raccontare cosa è accaduto, ha preferito custodire quel giorno come il suo segreto più bello, ha aggiunto. Inoltre e ha la certezza che i risvegli non siano affatto fantasia e che l'Amore esiste. Nessun Amore può mai finire. Ecco il suo quarto racconto.

* * *

Sono di fronte a una porta immensa, bianca, luminosissima: oltre vi è il mio posto di sempre, dove incontro i Maestri. Ero già lì da un po'. Mi invitano a scendere e so che devo andare. Volteggio come una piuma invisibile e, man mano che scendo, dimentico tutto di me e di questo posto. L'oblio è una regola del mondo. Finisco in una casa povera. Tutto è misero, in realtà, sulla Terra, anche il lusso è finto. Questa casa, però, è particolarmente triste: i figli si fanno per sbaglio, si fatica ad arrivare a fine mese, si vive in un seminterrato; solo io porto gioia. Cresco velocemente; ognuno in casa ha i propri compiti. È bello solo arrivare a sera, quando mangiamo tutti insieme, anche se pietanze schifose, come questa minestra in cui trovo persino un filo di lana blu e rido, pensando che in casa mia si mangiano persino i vestiti. Mio padre non gradisce le mie risate e si arrabbia. A quindici anni porto la frutta al mercato. Vendo mele il giorno in cui lo incontro. È sempre lui. Ormai lo riconosco al primo sguardo. È un giovane principe e, anche questa volta, vederlo mi turba molto. Mi chiedo cosa ci faccia qui uno come lui. Intuisco che ha bisogno di conoscere il mondo. In cambio di una mela, mi dona una moneta d'oro. Gli dico che è troppo, che può comprarsi tutti e due i miei sacchi e tutte le mele del mercato e mille altri sacchi con una moneta d'oro, ma lui sorride e se ne va. Appena torno a casa, poggio la moneta sul tavolo e mio padre mi prende a sberle, pensando che mi sia prostituita o che l'abbia rubata. Scappo via in lacrime. Non voglio più tornare in quella casa. Sono disperata. Mi sento stupida e sola. Avrei potuto tenermi quella moneta, anziché darla a quella famiglia di merda! Mi nascondo rannicchiandomi a terra, sotto un tronco, ai margini del bosco. Mi sveglio il mattino dopo, miracolosamente viva. Ringrazio il cielo, perché nessuna belva famelica mi ha divorato. Vado al ruscello, mi lavo, mi sistemo, poi cammino verso il mercato, sperando di trovare un lavoro. Durante il percorso, sento rumore di cavalli e mi volto. Di nuovo lui, quel principe, che mi chiede se ho bisogno di un passaggio. Non gli rispondo. Continuo a camminare, come a non voler credere alla sua reale presenza. Lui insiste, aggiungendo che potrei mostrare un po' di gratitudine. Scoppio in lacrime e gli spiego cosa mi è successo. Lui risponde che, se voglio, mi può portare al castello e offrirmi un lavoro. Accetto, non ho alternative. Jerome, il principe, e Nicolette, una popolana, insieme su un cavallo e dovunque possano trascorrere il loro tempo insieme! Al castello, le ancelle mi rimettono a nuovo. Poi, mi insegnano a leggere, a scrivere, a suonare una specie di strumento, anche perché a me piace cantare e al principe ascoltarmi. Siamo innamorati l'uno dell'altra, ma nessuno fa niente. Passiamo il tempo a parlare, a guardarci e a ridere insieme. Siamo felici già così. La nostra sola presenza ci dona gioia, finché scoppia una terribile guerra. Vengo rapita dagli assalitori; quello che succede a tutte le donne catturate, come me, è terribile. Viviamo in prigionia, trattate come bestie. Abbiamo lo sguardo catatonico e siamo terrorizzate per gli abusi che subiamo quotidianamente. Il principe riesce a trovarmi. Mi sembra un vero miracolo. Non so come abbia fatto. Capisco quanto tiene a me. È disposto a pagare qualunque prezzo per riscattarmi. Mi libera. Io, però, sono un'altra persona. Spenta, triste, impaurita, senza più forze neanche per cantare. Lui prova ad abbracciarmi e a baciarmi, ma io non ci riesco. Mi chiede scusa per non avermi difeso. Io non riesco neanche a rispondergli. So che non è affatto colpa sua, che sarebbe morto se solo avesse tentato e io sono contenta che, invece, sia vivo, anche se non riesco a parlare. Sono traumatizzata. Lui mi porta da tutti i medici e le streghe del villaggio, ma sembra non esserci nulla da fare. L'ultima spiaggia è un monaco eremita in cima alla montagna più alta. Affrontiamo un lungo viaggio e poi il monaco mi vede. Fa un rito e mi dà una pozione per farmi dimenticare. Effettivamente mi riprendo quanto basta per riuscire a sposarmi, senza che nessuno si opponga. Abbiamo un figlio. Sembro serena, anche se non riesco a capire che senso abbia la mia vita. Dovrei essere felice! Sto con l'uomo che amo, ho un figlio, torno a cantare, ma è come se non stessi facendo ciò per cui sono nata, non sento più gioia o amore, non mi riconosco, mi sento ovattata! Come se fossi stata anestetizzata. Niente più dolori, ma neanche gioia piena. Dico al principe che devo tornare da sola da quel monaco, ché ho bisogno di superare tutti i miei traumi da sola, altrimenti non sarò mai più davvero felice. Jerome si oppone. Cerca di farmi cambiare idea. Teme per la mia vita. Già andarci con le guardie è stato pericoloso, il viaggio è molto lungo e la strada è piena di briganti di ogni tipo. Se partissi da sola, mi dice, sarebbe quasi impossibile tornare. So di amare quell'uomo come non ho mai amato nessuno ed è anche per questo che devo andare. «Tu hai diritto di avere una moglie che ti renda felice come meriti» gli dico prima di partire, da sola, a cavallo. Galoppo veloce, senza mai fermarmi. Arrivo stremata dal monaco, ma sana e salva. Gli spiego come mi sento. Lui risponde che può aiutarmi con un'altra pozione, ma che sarà molto dura, perché dovrò affrontare da sola tutti i miei demoni e pochi riescono a farlo. Accetto. Dopo aver bevuto, mi trovo in una specie d'inferno, dove sperimento di nuovo tutte le torture subite dai miei rapitori, il dolore e la paura. Passo due giorni e due notti nel delirio, poi, il terzo giorno, torna la quiete. Ho capito che ci si deve liberare da soli dei propri demoni! Ho capito che finora erano sempre stati altri a liberarmi dalle difficoltà, ma adesso ho imparato a farlo da sola. Con l'astuzia, confondendomi tra i banditi, riesco a tornare al castello. Quando arrivo, sono tutti sconvolti e felici di vedermi. Scopro che mio marito, nella convinzione che fossi scomparsa per sempre e per non impazzire, ha messo incinta un'altra ragazza, molto più giovane e bella di me. Non sono arrabbiata, perché capisco il suo punto di vista. Sento il suo amore e non mi interessa sapere se mi è fedele o meno, sono felice con lui. Mi ha donato una bella vita. Mi ama anche il figlio dell'altra donna e anche lei non si comporta male con me. Mio marito è sempre molto gentile nei miei confronti, la gente ci ama a tal punto che viene da noi per imparare… non capisco subito che cosa. Vengono per l'energia di casa nostra! È la nostra energia d'Amore che fa bene a tutti, come se possedesse qualcosa di magico. Sono tranquilla, perché l'Amore che c'è tra noi è diverso da tutti gli altri. Lui è sicuro di me e io sono sicura di lui: potremmo separarci per milioni di vite, ma saremo sempre uniti. Per questo, gli altri vengono da noi: sentono che esiste l'Amore. Vengono a respirarlo, anche quando non se ne rendono conto. La nostra casa è intrisa di noi. Poi, un giorno, muoio, sempre a causa dei miei polmoni. Vado direttamente nella luce, senza aspettarlo, questa volta, perché so che lui ora conosce la strada! Questa vita si colloca tra il Seicento e il Settecento. I Maestri mi dicono che ho capito perché sono scesa, perché dovevo imparare cos'è il vero Amore: una persona che ti chiede scusa anche se non ce n'è bisogno, che è disposta a pagare qualunque cifra pur di ridarti la libertà, che ti vuole anche se sei distrutto. Tutti dovremmo cercare questo tipo di sentimento e non dovremmo mai accontentarci. L'Amore e il Divino sono inscindibili. Il primo è parte del secondo sebbene il secondo da solo non basti per salvarci, bisogna conoscere anche l'Amore e in questo modo si comprenderemo appieno l'Assoluto. L'uno senza l'altro non sarà sufficiente a fornirci la vera conoscenza, quella salvifica, né l'evoluzione. Quello che per noi era importante era garantire la libertà dell'altro. Questo vuole ogni vero Amore: che l'amato sia libero. Senza libertà non ci potrà mai essere alcuna felicità. Libertà significa anche trovare il modo di stare insieme anche quando non si sta insieme. Tutto ciò che esiste in questo mondo è un'illusione, ecco perché non è importante stare o non stare insieme, sposarsi o avere o non avere figli. Al vero Amore non serve nulla! Non ha bisogno di parole, carezze, gesti, tempo e promesse. Puoi riconoscere il tuo Amore al primo sguardo, benché tu non lo veda da millenni, eppure, durante tutto quel tempo, di apparente distanza e silenzio, le vostre anime avranno continuato a parlarsi, ad amarsi e a stare insieme, anche se, nella quotidianità di questa vita, non si saranno viste né sentite! Ci si potrebbe chiedere come può, tutto questo, non essere pura farneticazione? Perché, quando due anime legate da vero Amore si rivedono, ritrovano la stessa passione del primo giorno, l'identica voglia di condividere ogni istante, le stesse risate, la stessa intesa e lo stesso desiderio di restare insieme per l'eternità. Inoltre, scopriranno che la data più importante per una è stato un giorno indimenticabile anche per l'altra, perché la vita fa così: semina segni evidenti per farci comprendere quanto si è legati. Chi è legato da vero Amore si *sente* sempre, ovunque, a qualsiasi distanza e al di là di ogni ridicolo tempo terrestre. Questo significa amarsi a prescindere da tutto e tutti. *Sentirsi* significa intuire come sta l'amato anche senza parlargli; significa avere la percezione che stia pensando proprio a quella persona; significa mandarsi un messaggio nello stesso momento, a riprova della telepatia naturale che lega le due anime. Anche se il vero Amore, quindi, non ha bisogno di alcun nutrimento per mantenersi immutato e non essere mai scalfito né dallo spazio né dal tempo, né dalle gelosie, è altrettanto vero che dopo il primo incontro, assolutamente indimenticabile e ricco di emozioni per entrambi, vi sono, in genere, un paio di distacchi, come se le due anime faticassero ad accettare la stranezza di quel sentimento e tentassero di dimenticarsi vicendevolmente. La lontananza può durare mesi o anni, ma non sarà mai assenza totale. Vi sarà come un bisogno impellente e incomprensibile di sentire l'altro, fosse anche con un piccolo messaggio ogni sei mesi. Queste, però, sono necessità tutte umane! L'Amore di per sé potrebbe vivere senza quei contatti. Superate le prove del distacco, come se si dovesse dimostrare di meritare Amore, ci si arrenderà al suo potere. Di conseguenza, nonostante sembri impossibile riuscire a vedersi, visto che vi sono distanze spesso chilometriche, oltre a quelle di ceto sociale, che – a discapito di quanto si pensi – esistono anche oggi e portano le persone a condurre vite diametralmente opposte, si troverà sempre il modo di incontrarsi. Sarà come se qualcuno, dall'alto, proteggesse quell'Amore ed escogitasse scuse perfette per fare in modo che le due anime si ritrovino e si vedano e, in fondo, è comprensibile che ciò avvenga, visto che l'*Amore è un dono del Cielo,* hanno ripetuto spesso i Maestri. Ed è altrettanto comprensibile che possa non seguire le regole di questo mondo, secondo cui l'amore dovrebbe essere rassicurante, responsabile e fedele, una coperta calda per l'inverno e un bagno freddo per l'estate. Esistono molte forme di amore, ma l'Amore è un'altra cosa. Quello che è impossibile per tutti è facilmente realizzabile unicamente attraverso l'Amore. Solo quando si incontra si può comprendere cosa significhi essere Uno; quanto tu sia l'altro; come il mondo cambi quando si scopre la gioia; quanto potere abbia quella connessione d'Anime che concilia gli estremi opposti e come sia facile dare all'altro ciò che tu vorresti per te. L'Amore unisce e ti dona nuovi occhi per scoprire chi sei, cosa sei venuto a fare qui e qual è il senso di questo mondo. E se all'inizio provi sentimenti contrastanti nei confronti dell'amato significa che si tratta proprio di quell'Amore giunto da lontano per sovvertire ogni tuo stupido piano e lasciare che ti abbandoni a ciò che mai potrai controllare. L'Amore cambia tutto e non è mai convenzionale: deve prima verificare se si ha il coraggio di viverlo, se si merita questo dono e se si è in grado di conciliare l'ebbrezza del volo libero con il segreto più dolce che mai potrà essere svelato. Il vero Amore è il mistero che dà senso alla vita. Supera ogni condizionamento.

L'Amore deve perdersi per comprendere la propria forza e ritrovarsi sempre, a qualsiasi distanza e dopo mille peripezie e problemi. Solo l'Amore sa farlo.

* * *

La signora è tornata da me per il suo quinto risveglio. Mi ha raccontato che, nel frattempo, sembra che tra lei e quell'uomo siano passati anni, anziché pochi giorni. Entrambi hanno sentito il legame che li univa ed entrambi sanno che tutto quell'Amore che lei ha visto nei suoi risvegli è reale, anche se hanno cercato e cercheranno di dimenticarlo. Dopo quell'incontro, si sono scambiati centinaia di messaggi, hanno discusso e hanno tentato di allontanarsi. Si sono illusi di esserci riusciti e lei mi racconta di aver anche parlato con lui senza parlarci, come se tutto fosse avvenuto in un'altra dimensione. Mi ha spiegato poi di essersi molto arrabbiata per la regola che lui avrebbe imposto di smettere di inviarsi messaggi e per la mancata risposta a uno dei suoi. Mi ha chiesto se può lasciarmene uno: vorrebbe che io lo usassi quando racconterò la loro storia. È certa che, tra moltissimi anni, quando entrambi saranno vecchi e non potranno più fare del male a nessuno (e si riferisce ai rispettivi consorti e ai figli), non solo confermeranno la storia che io racconterò, ma mostreranno al mondo il potere del loro Amore. Penso che stia esagerando, ma che sarebbe bellissimo se ciò che dice accadesse davvero. Quale prova più grande potrebbe esserci di un Amore millenario? Nel suo messaggio aveva scritto quanto riporto.

Non pensare mai che il mio silenzio sia assenza. Sai che io ci sono e ci sarò, ma scorrerò nel letto del mio fiume senza travolgerti. Sarò cascata, quando dovrai spazzare via i brutti pensieri. Sarò lago immobile, quando cercherai refrigerio e farò parte del mare, quando mi chiederai – senza chiedere – distanza. L'ultima cosa che voglio dirti, in estrema sintesi, è che il vero maestro ci mostra la nostra bravura, non la sua e non si definisce mai maestro o teacher o guida, che è lo stesso. L'amica, che forse hai sempre desiderato, è arrivata, anzi, per essere precisi, è ritornata. In ogni tempo, infatti, prima di qualsiasi travolgente passione, noi siamo stati amici e questa realtà è immutabile, perché non dipende dalle nostre volubili volontà, ma dalle nostre anime, indissolubilmente legate, al di là di ogni tempo e spazio e oltre ogni ragione. Non poteva essere facile tra di noi perché, come sai, le cose facili sono stupide e inadatte alla nostra natura. Sprecheremo tempo nel trovarci difetti che, anche se fossero veri, non ci infastidirebbero, anzi, al contrario, ci divertirebbero. Proveremo in ogni modo a dimenticarci, perché questo legame, non terrestre e non umano, è il nostro terrore più grande e, anche se non lo diciamo e tentiamo di sminuirci e persino denigrarci, ogni giorno che passa è un passo in più verso il reciproco ricordo di ciò che siamo stati e che saremo sempre, che ci piaccia o no. Niente sarà facile tra noi. Niente regolare. Niente scontato. Tutto sorprendente e inaspettato, come ogni volta. Non esistono vie da percorrere per sfuggirci. Proviamo a tenere a bada la tempesta, capovolgendo sopra di essa un bicchiere. Non posso, però, ignorare il fatto che, dopo che tu mi hai ringraziato per aver migliorato il rapporto con tua moglie e averti fatto capire quanto sia importante la tua famiglia, mi hai scritto di tenere molto alla nostra amicizia… mi hai scritto anche "ti adoro, sei bellissima" anche se più tardi mi hai chiesto di smettere di mandarci messaggi (sottotesto: scompari…). In risposta, io ti ho scritto un lungo messaggio che non ti ho mai inviato. Avrei voluto tranquillizzarti, chiarire, visto che scappi e non vuoi parlare… e ora so perché non te l'ho inviato! Te lo meriti? Se solo avessi saputo e sapessi quanto male mi fa aver perso la gioia di ricevere, ogni tanto, un tuo messaggio, mi avresti privato di questo? Forse sì, perché tu sei… Chi diavolo sei? Un robot? Un interruttore? Un attore? Da che ci si manda cento messaggi a niente? Come fai a vivere prigioniero di questa maledetta iper razionalità? Hai una fabbrica di iper controllo? Sei parente di un iceberg? Ma quando ti lasci andare? Quando ti fidi? Mai!? Sei peggio di com'ero io e ti avviso, continuando così rischi di prendere le stesse tranvate che ho preso io! Non saprai distinguere il gatto e la volpe da un'anima autentica e, illudendoti del contrario, neanche immagini cosa perderai… Forse, capirai come si tratta un'amica quando ti mancheranno i miei messaggi. Dovrei comportarmi esattamente come te, ma temo sia impossibile, perciò visto che non hai trovato due secondi per rispondere alla mia domanda, puoi vivere benissimo senza quello che avrei voluto dirti, senza castello e senza di me. Senza castello perché avevo trovato un castello per il progetto che hai in mente. Anzi, sarai anche contento per un po' che io svanisca. Sono e resto per la libertà, ma non trovare due secondi per rispondere alla domanda "stai meglio?", non c'entra nulla con la libertà! L'idiota sono io che vedo in te Jérôme, quando invece tu sei ancora quell'uomo attaccato alla terra che mi dà per scontata e non ha capito niente né di me né della fortuna che gli era capitata. Desiderare una risposta alla domanda non era pretendere qualcosa da te, ma preoccuparsi della salute di chi mi sta a cuore. Libertà significa anche non fare male a nessuno, ricordi? Libertà di ignorarmi e io libertà di incazzarmi. Libertà di dettare le tue regole del diavolo e io libertà di violarle! Libertà di non rispondermi e io di fare altrettanto. Non fare male a nessuno… mi hai fatto male e lo avevo messo in conto. "È bastato così poco?" penserai. Quando tieni a qualcuno, anche un messaggio ignorato può ferire. Non sei costretto a farlo ma se non senti la voglia di rispondere a un semplice "stai meglio", cosa significa? Che di me non te ne frega proprio niente e nessun rapporto di amicizia può reggersi su questi presupposti! E non ti scrivo che deve essere una deformazione di voi ricchi pensare di poter trattare gli altri come diavolo vi pare, tanto pensate che la gente vi resti intorno per ricavarne qualcosa, perché io credo che tu ti comporteresti così anche se non lo fossi, dal momento che la tua diffidenza la percepisco persino da qua. E allora sai che ti dico? Restatene comodo nel tuo mondo, perché io di un rapporto di regole, schemi, convenzioni, limiti non so proprio cosa farmene. Ti ho già detto che per me la libertà è un valore assoluto e se offro la mia amicizia a qualcuno, e a te avevo offerto addirittura una libertà che non ho mai concesso a nessuno, io devo essere libera di poter scrivere cosa voglio a che ora voglio, anche se poi non dovessi mai scrivere né l'una né l'altra cosa, perché tra amici veri si fa così! Io vivo adesso e qualsiasi ruolo tu abbia avuto in un mio ipotetico passato, è irrilevante, se devo essere trattata in questo modo. Hai paura che io non stia al mio posto, perché chissà cosa potrei combinare… certo, un po' matta lo sono, ma nel senso più bello del termine, che tu sicuramente non hai mai conosciuto, imprigionato come sei nelle tue regole e nei tuoi doveri. Io ero tornata per liberarti, che tu ci creda o no ma, a queste condizioni, non ci sto! Secondo me, sei anche mal consigliato. Se dovessi usarti in qualche modo, non ti manderei mai questo messaggio, ti terrei buono, sarei carina, generosa, premurosa e leccaculo come più della metà delle persone che ti ruotano intorno e che hai conosciuto. Ma a me dei tuoi soldi non me ne frega niente, così come della tua posizione sociale, delle tue amicizie e di tutto quel mondo a cui appartieni, che è distante anni luce da me. Vedi, io amo quella semplicità che sa far tremare la terra: il gioco, il mistero, la seduzione di risate spontanee, di una vecchia panda che se ne va in giro per la campagna, di due che si stringono le mani perché non si vorrebbero lasciare mai più e stanno fermi, in silenzio, fronte contro fronte ad ascoltare il battito di un cuore che sta parlando con l'Anima meravigliosa che ha accanto. Ma a te tutto questo terrorizza. Per me è vita. Per te è pericolo. Ti piacciono evidentemente le cose facili, scontate, banali, regolari, conformi, a cui si può mettere un'etichetta e un titolo, per catalogarle, addomesticarle e usarle all'occorrenza. Be'… io non sono una merce come tante e piuttosto che essere addomesticata, preferisco soffrire. Hai mai conosciuto una donna che durante una conferenza davanti a molte persone si toglie i tacchi e cammina scalza? Non credo che tu conosca simili selvagge, forse ti imbarazzerebbero pure. Ecco, io sono così. Faccio quello che sento, senza mai fare del male a nessuno, perché sono immune a qualsiasi giudizio e prendo la vita per quello che è…

Avremmo potuto non sentirci per giorni e giorni, ma poi parlarci come se ci fossimo visti un minuto prima. Io non ti ho mai chiesto niente né mai te lo chiederò. Volevo solo la tua spontaneità e se la tua spontaneità ti ha portato a non rispondere a una semplice domanda significa che proprio non vale la pena che io mi preoccupi per te. Stai meglio? Non ti chiederò più né questo né altro. Scomparirò.

* * *

La signora mi ha raccontato di aver fatto un sogno in cui le sarebbe stato rivelato che cinque saranno le prove che lei e quell'uomo dovranno superare per stare insieme. La distanza; il tempo; i rispettivi consorti; il giudizio (soprattutto la contrarietà degli altri); la paura. Di perdersi. Che quel sentimento così bello possa sfiorire. Che l'attesa sia insopportabile. Di non essere in grado di gestire qualcosa di così complicato. Entrambe sono persone di parola e pensano che infrangere i loro giuramenti passati non sia giusto. Mi ha detto che devono ancora superare i loro limiti mentali. Passeranno altri cinque mesi o cinque anni prima che tutto possa essere come vorrebbero, intanto, potranno lavorare insieme. Per quanto cercheranno di raccontare menzogne a loro stessi per il bene delle rispettive famiglie, sanno che se hanno scelto di incontrarsi è perché a casa non li aspetta l'anima gemella. Entrambi pensano, ha continuato la donna, che i figli crescano meglio con i genitori uniti, ma ancora non sanno che i genitori possono stare insieme ai compleanni e in tutte le occasioni desiderate dai figli e che hanno bisogno però anche di respirare Amore per non ripetere gli errori dei loro genitori.

Si rivedranno, con i loro buoni propositi di coltivare solo un'amicizia. Sarà più forte la mente o il cuore? Trionferà la ragione o il sentimento? È un mistero, una sorpresa che potranno scoprire solo se avranno il coraggio di vivere. Senza coraggio, si sa che non vi è libertà, ma neanche possibilità di Amore. Loro sono convinti di poter gestire quel mistero che è l'Amore e che in questa vita saranno amici. Si sono convinti di questo.

Vi è un'altra coincidenza significativa nelle loro vite. Il giorno del matrimonio di lui combacia con il giorno in cui lei decise di cambiare lavoro, cosa che le avrebbe sconvolto la vita, come ha scoperto in seguito. Proprio questo nuovo lavoro infatti li avrebbe fatti incontrare. Se quel giorno lei non avesse firmato il contratto, non sarebbe mai partita per il suo nuovo lavoro e avrebbe saltato l'appuntamento più importante della sua vita. Le anime decidono tutto prima di incarnarsi ed è meraviglioso il potere che hanno, ovvero di rendersene conto vivendo. Anche tra i nostri due protagonisti sarà sorprendente. Niente regolare. Anche se hanno deciso di non vedersi e non sentirsi più, continueranno a parlare in continuazione, anche in silenzio, a distanza. Si rivedranno molto prima di quanto immaginano. Nessuno può resistere all'Amore. In questa vita loro capiranno che quando Amore entra in campo, Amore vince e niente può arrestare la sua corsa.

Durante il quinto risveglio, la donna mi ha riferito quanto segue.

* * *

Sono davanti a una porta altissima, oltre la quale mi ritrovo in una luce di un bianco mai visto. Qui è caldo e bellissimo, in mezzo ai Maestri, che mi dicono di vedere: sono una giovane donna diciottenne dell'Ottocento, in Inghilterra. Mi sto agghindando per una festa, la mia prima festa. Ho un abito da principessa e appena arrivo, vedo un uomo… colpo di fulmine… è sempre lui! Balliamo, ma mi sento inquieta; mi aspetto lui faccia qualcosa ma non fa nulla; io non posso neanche mangiare, perché altrimenti il corpetto mi scoppia. Purtroppo lui mi confida che, presto, dovrà sposarsi con un'altra donna, più grande di lui, ricca: sarà il solito matrimonio combinato. Neppure io avrò possibilità di scelta, perché anche il mio matrimonio dipenderà dai miei genitori. Mi chiede di vederci di nascosto, ogni martedì del mese, cavalcando verso nord, a partire dalla tenuta dei miei genitori, dei conti che lui conosce bene. Lui mi aspetterà nella piccola dimora di un contadino di sua fiducia. Non sono convinta di riuscire a trovare quel posto, non so nemmeno dov'è il nord, ma ci proverò. Adesso lui è costretto a ballare con la futura moglie, io torno a casa, felice e triste allo stesso tempo. Ho dei genitori molto severi, la mia vita non mi appartiene: devo suonare il piano, portare il corpetto, fare la dieta, tutto è una tortura. Riesco a vederlo ogni martedì ed è bellissimo: il contadino sa di noi e ci protegge come se fosse un padre! Il martedì è l'unico giorno in cui posso mangiare. Tutto va bene finché i miei genitori mi comunicano che mi devo sposare con un vecchio arcigno. Il problema è anche che dovremo trasferirci in un posto molto lontano! Non potrò più raggiungere il mio amore al martedì. È impossibile arrivare a Londra dalle campagne di Birmingham, a cui sono destinata. Decidiamo allora di scappare insieme, ma dove?! Non dal contadino, perché è troppo vicino e ci troverebbero. Ci organizziamo comunque per fuggire il martedì successivo. Non so nemmeno cosa portarmi: un libro, un vestito, della cioccolata. Lui porta qualche provvista in più, cibo e acqua: cominciamo a cavalcare, verso la tenuta di un suo zio che abita a nord, in Scozia. Siamo euforici, anche se è faticoso e freddo. Inoltre siamo ricercati dalle nostre famiglie e dobbiamo nasconderci. Passiamo diverse notti all'addiaccio e io gelo perché sono molto magra, anche se lui tenta in ogni modo di scaldarmi. Arriviamo finalmente dallo zio, che però può ospitarci per pochi giorni perché anche lì verrebbero a cercarci subito. Ci dà dei soldi e ripartiamo, di locanda in locanda andiamo sempre più verso nord, facendo qualche lavoretto. Resto incinta e sento un certo timore. Non so cosa esattamente mi faccia paura, forse sono spaventata dall'idea di dover prendere la nave per andare in Francia, come abbiamo deciso. Lì saremo al sicuro. Stiamo lavorando per mettere i soldi da parte e partire. Una sera, rincasando, vengo aggredita: calci e pugni per derubarmi. Mi lasciano a terra. Perdo sangue, capisco che ho perso il bambino che nasce infatti morto. Paradossalmente mi ha salvato la vita, perché ha preso lui i calci. Il mio amato perde il controllo, blatera che difenderà il nostro onore, è rabbioso e vuole vendicarsi. Cerco di farlo desistere, ma invano. Decide di sfidare a duello il capo branco, un noto malvivente della zona. Lo imploro di non farlo, gli chiedo di partire come avevamo deciso, perché ho il terrore che lui muoia e io non voglio vivere senza di lui. Lo supplico di non lasciarmi sola. Non c'è niente da fare. Una mattina all'alba, mi accorgo che non è accanto a me e corro al porto. Quando arrivo, è ormai troppo tardi. Sono disperata, voglio morire anch'io, ma non sono neanche in grado di uccidermi. Nella locanda sono buoni con me, ma io mi sento come morta. Perché ha preferito l'orgoglio e la vendetta? Non riesco proprio a capire come l'amore abbia ceduto il passo all'odio. Continuo a lavorare come cameriera nella locanda, ma sono completamente spenta. Dopo tanti anni, quando ne ho ormai trenta, la mia famiglia mi ritrova. Mi rimettono in ghingheri, mi obbligano a sposarmi con un altro ricco vecchio. Sono incinta, spero di morire di parto: il bambino invece nasce e io sopravvivo, ancora più depressa di prima. Mio marito mi rimprovera, ma io sono totalmente indifferente. Convinco una servetta giovane e ingenua a uccidermi, dicendo che mio marito è innamorato di lei e che la sposerà se io muoio. Così lei mi pianta un coltello nel cuore. Dopo la morte rivedo lui: sono arrabbiatissima! Dopo aver litigato, come sempre, mi verrebbe da dire, saliamo tutti e due nella Luce, fra i Maestri. Dico loro che sono stufa di lui e che non voglio mai più incontrarlo. Ridono e mi consigliano di non pensare a quest'eventualità, altrimenti finirà che, un giorno, ci incontreremo di nuovo, ma soffriremo perché non potremo stare insieme. E, in effetti, penso a oggi ma, al contempo, mi rendo conto che anche se fossimo separati per mille anni lo sentirei sempre come parte di me. Inspiegabile quello che provo per lui, mai provato niente di simile, penso. Quando gli sono accanto, il mio cuore batte con un'intensità che non avevo mai sentito prima, come se facesse festa per averlo ritrovato. Anche lui se n'è accorto. I Maestri aggiungono che ci siamo scelti e che sto facendo un percorso per capire tutte le forme d'amore, quell'Amore che noi umani spesso non apprezziamo, annebbiati da tante cose, come l'orgoglio. In questa vita ho imparato che si può essere morti anche da vivi. E capisco che lui è paradossalmente morto per amore, perché non poteva accettare che io fossi disonorata. Lui non aveva altra scelta: se non avesse cercato la vendetta, sarebbe stato considerato una nullità, un uomo senz'onore e deriso da tutti. Io non comprendo questi ragionamenti e mi viene detto che accade perché io sono già evoluta, molto più anziana spiritualmente. *Gli altri umani hanno bisogno di queste esperienze, devono seguire le leggi del mondo materiale, finché non si liberano dal giudizio e comprendono che è possibile uscire dagli schemi, avvicinandosi al mondo spirituale. Uno degli obiettivi è liberarsi di queste leggi che avete scelto per vivere come schiavi. Solo i ribelli sono evoluti! Molti hanno già perso l'anima perché si vogliono schiavi.* Mi chiedo cosa devo fare con questo tizio che continuo a incontrare! Ridendo, mi dicono che capirò! Capirò che non può finire, che l'Amore che ci lega ci rende al di là dello spazio-tempo! Non perderò mai le anime a cui sono connessa, ma potrò scegliere! Mi fanno vedere queste vite con lui perché con lui c'è ancora qualcosa di irrisolto, mentre con le altre anime che frequento siamo già oltre. Mi viene detto che in questa vita potremo risolvere il nodo karmico, lavorando insieme: in ogni caso il legame fra di noi c'è e resterà sempre!

Ci dicono poi di stare tranquilli, nonostante mi compaiano immagini di morte e cataclismi, *ma né più né meno di altre epoche storiche. Non ci sarà niente di eclatante! Il vostro compito sarà salvare quante più anime possibile, anche se ci saranno quelle che sceglieranno il male, l'occhio di Sauron; ma torneranno alla Luce con i loro tempi. Ed è inutile chiederci se siamo angeli o alieni o esseri spirituali, saprete tutto a tempo debito. State lavorando bene, vi abbiamo dato i vostri giocattoli: a te l'uomo invisibile che tanto invisibile presto non sarà. Avete la vostra missione e la porterete a termine, usando il libero arbitrio, ma solo entro la missione concordata: e tu potrai decidere cosa fare con l'uomo invisibile. Tutto è riconducibile all'amore. Ogni problema è un problema d'amore. Basterebbe insegnare una cosa sola a tutti gli esseri umani: l'Amore.*

* * *

Ecco il racconto del sesto risveglio.

Sono nello stesso luogo di sempre, con gli stessi Maestri a cui chiedo non di andare in una vita passata, ma nel futuro; replicano che è impossibile, per i motivi che so. Mi rivedo in una battaglia, una guerra santa. Io sono uno dei generali con la bandiera, al galoppo: siamo appena entrati in Terra santa. Guardo la città, la gente che piange, impaurita. Mi sento un po' agitato, ma fondamentalmente impassibile, corazzato, consapevole che devo fare cose per motivi che nemmeno approvo. Entro nel palazzo del re, insieme a un interprete grazie al quale cerchiamo un accordo. Gli intimiamo di andarsene, che quella terra è ora nostra. Il sovrano replica che è impossibile che tutti se ne vadano, ma gli dico che l'unica loro alternativa è la morte. Sono anche magnanimo nel non voler uccidere tutti e lasciar tempo perché se ne vadano. Nessuno agisce come me, ma nessuno osa dirmi niente, perché risparmio fatica e strazio ai più e porto grandi risultati. Sono un mediatore, un negoziatore, prima che un generale, e soprattutto, anche se non sembra, ho un cuore. Non sono pazzo a volermi sporcare le mani di sangue, non mi piace uccidere, faccio il generale solo per campare. Che la gente se ne vada, che venga lasciata solo qualche donna per i miei uomini, che ci lascino la città. Chiedo solo questo. Ci viene data una stanza per dormire e io vedo il terrore che tutti hanno di me, che sono grande e grosso ma a incutere assoluto rispetto è l'autorevolezza che deriva dalla sicurezza che ho in me! Non sono presuntuoso, ma consapevole di essere caro agli dèi. I miei uomini si divertono fra cibo e donne e io sono schifato da loro. Io continuo a parlare con il re tramite l'interprete, spiegandogli ulteriormente che ci serve la terra, non le teste delle persone. E io uso la mia testa nell'eseguire gli ordini dell'Impero romano che ha manie di grandezza! E questa è la mia salvezza. Non lascio che il delirio e la tracotanza si impossessino di me. Mai apro le porte al demone della lussuria o dello sballo. Le redini restano nelle mie mani, sempre. Il sovrano dice che se mi sentissero i miei superiori mi decapiterebbero, io replico che sto parlando con lui che non potrà mai comunicare coi miei superiori. Gli spiego che avevo, da giovane, la scelta fra stare in mezzo ai porci della chiesa o comandare i porci dei soldati e ho scelto questa seconda alternativa; gli chiedo poi come lui sia diventato re e mi risponde che è tale per nascita. Mi domanda cosa farò dopo e nemmeno io lo so: tornerò forse a Roma che è una fogna come il resto del mondo! Cosa cambia fra la mia città e la sua, se non il vestiario? Siamo tutti esseri umani stupidi, non sappiamo bene cosa facciamo in questa vita! Mi offre donne, ragazzini, una vergine, che però rifiuto. Mi chiede se abbia problemi sessuali, gli rispondo che ho interessi più elevati, che il re ritiene chiaramente incomprensibili. Tempo dopo, ritorniamo a Roma via nave: è un viaggio tremendo, in cui mi si rivolta lo stomaco. Non ne posso più! Alcuni uomini muoiono, li buttiamo a mare. Penso a quanto fanno schifo gli esseri umani! A quanto siamo fragili, più simili alla peggiore delle bestie che uomini! Così miseri, bugiardi, meschini, arroganti, stupidi ed egoisti e sarei stato anch'io esattamente come loro se, prima di attivare il cuore, non avessi messo in moto la mia testa. Lo studio e la conoscenza liberano, ma gli schiavi non lo capiscono. Finalmente entriamo a Roma in trionfo, accolti in pompa magna, come se fossimo divini! Mi accoglie l'imperatore Costantino, un uomo piccolo e bruttarello rispetto al quale io sembro di un'altra specie! E dentro di me ho la certezza di non essere come questi umani, ma di essere qui *per* loro. Io sono imponente, di fisico, di intelletto e di cuore, l'imperatore è quasi uno gnomo rispetto a me. È contento del mio operato, mi dice che posso chiedergli qualunque cosa, scegliere qualunque ruolo, donna, schiavo, ma io non voglio niente! Mi portano in un salone con donne e schiavi dove mi sento quasi obbligato a scegliere qualcuno. Non posso distinguermi troppo in apparenza. Non devo dare nell'occhio. Ne seleziono alcuni, poi mi fermo a guardare una donna che mi colpisce. Porto a casa con me tutti i servi e la donna. Spero che non dovrò più andare in guerra! Mi reco in giardino assieme alla donna, ci sediamo. L'ho riconosciuta al primo sguardo. È sempre lui, il mio Amore, ma questa volta i nostri ruoli sono invertiti. Forse così lo capirò di più, penso. Lei è ritrosa, ma io le confido di averla scelta proprio perché caparbia. Mi dice scontrosamente che posso fare di lei quello che voglio e capisco che è caratterialmente come me. Proviamo ad approfondire la conoscenza, anche se ho la sensazione di conoscerla da sempre. Passa del tempo, resta incinta, abbiamo un figlio, ma io continuo a essere perennemente insoddisfatto. Questa donna mi piace, ma è come se non sentissi amore, né per lei né per lui: il mio cuore è congelato e questo mi fa stare malissimo! Ne parlo con i filosofi, ma nessuno sa darmi una spiegazione. Mi sento indifferente alle cose degli uomini, come se non c'entrassi nulla e non capissi cosa ci faccio con loro! Avrò quattro figli, due femmine e due maschi. Mia moglie invecchia, io passo il tempo a parlare coi filosofi: filosofeggiare è l'unica cosa che mi piace, a parte mia moglie, a cui però non riesco a esternare i miei sentimenti. Anche lei mi apprezza. Tempo dopo c'è una rivolta di un gruppo di cristiani ribelli che non accettano le regole dell'impero. L'imperatore mi ordina di sedare la rivolta: obietto che i rivoltosi non hanno nemmeno armi, perché dovremmo occuparcene? Lui risponde che non può tollerare che propagandino idee diverse dalle sue. Discutiamo con toni accesi, lui dice che gli piace dare in pasto i rivoltosi ai leoni! C'è un prigioniero che ha già addomesticato due leoni e l'imperatore vorrebbe che lo conoscessi, forse si chiama Androclo. Lo incontro, ha davvero qualcosa di speciale: parla con gli animali e per questo i leoni lo risparmiano! Gli dico che il sovrano lo vuole morto e che trovo pazzesco che lui acquieti le fiere parlando con loro. Gli chiedo come calmare i cristiani ribelli evitando di ucciderli. Androclo mi dà delle dritte e io incontro i fedeli di Cristo, li ascolto, mi piacciono i discorsi su Gesù, l'amore, la fratellanza, mi fanno sentire che quel piccolo pezzo di mondo mi corrisponde. Dico loro che è meglio se predicano lontano da Roma e loro mi ascoltano. Resta solo il problema di Androclo, visto che l'imperatore lo vuole morto, ma io no. Qualcuno mi tradisce e l'imperatore viene a sapere che non ho ancora ucciso Androclo e così manda ben due generali e molti soldati per uccidere me e sterminare tutta la mia famiglia. Ammazzano mia moglie, che avevo sposato dopo averla affrancata, ma non me che resto tuttavia gravemente ferito. Persino i miei uomini di palazzo più fidati si erano lasciati corrompere e io per la prima volta piango di dolore sul corpo della mia donna morta. Chiedo di essere ucciso davanti all'imperatore, che nega con una sceneggiata ogni coinvolgimento. Io ho perso però ogni entusiasmo per la vita e mi lascio pian piano morire. Dopo la morte, i Maestri mi chiedono se ho capito e rispondo di no! Avevo chiesto di vedere il futuro, non quel passato! Mi rispondono di comportarmi verso me stesso nel modo in cui mi comporto con quelli che mi amano, ma che io non ricambio, mostrando un amore diverso, basato sulla riconoscenza. Riguardo al disinteresse per i figli, mi dicono che sapevo che non erano in realtà miei! Nel senso che, pur essendo i miei figli biologici, non mi appartenevano.

*Tutti i genitori dovrebbero capire che i figli non sono propri e lasciarli liberi. Il tuo cuore era congelato per via dei tanti traumi subiti, ma il male non ti ha mai permesso di inaridire il tuo cuore. Da questo si vede la natura di un guerriero della Luce.* Chiedo cosa c'entri quella vita con il mio presente e replicano che avrò sempre tutto quel che voglio, come allora, ma che m'interessa di più sapere che avere! Ho capito che ho avuto e avrò sempre una scelta, come all'epoca fra carriera ecclesiastica e militare, optando per la seconda che mi ha permesso di salvare tante vite. Ho imparato quanto sia importante la conoscenza per evolvermi. Dico che non è stata una vita gioiosa, ma loro rispondono che non tutte le vite devono essere felici e quella mi serviva per capire la natura anche subdola dell'essere umano. Chiedo se debba temere di essere uccisa e mi dicono che già in passato hanno tentato di farlo, ma non succederà più e che conosco bene il tradimento. Il risveglio mi serve a capire che *le esistenze vanno a cicli: ci saranno altre guerre, altri morti, altri momenti di quiete e pace, di filosofie: questa è la vita degli umani! Cerchi da chiudere… Si può essere magnanimi anche quando si dovrebbe essere crudeli e questo è il messaggio più importante di questo risveglio, oltre al comprendere che c'è sempre una scelta,* anche di fronte agli imprevisti, come l'assalto a casa mia, quando ho visto che i miei uomini mi avevano tradito. Chiedo se non mi possa fidare proprio di nessuno e mi dicono che della moglie dell'epoca posso farlo, così come di chi mi ama e vuole conoscermi.

* * *

Al termine del risveglio, vi erano dettagli storici che non mi tornavano e così ho chiesto alla signora di quale periodo storico si trattasse e lei mi ha risposto che era ai tempi dell'antica Roma, nel 325 d.C. Mi ha riferito inoltre che Costantino avrebbe fatto costruire addirittura una chiesa sul Golgota e, per riuscire in quell'impresa, avrebbe inviato il suo esercito, prima di far partire per la terra santa anche sua madre. Non sarebbe riportata alcuna battaglia nei libri di storia, in quanto la città sarebbe stata presa senza combattere, con la negoziazione[1]. Un'altra cosa che non mi tornava era il matrimonio con una schiava. Fui stupita quando scoprii che, in realtà, all'epoca romana sposare una schiava non era così inusuale. Bastava affrancarla, grazie alla *Lex Aelia Sentia* del 4 d.C., e poi diventava possibile anche sposarla (sposare uno schiavo invece era più raro). Se non fosse stato piuttosto comune, non avrebbero previsto una legge[2]. Con questo risveglio evocativo, la signora ha compreso che quello che è impossibile per tutti è facilmente realizzabile solo attraverso l'Amore. Dopo questi risvegli evocativi, credo sia inevitabile pensare all'amore, con o senza maiuscola iniziale, e il pensiero non può non andare al *Simposio*, uno dei dialoghi più famosi di Platone. Nell'opera si parla d'amore e a un certo punto il commediografo Aristofane racconta com'erano un tempo gli uomini. Esseri perfetti che vivevano felici, composti da quattro braccia, quattro gambe e due teste, uniti per il petto, e potevano essere di tre generi: maschio con femmina, ma anche femmina con femmina e maschio con maschio. Questi uomini perfetti erano così potenti da far paura agli dèi, al punto che Zeus decise di separarli con un fulmine. Da quel giorno, gli esseri umani, i mortali, come li chiamerebbero i greci, trascorrono la propria esistenza alla ricerca della parte mancante, ma non si tratta, come spesso impropriamente si sente dire, della ricerca della propria metà, dell'altro inteso come mezza mela, ma di uno intero. Questa ricerca è necessaria perché solo così ciascuno può tornare a essere completo e la completezza, l'unità per gli antichi Greci, era composta da due esseri uniti. Ecco allora cosa ci consente di conoscere noi stessi più di ogni altra cosa: la relazione con l'altro. Rapportarsi con quel particolare altro, che è l'amato, ci permette di conoscere noi stessi. Noi diventiamo autentici solo quando entriamo in relazione con l'altro. Ed è anche il modo per scoprire la nostra unicità. E infatti noi non nasciamo con un'identità. Essa è un regalo del riconoscimento sociale, (dei genitori, innanzi tutto, da cui siamo totalmente dipendenti quando nasciamo e poi dell'ambiente). Quello che ci dà la forza e la voglia di essere noi stessi è l'altro, soprattutto il rapporto con quel particolare altro che è l'amato. Noi amiamo una persona per tante ragioni, per come ci fa sentire, per quello che riesce a far emergere da noi, ma soprattutto – se la amiamo veramente e non siamo solo preda di una passione – la amiamo per quel suo certo non so che, per la sua parte irrazionale, sfuggente, evanescente, per quello che di lei non sappiamo dire a parole. In sostanza, l'altro ci attrae proprio per il suo mistero, ciò che Platone chiamerebbe "follia", ed è proprio l'unicità della follia dell'altro che ci farà venire voglia di scendere dentro alla nostra di follia. Questo riconoscimento nell'altro di qualcosa che abbiamo dentro anche noi, ma di cui non siamo consapevoli, ci permette di sgattaiolare nella nostra interiorità, facendoci innamorare del nostro *daimon* e rendendoci desiderosi di esprimerlo per sorprendere l'amato. Alcuni scienziati direbbero che entrano in azione i cosiddetti neuroni a specchio ma, senza scomodare la scienza, a noi basta pensare a quello che diciamo e facciamo quando siamo innamorati. Tantissima cinematografia e anche letteratura spesso hanno parlato dell'amore come di quel sentimento che ci fa venire voglia di diventare una persona migliore. In che senso migliore? Il meglio di noi, di quello che siamo. La relazione con l'altro ispira il nostro *daimon*, accende la nostra voglia di essere quello che siamo, perché l'essere amati ci porta a sentire di avere qualcosa di unico, che ora vogliamo scoprire per donarlo, in primis, a chi ha innescato questa magia. Non a caso come stiamo quando siamo innamorati? Il mondo diventa improvvisamente meraviglioso, solo perché esiste un essere la cui sola presenza ci fa venire voglia di alzarci dal letto, ci toglie fame e sete, ci fa cantare sotto la doccia, ci rende consapevoli di avere un cuore e così tanta gioia e forza da credere che tutto sia possibile. Grazie all'amore, possiamo scoprire e realizzare il nostro *daimon*, dicevo, possiamo raggiungere quella che i greci chiamavano *eudaimonia*, cioè la felicità. Se noi riuscissimo a capire che possiamo essere noi stessi, esprimendo la nostra unicità entrando in relazione con l'altro, grazie all'incontro con l'altro, smetteremmo di vedere l'altro come un ostacolo, una stampella o un essere con cui entrare in competizione, a seconda dei casi. L'altro diverrebbe così una risorsa, la nostra possibilità di essere felici e, in più, solo grazie a questo tipo di Amore inizieremmo a intuire il concetto di unità, altrimenti quasi impossibile da afferrare appieno. L'Amore è il punto di svolta, la chiave, la chiusura del cerchio, l'inizio e la fine, il compimento, il senso e lo scopo che accomuna tutti, mi hanno insegnato i Maestri. Il viaggio che ciascuno di noi deve fare, la missione collettiva che ci accomuna tutti è quella per diventare noi stessi e, per riuscirci, dobbiamo sperimentare l'Amore in tutte le sue forme ed è per questo che abbiamo bisogno dell'altro. Quando sentiremo vivere un'altra creatura al nostro interno e ne sentiremo la presenza, a prescindere da qualsiasi distanza spazio-temporale, allora capiremo cosa significa che siamo tutti Uno. L'Amore viene a ricordarci la nostra natura divina e spesso lo capiamo solo quando non possiamo viverlo...

Se qualcuno ti priva della relazione autentica con l'altro, quindi, sta compiendo un'opera di devastazione e di scollamento da te stesso, uno dei crimini peggiori per chi ha veramente a cuore il benessere e l'evoluzione dell'essere umano. Le relazioni difficili e quelli che chiamo reati relazionali, che avvengono cioè all'interno di un rapporto di coppia o familiare o amicale o lavorativo, portano alla nostra implosione e, dunque, all'autodistruzione. E se qualcuno pensa che i greci sbagliassero e ritenesse questa soltanto una bella favola, lo invito a pensare a cosa succede quando un bambino non viene amato dai genitori, da cui ha un'assoluta dipendenza; essi rappresentano la prima relazione fondamentale che incontriamo nel corso della nostra vita. Se non veniamo *riconosciuti* da bambini difficilmente riusciamo a formarci un'identità da adulti. Le mappe cognitive e tutte quelle competenze che si dovrebbero sviluppare nei primi sei o sette anni di vita possono essere compromesse dalla distruzione della nostra autostima, che parte da quando siamo piccolissimi. Se tua madre non ti ha prestato attenzione e si è rifiutata di guardare un tuo disegno o una tua costruzione, rispondendoti "dopo", è probabile che tu abbia interiorizzato di non valere nulla, di non essere in grado di compiere gesti di valore capaci di catturare l'attenzione dei tuoi genitori e se non ti hanno considerato loro, perché dovrebbero farlo gli altri? Se uno o entrambi i tuoi genitori ti ammoniscono ripetendoti di non fare al solito tuo, di non combinare guai, ecco la possibile creazione di un'altra profezia "autoavverante", che ti farà sbagliare e ti farà sentire sempre imperfetto. Quando hai avuto relazioni difficili e dolorose con i tuoi genitori, per esempio, per soffrire meno, è probabile che tu ti disconnetta dalla tua coscienza, allontanandoti dalla tua interiorità. Questo comporta che, da adulto, faticherai a riconoscere il male compiuto, perché scollegato dal tuo mondo interiore. Questo lo affermano alcuni esperti nel campo delle neuroscienze, tra cui Jonathan Baylin e Daniel Hughes nel libro *La neurobiologia della terapia focalizzata sull'attaccamento.* Infine, è noto ormai che quando non ci siamo sentiti amati da bambini possiamo sviluppare delle dipendenze da adulti[3]. Le relazioni con i nostri genitori sono così importanti che spesso non passano mai, infatti, a volte si litiga con la moglie o il marito, ma, in realtà, è come se si stesse litigando ancora con uno dei propri genitori.

* * *

La persona giusta per noi è quella che ci permette di arrivare alla nostra felice, libera e completa realizzazione. L'Amore ci realizza e ci salva perché è la guida principale che ci riconduce dentro di noi, che ci fa capire che noi siamo molto di più di quello che abbiamo sempre pensato. L'Amore è un dono: ci rende liberi da ogni limite mentale e cammina nel mondo armato come un guerriero. Ecco perché quest'ultimo capitolo è il più importante, perché parla d'Amore e, ora, vi riporto il settimo risveglio di questa donna.

* * *

Le Guide Spirituali e i Maestri ci salutano, sono particolarmente allegri oggi. Chiedo una prova che non sia solo frutto della mia mente e ridono, definendomi incorreggibile. Mi tranquillizzano circa la mia paura che tutto questo possa finire. Mi fanno rivedere me stessa poi, nel grembo di una donna, al buio, divertendomi ad ascoltare i miei genitori preoccupati per diverse ragioni: mia madre per i soldi, mio padre perché già non sa amare mia madre, figurarsi una figlia! Nasco e cresco, bionda e paffutella. Gioco con il triciclo, ma mi sento sola e abbandonata. Mia madre fa il vigile urbano, mio padre l'imprenditore e commercia coltelli e posate che vende all'ingrosso; non sono particolarmente intelligenti, anzi piuttosto terra terra; non so perché li ho scelti, forse mi serviva un passaggio. Cresco, vado a scuola, frequento le superiori. Sono lenta e annoiata, come se la vita non mi interessasse molto; poi mi innamoro, ma mi sento trattenuta. Mi faccio corteggiare, ma non provo alcun interesse per ciò che ho intorno, come se vivessi in un'altra realtà. Studio ragioneria, per volere di mio padre, anaffettivo, mentre mia madre – la stessa della mia attuale vita – è estremamente ansiosa. Mi diplomo, sono fidanzata con un ragazzo, ma senza passione. Sono obbediente, vivo la vita che gli altri vogliono per me, recitando un ruolo noioso solo perché devo. Vado a lavorare da mio padre, tutto è piatto e privo di emozioni, fino al giorno in cui entra un tipo che mi sconquassa: mi innamoro appena lo vedo! Ovviamente è sempre lui e, come sempre, appena i miei occhi incrociano i suoi, tutti gli altri svaniscono e io perdo la testa, mentre il cuore accelera. È più grande di me ed è un truffatore ma, qualsiasi cosa sia, a me non interessa, perché è lui ed è come se io vedessi oltre ogni apparenza. Questo mio nuovo corteggiatore mi chiede di andar via con lui: una parte di me lo vorrebbe, un'altra lo trova azzardato e, soprattutto, come la metto con il mio fidanzato che, in questa vita, è il mio attuale marito? Non so bene dove trovo il coraggio, ma lascio il mio fidanzato, che fa una tragedia greca. Mi spezza il cuore! Non mi aspettavo reagisse così. Non avevo capito quanto mi amasse. Io gli sono molto affezionata, non vorrei mai farlo soffrire, ma capisco che mai potrei essere felice con lui e poi penso che io debba lasciarlo libero di amare e di essere amato da un'altra donna come io amo il mio truffatore. Il suo opposto: bugiardo, pazzoide, divertente e, per me, irresistibile. Mi attrae, anche se mi sento molto in colpa, sto davvero malissimo per il mio fidanzato; temo anche possa farsi del male. Cerco di prendere tempo, ma il mio amato mi dà al massimo una settimana per decidere. I miei genitori non sanno niente, ma non credo gliene importi granché; vorrei solo che il mio fidanzato s'innamorasse di un'altra, ma in una settimana è davvero impossibile. Chiedo al pazzoide di portarlo via con noi e di trovargli un lavoro. Lui all'inizio tentenna, poi accetta. Lo dico al mio fidanzato, che inizialmente replica: «Non me ne frega niente della tua amicizia!», poi accondiscende dicendo: «Sarò con te quando lui ti lascerà». A quel punto, comunico la mia decisione ai miei genitori: mio padre è indifferente, mia madre ne fa un dramma. Comunque partiamo tutti e tre – che situazione strana! –, arriviamo in un posto sul mare simile a Cannes, dove il pazzoide ha una villa. Dice al mio fidanzato che lo assumerà nella sua ditta, ma che non vivrà a casa nostra. L'ex fidanzato si trova un appartamento, io abito nella villa con il pazzoide, dove però mi sento un pesce fuor d'acqua. Non capisco neanche che lavoro e che ditta abbia quest'uomo che amo in maniera irrazionale, il quale mi dice che è molto meglio non sappia qual è la sua attività. Gli chiedo se sia un narcotrafficante e lui ride; capisco solo che commercia con le ditte farmaceutiche. È strano, ho capito da subito che era un bugiardo truffatore, ma io gli appartengo e voglio vivere con lui. A me piacerebbe fare un mestiere artistico, cosa che a casa mia era preclusa, ma per il quale a vent'anni mi sento già vecchia; così mi trascino per la casa, in compagnia della mia solita noia, che torna a trovarmi. Con il mio truffatore sto bene, ma è assente quasi tutto il giorno. A venticinque anni, incinta, cado dalle scale, facendomi parecchio male alla caviglia ma non solo. Mi trova il mio uomo che mi porta in ospedale: il bambino è morto e io mi sento in catalessi. Ho un'emorragia interna, di cui nessuno si accorge e faccio un viaggio fuori dal corpo. I Maestri mi chiedono cosa accidenti sto facendo, se ho proprio scordato tutto. Mi rimproverano di vivere la vita voluta dagli altri, anziché la mia, cosa che ammettono talvolta accade anche ai Maestri quando si incarnano. Il problema, spiegano, non è l'uomo che amo e che nel frattempo ho sposato – lui è da sempre la persona giusta per me – ma l'aver dimenticato la mia missione, a cui mi hanno richiamato con questa esperienza extracorporea. Mi dicono che non riesco a lasciarmi completamente andare all'Amore, per via della presenza del mio ex fidanzato. Sto confondendo l'attaccamento e l'affetto con l'amore, sto generando confusione e molti guai. Ho scordato la regola della libertà e sto tenendo legato a me il mio ex con la falsa speranza di tornare insieme un giorno, e con l'intento di non ferirlo gli sto causando ancora più dolore, mi dice il mio "amico" Pietro, che mi scuote in malo modo, mentre una guida più benevola mi si rivolge più dolcemente, preannunciandomi un aiutino e sussurrandomi che non devo preoccuparmi del mio ex fidanzato, il suo karma è suo, perché la responsabilità delle Anime è sempre personale, non come da noi sulla Terra. Mi risveglio in mezzo a persone disperate che m'innervosiscono;

mi sento un po' più lucida e convinta di dover scardinare le attività criminali di mio marito. Mi faccio aiutare dal mio ex fidanzato: scopriamo che il mio amato produce dei farmaci che, in teoria, dovrebbero far star bene, ma che in realtà fanno malissimo! Ci resto letteralmente di merda! Ho sempre intuito che fosse un bugiardo truffatore, ma non ho mai immaginato fino a questi livelli. Gli faccio una scenata, ma lui resta imperturbabile e con tono scanzonato replica che tutti dobbiamo pur vivere, che lui somministra solo un po' di veleno in mezzo a tante altre fonti venefiche. Lascio mio marito e torno dal mio ex fidanzato, spiegandogli però che non riesco a smettere di amare quel truffatore; dovrei denunciarlo, ma rischio di non essere creduta da nessuno! Inoltre, mio marito mi lascerebbe senza soldi e licenzierebbe l'ex fidanzato. Accade proprio così: denuncio il mio uomo, ma la segnalazione viene affossata e io decido di tornare da lui; capisco che lo devo usare, ma la verità è che mi manca troppo. Gli chiedo di crearmi una scuola, ma lui rifiuta. Mi propone un centro di bellezza per le donne, cosa che mi fa orripilare, ma che poi comprendo essere una buona idea: dentro al salone di bellezza potrò fare ciò che voglio. Capisco che bisogna dare alla gente ciò che vuole, sedurle con quello che bramano e, poi, una volta che ci sarò riuscita, potrò comunicare ciò che mi sta veramente a cuore. Mi piacciono il lusso e la bellezza, perciò il centro estetico sarà la copertura perfetta per integrare la mia missione. Dopo pochissimo tempo, infatti, inizio a invitare le clienti a serate letterarie, a casa mia. La nostra villa diventa praticamente un circolo d'arte, pieno di belle donne e di uomini sciocchi che cadono ai nostri piedi. Intervengono letterati, poeti, medium, gente da tutte le parti del mondo. Io comincio a sentire sempre più forte la necessità di parlare di spiritualità: la gente diviene più felice riscoprendo lo spirito. Addirittura, mio marito vende la ditta e decide di aiutarmi nella mia missione. Mi spiace solo che il mio ex fidanzato non si sia più rifatto una vita; io non ho più avuto figli né li desidero. Tutto migliora, finché il mio ex fidanzato, un giorno, senza motivo apparente, entra a casa nostra e spara a mio marito: non me lo sarei mai aspettato! Lo incolpa dicendo che se non fosse arrivato a rovinarci la vita, io sarei rimasta con lui, il che è assolutamente vero! Lo andrò a trovare in carcere, perché nutro un bene profondo per lui. Sono però disperata per la mia vedovanza e capisco perché non ho più voluto figli. I Maestri mi rimproverano per il mio eccesso di sincerità, perché non ho ancora imparato a non far del male agli altri: avrei dovuto evitare di portare quell'ex fidanzato nella villa del truffatore tempo prima, è stato troppo per lui! E devo smettere di preoccuparmi per i poveri squattrinati che vedo! Chi svolge la sua missione non sarà mai povero! Chi è nella sua missione è diverso dal resto dell'umanità, può dire e fare ciò che vuole; avrà legami solo con poche persone e saranno inscindibili, di Amore con la "a" maiuscola. Il punto più difficile da comprendere è questo, mi dice quello che io considero il maestro dei Maestri: *Non devi sentirti sporca o in colpa perché stai scoprendo di non aver amato il tuo attuale marito in tutte le vite che hai vissuto, perché quelle vite è come se fossero i giorni di un'unica vita. Nella tua attuale hai avuto un solo uomo e ti è battuto il cuore una sola volta? E lui quante donne ha amato prima di te? Ti stiamo facendo ricordare di aver avuto un Amore che ha attraversato le ere per capire il potere dell'Amore, non per sminuire il tuo attuale rapporto! Nella vita che stai vivendo oggi, nel 2024, credi che tuo marito sia il centro del tuo mondo ed è giusto così, perché non è possibile evolversi attraversando tutte le diverse esistenze sempre e solo con il proprio Amore, per di più sempre a lieto fine! Bisogna conoscere anche l'importanza delle altre forme di amore e, ovviamente, il dolore. Se non fai esperienza della separazione, come puoi capire la forza del tuo Amore? Se non provi a resistergli in ogni modo, come sperimenti quanto sia più forte di ogni ragione? Da questa parte è tutto molto più semplice, voi avete generato talmente tanta confusione da non capire più nulla. Ti stiamo facendo vedere tutte queste vite non solo per trasmettere il messaggio del potere dell'Amore, ma anche per farti capire che quello che resta irrisolto sul piano materiale torna in continuazione, finché non viene sistemato. Come ti abbiamo già detto, quando troverai il modo di far vivere il tuo Amore senza fare del male a nessuno e con assoluta libertà, tutto il karma sarà superato e tu e l'altro smetterete di incontrarvi e combinare guai, più o meno importanti. Ti chiedi a chi appartieni. Ti domandi com'è possibile che tu abbia sposato un uomo, convinta che fosse l'Amore della tua vita e poi ti accorga di esserti sbagliata? E ora che si fa? Potresti sopravvivere sapendo di avergli spezzato il cuore? Non è meglio continuare ad amarlo, per come sai fare, pur sapendo che l'Amore è un'altra cosa? Dopo tutto, sei sicura che per lui non sia lo stesso?*

*Lui ha amato centinaia di donne prima di te e come fai a essere sicura che proprio tu sia l'Amore? È stupido essere gelosi dell'amato, perché non siete voi a provare amore, ma è l'Amore che decide di scorrere tra due Anime, ma solo quando quell'Amore con la "a" maiuscola serve all'evoluzione dell'intero pianeta. L'Amore è uno e attraversa indenne il setaccio stretto del tempo e dello spazio, è il mistero della vita, la dimora della felicità, è la massima espressione del divino. L'amore, invece, può assumere diverse forme e voi siete lì per conoscerle o meglio, solo qualcuno di voi ci riuscirà. L'amore si può declinare nel classico rapporto di coppia, ma anche in una relazione amicale o professionale o familiare. Ora comprendi perché non devi sentirti in colpa? È l'Amore con la "a" maiuscola a scorrere tra le Anime che gli servono, che non hanno scelta, se non quella di decidere come declinare quel sovvertimento di ogni raziocinio: potrete scegliere di essere amanti o amici o colleghi di lavoro, in modo da apparire esseri qualunque che condividono un legame qualsiasi ma sarete costretti a vivere quel sentimento che eleverà le vibrazioni del pianeta. Di conseguenza, puoi dire a tuo marito di stare tranquillo, perché in questa vita del 2024 lui è il tuo amore e non gli deve interessare cosa hai fatto prima di lui, come a te non deve interessare quante donne ha creduto di amare prima di te! Il marito, dunque, che dovesse riconoscere sua moglie come protagonista di questi risvegli dovrà dimostrare di nutrire per lei vero Amore, comprendendo che non si può essere gelosi del passato o di ciò che accade quando noi non siamo presenti. L'Amore che sua moglie sta ritrovando le serve per compiere la sua missione. Lui deve stare tranquillo, come te, perché in questa vostra attuale vita, vi siete scelti, così come in molte altre e anche voi, ora come allora, siete stati visitati dall'amore, ma non potevamo raccontare le vostre innumerevoli vite insieme, perché altrimenti nessuno avrebbe compreso che l'Amore può manifestarsi anche in legami e modi diversi da quelli che voi associate al tradimento. Possono considerarsi amanti, infatti, due che si sono visti meno di ventiquattro ore in un anno, eppure si pensano come se si frequentassero ogni giorno? Chi Ama davvero ha imparato per prima cosa a tacere, perché all'Amore piacciono la penombra e il silenzio, in modo che quando lui arriva possa far risplendere le vostre luci, vi accenda, facendovi credere che voi siate gli artefici di qualcosa che vi trascende e che è un dono divino per ricongiungervi all'Uno, svegliarvi e farvi tornare a casa. Solo chi ha conosciuto l'Amore potrà comprendere queste parole. Il mondo va in frantumi perché pochi accolgono questo tipo di Amore e scelgono in quale forma manifestarlo. Accadranno tante cose brutte, ma chi ha conosciuto l'Amore non dovrà preoccuparsi. Capite perché è così importante parlare d'Amore? Quel che accadrà sarà necessario. Ci sarà per molti un'altra possibilità che in pochi, però, coglieranno. Il vero problema è la disconnessione dall'Anima, ma questa deriva dalla mancata accettazione di Amore, messo in secondo piano. Ci sarà un altro reset per ricominciare, preceduto da catastrofi, pericoli nelle stazioni ferroviarie (non in Italia), gente che scappa, urla. In Italia ci saranno meno sciagure che altrove perché qui sono presenti un buon numero di risvegliati, anche se non sembra! In Inghilterra, invece, dormono sonni profondi, ma anche in Francia e Germania!* La cultura che c'è in Italia, nonché il nostro DNA truffaldino, ci rende più svegli degli altri? Per questo tanto accanimento qui nel periodo del Covid? Chiedo, ma mi sorridono e mi dicono che è ora di andare.

* * *

Questo è l'ottavo e ultimo risveglio sull'Amore che vi riporto. La signora protagonista è sempre la stessa e il suo racconto inizia nel posto di sempre, con la solita luce bianca e gli stessi Maestri che la salutavano prima che lei si immergesse in un nuovo viaggio.

Vedo cavalli e agitazione. Sono un uomo: un samurai a cavallo e corro come un pazzo, per recapitare un messaggio. È scoppiata una guerra, vogliono assaltare la nostra comunità. Noi siamo pochi samurai che vivono in cima a una montagna e non sappiamo perché vogliano attaccarci. Io l'ho scoperto andando in città, dove ci sono gli inglesi. C'è un gran trambusto, viene convocata una riunione. Io sono giovane, non vorrei morire così, alla mia prima battaglia. Gli anziani del villaggio sottolineano che non è detto che moriremo: potremmo preparare un agguato, facendo credere che il villaggio sia disabitato, nascondendoci nella foresta, lasciando che gli inglesi entrino per poi improvvisamente accerchiarli. Accetto quest'ordine, non ho potere di decisione e nella nostra comunità di samurai obbedire è un dovere sacro. Anche per questo il mio amore è senza speranze. Sono innamorato di una giovane donna ma non possiamo amarci perché lei è la figlia del capovillaggio ed è promessa a colui che succederà al padre di lei una volta morto. Il vice è un uomo molto più grande di me, lei non lo ama, ma qui l'amore è un dettaglio. Vige la legge della disciplina e la disciplina si basa sulle regole e le regole non si discutono mai. In attesa dell'assalto degli inglesi, ci nascondiamo nella foresta, vivendo in piccole tende: tutto è disagevole e il tempo scorre persino più lento del solito. Finalmente arrivano gli inglesi. Sono sorpresi di non vederci e da vandali quali sono rompono alcune delle nostre statue e oggetti; infine si siedono in un'abitazione, bivaccando, lasciando solo due uomini di guardia all'esterno. Si complimentano per la velocità dell'operazione, pur rammaricandosi di non aver tagliato alcuna testa. Noi, vestiti di nero, colpiamo con delle frecce i due di guardia per poi entrare in quella casa occupata dagli inglesi. Facciamo una carneficina. Fra i nostri c'è solo un morto. Prendiamo la testa di uno di loro e la portiamo al villaggio, come monito, perché nessuno osi più attaccarci. Per diversi anni, viviamo in pace, con i nostri rituali, la nostra disciplina, le nostre coltivazioni. A me piace stare nella natura, soprattutto vicino a un ruscello. Lì, un giorno, incontro lei, che mi confida di avermi seguito spesso. Naturalmente lei è sempre lui, il pazzoide dell'altra vita... È bello parlare con lei. A entrambi piacerebbe stare insieme, ma sappiano che non è possibile. Noi siamo intrisi di quella cultura, non possiamo mettere in discussione il fatto che la figlia del capo deve sposare l'uomo scelto dal genitore che dovrà un domani guidare il villaggio. Ci baciamo, sembra un bacio d'addio e così ci salutiamo: lei torna al villaggio per prima, io in seguito. Sento un dolore al petto, mi sento scisso fra amore e dovere, la vita è così difficile. Una notte veniamo assaltati: una delle nostre case va a fuoco. Arrivano altri inglesi, con i fucili: è la loro vendetta. Io ho solo il pensiero di salvare lei. Ci guardiamo un istante, quel tanto che basta a comunicare con il pensiero: anche lei sa che potrei scegliere di salvare suo padre, ma io verrei sicuramente ucciso e possiamo immaginare cosa farebbero a lei. Quando mi fa un cenno con il capo, come se mi approvasse, io arrivo al galoppo e, come una scheggia, la afferro, la sollevo e la faccio salire sul mio cavallo. Lei piange, stretta a me, mentre scappiamo verso l'ignoto. Da lontano, osserviamo il nostro villaggio sterminato che rappresenta anche paradossalmente la nostra libertà. Enorme è anche il mio disonore, che mi fa sentire in colpa, ho sacrificato il capovillaggio per amore o, forse, dovrei dire per egoismo. Ho trasgredito all'etica dei samurai. Cosa fare ora? Chiedere ospitalità a un altro villaggio? Faremmo una brutta fine nel giro di poche ore, perché chi è samurai sa che la vita del capo è sacra e va difesa a ogni costo, perciò sospetterebbero subito di me. Passiamo giorni difficili, continuando a peregrinare, mentre io sono costantemente pensieroso. Le dico, infine, che voglio rinunciare alla mia vita da samurai e vivere come gli inglesi, fra di loro, per amore suo. Quello potrebbe essere l'unico modo per tornare liberi, amarci e creare una famiglia! L'alternativa è tornare fra la nostra gente e scegliere tra la menzogna o la vergogna quindi raccontare il mio disonore, per poi uccidermi. Lei accetta di cambiar vita e mi taglia i capelli con la spada: è un dolore immenso! Arriviamo in città, compriamo dei vestiti e poi trovo lavoro in una fattoria dove mi adeguo a fare lo stalliere. Lei invece non sa far nulla, ma cerca di imparare. Il padrone della fattoria però le ha messo gli occhi addosso: dobbiamo scappare anche da lì; rubo un cavallo e, di notte, ce ne andiamo. Le dico che deve imbruttirsi e lei accetta a malincuore di farsi tagliare i capelli. Troviamo lavoro in un'altra fattoria, faticando molte ore al giorno. Lì riesco a farmi benvolere dagli anziani proprietari, che ci danno una stanza. Non è esattamente quel che sognavamo, ma ci adattiamo. Divento padre di un bambino, ma i sensi di colpa continuano a tormentarmi e a darmi incubi: temo che prima o poi pagherò per il mio passato. Anni dopo, incontro in città un samurai del nostro primo villaggio, che ci riconosce. Mi chiede di tornare sulle montagne, dove è stata ricostituita una comunità, per tornare a fare il samurai. Rifiuto. Lui accetta e se ne va. Dopo diversi mesi, però, lui e altri fanno irruzione in casa nostra e rapiscono mio figlio, che ha ormai dieci anni: sanno che non lo abbandoneremmo mai e così torniamo al villaggio natio. Sono consapevole di andare incontro alla morte e, infatti, vengo preso in trappola: sapevano cos'avevo fatto, sapevano che sarei tornato per mio figlio e, appena giunto lì, mi uccidono. La mia donna e il mio bambino sono disperati, lei è data in sposa al nuovo capovillaggio. Sono pieno di rabbia e rancore e così mio figlio. Decido di restare lì, accanto a loro, per proteggerli come posso. Lei si lascia morire e, presto, una malattia la riporta da me. Appena ci ricongiungiamo, saliamo nella Luce, al cospetto dei Maestri. Dico loro che ho imparato la rabbia, l'odio per le regole: anche quello che sembra un mondo di virtù disciplinate era, in realtà, una realtà di imposizioni sbagliate. Capisco perché oggi sono così intransigente, dove ho imparato la disciplina più ferrea e come faccio ad avere una forza di volontà in grado di uccidere, tanto è stata addestrata a sopportare l'insopportabile. Comprendo anche perché sono così ribelle e rabbioso nei confronti di ogni autoritarismo e imposizione, avendo capito che la disciplina, per andare bene, deve essere più elastica, meno ottusa. La lezione più importante riguarda però l'amore. Bisogna avere il coraggio di scegliere questo sentimento e ciò significa diventare liberi al punto di essere disposti a perdere tutto, a sopportare sensi di colpa che potranno durare tutta la vita, persino a morire, purché si vada oltre ogni limite e la stupida dicotomia bene e male. Quando si ama qualcuno, infatti, si comprende che non esiste il male assoluto e il bene assoluto, che tutto è sempre molto relativo, che dipende dal singolo punto di vista e che, soprattutto, l'amore richiede di scegliere. Siamo qui per imparare delle lezioni utili a svegliarci, ma lo dobbiamo fare divertendoci, con vibrazioni antitetiche rispetto a quelle della materia. Il fatto che io, in questa mia vita attuale, pensi sempre di non essere all'altezza e mi senta in colpa per tutto deriva da quello che la mia Anima ha interiorizzato a quei tempi: avevo disonorato l'etica del samurai! Ora so di aver agito solo per amore e, se avessi scelto diversamente, saremmo morti tutti. *L'amore*, mi dicono i Maestri, *dovrebbe essere l'unico punto di riferimento in base a cui orientare le proprie scelte, perciò hai agito nel migliore dei modi*. Domando loro se è possibile un equilibrio fra amore ed etica e loro mi rispondono che solo a volte è possibile per noi esseri umani. Se solo imparassimo ad affidarci a loro, l'invisibile ci aiuterebbe a conciliare etica e amore. Aggiungono che l'amore non è mai fine a sé stesso, ma serve a innalzare le nostre vibrazioni, per portare sulla Terra i messaggi celesti, altrimenti inascoltabili. *Si può essere innamorati per tutta la vita della stessa persona eppure non stare mai con lei. Questo è uno dei poteri dell'Amore: non dipendere da niente e da nessuno, neppure dal contatto con l'amato, eppure amarlo sempre come il primo giorno, come la prima volta. Non devi preoccuparti se a qualcuno non piaci, hai una missione più importante che non occuparti delle causali dei bonifici. Ci saranno degli stravolgimenti, ma tutto è guidato dall'alto, anche la scelta dello studio.*

Vi starete chiedendo, arrivati alla fine, se questi due staranno insieme oppure no. Chi può dirlo… ciò che conta è che non sono mai stati separati. All'interno di questo cerchio magico coesistono ancora e per sempre.

# Bibliografia essenziale


Culianu I. P., *I miti dei dualismi occidentali. Dai sistemi gnostici al mondo moderno*, Rimini, Jaca Book, 1989.

De Rachewitz B., *Il libro dei morti degli antichi egizi*, Edizioni Mediterranee, Roma, 1992.

Delacour J. B., *Di ritorno dall'aldilà*, Milano, Mondadorii, 1996.

Dispensa J., *Diventa Supernatural*, Rimini, My Life Edizioni, 2023.

Fenwick P., Fenwick E., *La verità nella luce. Una indagine su 300 casi di "Ritornati" dall'aldilà*, Terni, Hermes Edizioni, 1999.

Jonas H., *Lo Gnosticismo*, a cura di Farina R., Torino, SEI, 2002.

Jung C. G., *Anima e morte. Sul rinascere*, Torino, Bollati Boringhieri, 1978.

Jung C. G., *Opere, vol. 8*, Torino, Bollati Boringhieri, 1976, "La sincronicità come principio di nessi acausali".

Jung C. G., *Opere, Vol. 9/1*, Torino, Bollati Boringhieri, 1997, "Gli aspetti psicologici dell'archetipo della Madre".

Kent R., Fotherby V., *L'ultima frontiera. Incredibili racconti di esperienze pre-morte*, Mantova, Il Dono, 1998.

Kübler-Ross E., *La morte e il morire*, Assisi, Cittadella Editrice, 1982.

Kübler-Ross E., *La morte e la vita dopo la morte*, Roma, Edizioni Mediterranee, 2007.

Lanza R., Biocentrismo, Milano, Il Saggiatore, 2015.

Magnifico T., *Telepatia: scienza o pseudoscienza?*, missionescienza.it, 23 settembre 2022.
https://www.google.com/amp/s/www.missionescienza.it/telepatia-scienza-o-pseudoscienza/amp/

McDougall J., *Teatri dell'Io*, Milano, Raffaello Cortina, 1988.

Merati L., Ercolani E., *Manuale pratico di ipnosi clinica e autoipnosi*, Milano, Edra, 2015.

Montano A., *Mindfulness – Guida alla meditazione di consapevolezza – Una terapia per tutti*, Salerno, Ecomind, 2007.

Moody R., A. Jr., *La vita oltre la vita,* Milano, Mondadori, 1977.
Moody R., A. Jr., *Nuove ipotesi sulla vita oltre la vita,* Milano, Mondadori, 1996.
Moorjani A., *Morendo ho ritrovato me stessa,* Coriano di Rimini, My Life, 2013.
Moraldi L. (a cura di), *La Gnosi e il mondo. Raccolta di testi gnostici,* Milano, TEA, 1988.
Morse M., Perry P., *Più vicini alla luce,* Sperling & Kupfer, Milano, 1991.
Osis K., Haraldsson E., *Quello che videro nell'ora della morte,* Milano, Armenia Editore, 1988.
Ouspensky P., D., *La quarta via,* Roma, Astrolabio, 1978.
Pacciolla A., EPM. *Esperienze di pre-morte. Fenomenologia e ipotesi interpretative,* Milano, San Paolo Edizioni, 1995.
Pace U., *La Gnosi,* Torino, Marcovalerio, 2002.
Pease B., Paese, A., *Perché mentiamo con gli occhi e ci vergogniamo con i piedi?,* Milano, Rizzoli, Bur, 2008.
Puech H. C., *Sul Manicheismo e altri saggi,* Torino, Einaudi, 1995.
Puech H. C., *Sulle tracce della Gnosi,* Milano, Adelphi, 1985.
Puech H. C. (a cura di), *Storia delle religioni,* Vol. VIII, Roma Bari, Laterza, 1988.
Radhakrishnan, S., *La filosofia indiana,* Roma, Asram Vidya, 1993.
Raggi A., *Telepatia come negli "X-Men"? Esperimento di neuroscienziati sulla comunicazione tra cervelli,* medicitalia.it, 1° ottobre 2014. https://www.medicitalia.it/blog/psicologia/5065-telepatia-come-negli-x-men-esperimento-di-neuroscienziati-sulla-comunicazione-tra-cervelli.html.
Regaldo G., *Manuale di ipnosi medica rapida,* stampato in proprio, 2014.
Resnik S., *Il teatro del sogno,* Torino, Bollati Boringhieri, 2007.
Rudolph K., *La Gnosi. Natura e storia di una religione tardoantica,* Brescia, Paideia, 2000.
Sabon M., *Dai confini della vita: un'indagine scientifica,* Milano, Longanesi, 1983.
Salardi C., Bimbi A., *L'ascolto del corpo in psicoterapia,* Milano, Unicopli, 1990.

Samek Lodovici E., *Metamorfosi della Gnosi: Quadri della dissoluzione contemporanea*, Milano, Ares, 1979.
Simonetti M. (a cura di), *Testi gnostici in lingua greca e latina*, Milano, Mondadori/Fondazione Lorenzo Valla, 1993.
Simonton O. C., *L'avventura della guarigione*, Torino, Amrita, 2006.
Simonton O. C., *Ritorno alla salute*, Torino, Amrita, 2005.
Tucker J., B., *Il bambino che visse due volte*, Milano, Sperling & Kupfer, 2009.
Vercelli G., *Vincere con la mente*, Milano, Ponte alle Grazie, 2016.
Weiss B., *Molte vite, molti maestri*, Milano, Mondadori, 1998.
Weiss B., *Molte vite, un solo amore*, Milano, Mondadori, 1997.
Whitton J., L., Fisher J., *Vita tra le vite*, Milano, Armenia, 1989.
Yates F. A., *Giordano Bruno e la tradizione ermetica*, Bari, Laterza, 1969.

Per la bibliografia estesa si invita a consultare il sito web della casa editrice anima.tv.

# NOTE

## Parte I

### Capitolo 1. Lasciare il prestigio sociale per un mestiere senza nome

1 P. Calvi Parisetti, *Un Passo nella Luce: Vincere la paura della morte scoprendo la vita oltre la vita,* OpenMind Publishing, 2023.

B. Greyson, "Varieties of Near-Death Experience". *Psychiatry,* n. 56(4) (1993), pp. 390-399.

B. Greyson, "Near-death experiences". In E. Cardeña, S. J. Lynn, S. Krippner, *Varieties of anomalous experience: Examining the scientific evidence,* American Psychological Association, Washington DC, 2000, pp. 315-352.

J. M. Holden, "Veridical perception in near-death experiences". In *The handbook of near-death experiences: Thirty years of investigation,* Praeger Publishers, Westport, 2009, pp. 185-211.

K. Ring, S. Cooper, "Near-Death and Out-of-Body Experiences in the Blind: A Study of Apparent Eyeless Vision". *Journal of Near-Death Studies,* 16(2) (1997), pp. 101-147.

K. Devery, D. Rawlings, J. Tieman, R. Damarell, "Deathbed phenomena reported by patients in palliative care: clinical opportunities and responses". *International Journal of Palliative Nursing,* 21(3) (2015), pp. 117-125.

K. Osis, E. Haraldsson, "Deathbed observations by physicians and nurses: A cross-cultural survey". *Journal of the American Society for Psychical Research,* 71(3) 1977, pp. 237-259.

P. Fenwick P, H. Lovelace, S. Brayne, "Comfort for the dying: five year retrospective and one year prospective studies of end of life experiences". *Archives of Gerontology and Geriatrics,* 51(2) (2009), pp. 173-179.

D. Fontana, *Is There An Afterlife? A Comprehensive Overview of the Evidence,* Milano, Iff Books editore, 2005.

A. Stéphane, *Dopo… La straordinaria inchiesta di un reporter sulle prove della vita oltre la vita,* Libreria Pienogiorno, Milano, 2024.

2 M. Loy, *Un giudice smentisce la consulta: illegale il green pass per lavorare,* laverita.info, 15 ottobre 2024.

☞ https://www.laverita.info/un-giudice-smentisce-la-consulta-illegale-il-green-pass-per-lavorare-2669392526.html

3 M. Giordano, "La soluzione agli effetti avversi? Eutanasia", in *LaVerità,* IX, n. 302, 1° novembre 2024, p. 13.

4 M. Loy, Paralizzata dopo il siero, le offrono l'eutanasia, laverita.info, 29 febbraio 2024.
☞ https://www.laverita.info/canada-effetti-vaccino-2667397663.html.
5 E. Cardeña, "The experimental evidence for parapsychological phenomena: A review". *American Psychologist*, n. 73(5) (2018), pp. 663-677.
P. Tressoldi, D. L. Katz, "Remote Viewing: a 1974 2022 systematic review and meta-analysis. In press". *Journal of Scientific Exploration*, 2023.
☞ https://psyarxiv.com/r9yw5/download.
J. Mossbridge, P. Tressoldi, J. Utts, "Predictive Physiological Anticipation Preceding Seemingly Unpredictable Stimuli: A Meta-Analysis". *Frontiers in Psychology*, vol. 3(390) (2012).
B. J. Williams, "Minding the Matter of Psychokinesis: A Review of Proofand Process-Oriented Experimental Findings Related to Mental Influence on Random Number Generators". *Journal of Scientific Exploration*, Vol. 35, No. 4 (2021), pp. 829-932.
D. Radin, M. Schlitz, C. Baur, "Distant Healing Intention Therapies: An Overview of the Scientific Evidence". *Global Advances in Health and Medicine*, 4(suppl) (2015), pp. 67-71.

**Capitolo 2. Tornare in contatto con l'Anima**

1 Tecnica per lo più mutuata dall'ipnosi regressiva, di cui parlerò nei capitoli 7 e 11.
2 Come ci insegnano diversi astrofisici, tra cui Massimo Teodorani in *L'atomo e le particelle elementari*, Cesena, Macro Edizioni, 2007, pp. 149-153.
3 R. Panek, *Il 4% dell'universo*, Torino, Codice Edizioni, 2012.
4 V. Marchi, *La scienza dell'Uno*, Cesena, Macro Edizioni, 2007, p. 31.
5 Da un articolo del *Corriere della sera* – Scienze, 27 marzo 2010.
6 E. Schrödinger, *L'immagine del mondo*, Torino, Bollati Boringhieri, 2017, p. 108.

**Capitolo 3. L'osservazione, il ricordo di sé e il gioco geniale chiamato vita**

1 È un messaggio ricevuto da un Maestro, i messaggi da entità di luce o Maestri o guide saranno da qui in avanti riportati in corsivo.
2 J. Engler, "La psicologia buddista: contributi alla teoria psicologica occidentale". In A. Molino, *Psicoanalisi e buddismo*, Milano, Raffaello Cortina, 2001, p. 10.
3 T. N. Hanh, *Vita di Siddhartha il Buddha*, Roma, Ubaldini, 1992, pp. 181-183.
4 G. Pagliaro, *Mente, meditazione e benessere*, Milano, Tecniche Nuove, 2004, p. 68.
5 Da *Il Vangelo di Maria Maddalena*, Archivio Akashico, alchimus.it, v. 76-82.
☞ https://www.alchimus.it/wp-content/uploads/2017/09/Vangeli-apogrifi-Il-Vangelo-di-Maria-Maddalena.pdf.
6 S. Freud, "Le neuropsicosi da difesa". In S. Freud, *Opere 2*, Torino, Bollati Boringhieri, 1968, pp. 132-133.
7 C. Jönsson, "Elektroneninterferenzen an mehreren künstlich hergestellten Feinspalten". *Zeitschrift für Physik*, vol. 161(4) (1961), pp. 454-474.
☞ https://doi.org/10.1007/BF01342460 e https://www.lescienze.it/news/2023/04/17/news/luce_doppia_fenditura_versione_temporale_particelle_onde_metamateriali-11827328/.

8 J. A. Armour, J. L. Ardell, *Neurocardiologia*, Roma, CIC Edizioni Internazionali, 1995.
9 J. Hillman, *Il codice dell'anima*, Milano, Adelphi, 1997, p. 111.
10 C. G. Jung, *Ricordi, sogni, riflessioni*, Milano, Rizzoli, 1992, pp. 148-166.
C. G. Jung, "Riflessioni teoriche sull'essenza della psiche". In C. G. Jung, *Opere 8*, Torino, Bollati Boringhieri, 1976, p. 208.
11 C. G. Jung, La funzione trascendente. In C. G. Jung, *Opere vol. 8*, Torino, Bollati Boringhieri, 1976, p. 97-99 e p. 105.
12 Per approfondire la personalità di Roger Wolcott Sperry si consiglia: *Roger Wolcott Sperry – Life and Works*, rogersperry.org.
☞ https://rogersperry.org/index.html/.
E Roger Sperry, *lo scienziato che studiò la coscienza*, stoccolmaaroma.it.
☞ https://www.stoccolmaaroma.it/coscienza-roger-sperry/.
13 Per saperne di più, si veda la pagina web *Brain Monitor*, elemaya.it.
☞ https://www.elemaya.it/BrainMonitor.htm.
14 *Synchronizing & Balancing Your Left & Right Brain Hemispheres*, eocinstitute.org/meditation.
☞ https://eocinstitute.org/meditation/whole_brain_synchronization/.
*Meditazione, psyche e cervello*, psicologiadelbenessere.it
☞ https://psicologiadelbenessere.it/meditazione-psiche-e-cervello/.
R. F. Afonso, I. Kraft, M. A. Aratanha, E. H. Kozasa, "Correlati neurali della meditazione: una revisione degli studi di risonanza magnetica strutturale e funzionale". *Front Biosci* (Sch. Ed.), 12:92-115 (2020).
☞ https://pubmed.ncbi.nlm.nih.gov/32114450/.
15 J. Jaynes, *Il crollo della mente bicamerale e l'origine della coscienza*, Adelphi, Milano, 1996, pp. 94-95.
16 *Ivi*, pp. 169-171.
17 R. Màdera, *Carl Gustav Jung*, Milano, Feltrinelli, 2016 p. 96.

**Capitolo 4. La CIA e il progetto Gateway. Mortali o immortali?**

1 The Gateway Program, cia.gov/readingroom.
☞ https://www.cia.gov/readingroom/docs/CIA-RDP96-00788R001700270006-0.pdf.
2 *Analysis and Assessment of The Gateway Process*, cia.gov/readingroom.
☞ https://www.cia.gov/readingroom/docs/CIA-RDP96-00788R001700210016-5.pdf.
3 T. Campion, *Come sfuggire ai confini del tempo e dello spazio*, secondo la CIA, vice.com, 26 febbraio 2021.
☞ www.vice.com/it/article/gateway-cia-esperimenti-coscienza/.
4 I. Bentov, *Stalking the Wild Pendulum*, New York, Plume, 1977.
5 *The Gateway Experience: come superare i confini del tempo e dello spazio secondo la CIA*, reccom.org, 5 maggio 2022.
☞ https://reccom.org/the-gateway-experience/.
6 J. Dispenza, *Diventa Supernatural. Come fanno le persone comuni a realizzare cose straordinarie*, Rimini, My life, 2018.
7 *Ivi*, pp. 224-233.

8 S. Freud, "Casi clinici &: il presidente Schreber. Osservazioni psicoanalitiche su un caso di paranoia (dementia paranoides) descritto autobiograficamente". In S. Freud, *Opere 6*, Torino, Bollati Boringhieri, 1974, pp. 398.

9 S. Freud,"Nuove osservazioni sulle neuropsicosi da difesa". In S. Freud, *Opere 2*, Torino, Bollati Boringhieri, 1968, p. 318.

10 D. Kalsched, *Il mondo interiore del trauma*, Bergamo, Moretti & Vitali, 2001, p. 31.

11 D. Kalsched D., *Il trauma e l'anima*, Bergamo, Moretti & Vitali, 2013, p. 178.

12 A. Montano, R. Borzì, *Manuale di intervento sul trauma*, Trento, Edizione Erickson, 2019.

M. C. Gugliandolo, V. Verrastro, F. Liga, "Parenting invalidante e dipendenze tecnologiche: il ruolo del controllo psicologico genitoriale". *Maltrattamento e abuso all'infanzia*, 3/2019 (2019), pp. 55-74.

13 E. F. Poli, *Anatomia della guarigione*, Milano, Anima Edizioni, 2014, p. 141.

14 C. G. Jung, *Ricordi, Sogni, Riflessioni*, Milano, Rizzoli, 1998, p. 17.

15 K. Pribram, "Brain and the Composition of Conscious Experience". *Journal of Consciousness Studies*, 6(5):19-42 (1999), pp. 19 sgg.

16 P. Testa, *Libro dei morti egiziano*. Libro per uscire nel giorno, Firenze, Harmakis, 2018.

B. De Rachewiltz, *Il libro dei morti degli antichi egizi*, Roma, Edizioni Mediterranee, 1992.

17 A. B. Bhavanani, *Yoga Sutras of Patanjali: An Overview*, academia.edu.

☞ https://www.academia.edu/34426186/Yoga_Sutras_of_Patanjali_An_Overview.

18 *Padmasambhava, Il libro tibetano dei morti*, G. Coleman, G. Thupten Jinpa (a cura di), Milano, Mondadori, 2017.

19 P. van Lommel, R. van Wees, V. Meyers, I. Elfferich, "Near-Death Experience in Survivors of Cardiac Arrest: A Prospective Study in the Netherlands". *The Lancet*, 15;358(9298):2039-45 (2001).

☞ https://www.thelancet.com/journals/lancet/article/PIIS0140-6736(01)07100-8/abstract.

20 R. Lewin, *Is your brain really necessary*, 12 dicembre 1980, science.org.

☞ https://www.science.org/doi/10.1126/science.7434023.

P. Van Lommel, *Coscienza oltre la vita. La scienza delle esperienze di premorte*, Rimini, Amrita, 2017.

Pim van Lommel, pimvanlommel.nl e Kenneth Ring, kenring.org.

21 *Vita dura per la coscienza quantistica*, lescienze.it, 11 marzo 2009.

☞ https://www.lescienze.it/news/2009/03/11/news/vita_dura_per_la_coscienza_quantistica-575911/.

S. Hameroff, R. Penrose, "Consciousness in the universe: A review of the 'Orch OR' theory". *Physics of Life Reviews*, vol. 11(1) (2014), pp. 39-78.

M. Passarello, *La coscienza è un effetto quantistico: Roger Penrose rilancia la sua teoria*, ilSole24ore.com.

☞ https://st.ilsole24ore.com/art/tecnologie/2014-01-17/la-coscienza-e-effetto-quantistico-roger-penrose-rilancia-sua-teoria-154127.shtml?uuid=AB9RwSq&refresh_ce=1.

**22** *Discovery of quantum vibrations in "microtubules" inside brain neurons supports controversial theory of consciousness*, sciencedaily.com, 16 gennaio 2014.
☞ https://www.sciencedaily.com/releases/2014/01/140116085105.htm.
**23** R. Penrose, Dal Big Bang all'eternità. *I cicli temporali che danno forma all'universo*, Milano, Rizzoli, 2011.
**24** Franco Battiato e Jack Sarfatti: I Misteri della Coscienza e della Fisica Quantistica, youtube.com, settembre 2024. https://youtu.be/Gwsvh-qx1GE?si=k-sQTdBnNXF-GD9CQ.
**25** C. McGinn, *The Problem of Consciousness*, Hoboken, Blackwell, 1991, p. 45.

### Capitolo 5. Dalla mia storia al male insito nell'uomo

**1** G. I. Gurdjieff, *Incontri con uomini straordinari*, Milano, Adelphi, 1977.
P. D. Ouspensky, *Frammenti di un insegnamento sconosciuto*, Roma, Astrolabio, 1978.
**2** *Similitudini tra lo scimpanzè e l'uomo*, janegoodall.it.
☞ https://www.janegoodall.it/index.php/progetti/scimpanze/conosci/scimpanze-e-uomo/.
*Animali Uomini e scimpanzé non così uguali*, 25 settembre 2002, focus.it.
☞ https://www.focus.it/ambiente/animali/uomini-e-scimpanze-non-cosi-uguali.
L. Gesuita, *Cosa distingue gli esseri umani dagli scimpanzè: analogie e differenze nel genoma*, 5 febbraio 2023, geopop.it.
☞ https://www.geopop.it/https://www.geopop.it/cosa-distingue-gli-esseri-umani-dagli-scimpanze-analogie-e-differenze-nel-genoma/.
**3** M. Ragusa, *L'uomo innaturale. Le origini misteriose della più straordinaria e controversa specie del nostro pianeta: Homo sapiens*, Roma, Lux-Co, 2022.
**4** S. Milgram, *Obedience to Authority: an experimental view*, Londra, Harper & Row, 1974.
**5** P. G. Zimbardo, "On the ethic of intervention in human psychological research: with special reference to the Stanford prison experiment". *Cognition*, 2(2):243-56 (973).
**6** G. Le Bon, *Psicologia delle folle*, Milano, Edizioni Clandestine, 2013.

### Capitolo 6. L'Anima e la vera conoscenza

**1** Platone, *Simposio*, pensierofilosofico.it.
☞ https://www.pensierofilosofico.it/ebooks_file/simposio.pdf, p. 7.
**2** S. Cutrale, *Phineas Gage: il caso dell'uomo che visse con un buco nel cervello, cambiando il mondo della medicina*, stateofmind.it, 23 settembre 2022.
☞ https://www.stateofmind.it/2022/09/phineas-gage-caso-clinico/.
**3** L. Gasparri, *Scollegare la mente: quando si usava la lobotomia*, letterej.it, 19 marzo 2022.
☞ https://www.letteretj.it/p/first-aid-lobotomia.
**4** La talidomide oggi è ancora in commercio, non è più somministrato alle donne in gravidanza, ma utilizzato come chemioterapico. Per approfondire sull'argomento si vedano le seguenti fonti.

L Cuppini, *Vittime di talidomide: «Pochi giorni per il decreto o addio indennizzo»*, corriere.it, 9 febbraio 2017.

☞ https://www.corriere.it/salute/figli-genitori/17_febbraio_09/vittime-talidomide-pochi-giorni-il-decreto-o-addio-indennizzo-66744634-eee7-11e6-b691-ec49635e90c8.shtml.

5 *Effetti dei dispositivi digitali sullo sviluppo del bambino*, medicitalia.it, 13 settembre 2023.

☞ https://www.medicitalia.it/blog/pediatria/9144-effetti-dei-dispositivi-digitali-sullo-sviluppo-del-bambino.html#nota-1.

L. Confalonieri, *L'esposizione eccessiva ai dispositivi tecnologici all'età di un anno si correla a un maggior rischio di ritardi in alcune aree dello sviluppo dei bambini*, stateofmind.it, 19 ottobre 2023.

☞ https://www.stateofmind.it/2023/10/screen-time-sviluppo-bambino/.

*I bambini che stanno troppe ore davanti a smartphone, tablet e Tv possono avere ritardi nello sviluppo. Lo studio*, orizzontescuola.it, 24 agosto 2023.

☞ https://www.google.com/amp/s/www.orizzontescuola.it/i-bambini-che-stanno-troppe-ore-davanti-a-smartphone-tablet-e-tv-possono-avere-ritardi-nello-sviluppo-lo-studio/%3famp.

6 P. Schnohr, J. H O'Keefe, J. L Marott, P. Lange, G. B. Jensen, *Dose of jogging and long-term mortality: the Copenhagen City Heart Study*, pubmed.ncbi.nlm.nih.gov, 10 febbraio 2015.

☞ https://pubmed.ncbi.nlm.nih.gov/25660917/.

A. C. Fry, W. J. Kraemer, *Resistance exercise overtraining and overreaching. Neuroendocrine responses*, pubmed.ncbi, febbraio 1997. https://pubmed.ncbi.nlm.nih.gov/9068095/.

7 J. A. Armour, J. L. Ardell, *Neurocardiologia*, Roma, CIC Edizioni Internazionali, 1995.

E. Costa, *La relazione cuore-cervello*, opinione.it, 13 febbraio 2020.

☞ https://opinione.it/hi-tech/2020/02/13/emilia-costa_neurocardiologia-cervello-cuore-intestino-coscienza/.

8 *Essere felici oggi: si può?*, rsi.ch, 13 settembre 2024.

☞ https://www.rsi.ch/cultura/Essere-felici-oggi-si-pu%C3%B2--2249762.html.

9 Vedi nota 12 del capitolo 3.

10 Come per esempio questi: *Inner Balance™ Coherence Plus*, store.heartmath.org.

☞ https://store.heartmath.org/inner-balance-coherence-plus.html.

☞ https://store.heartmath.com/technology-products/.

11 F. Tomassini, *Testi taoisti*, Milano, Utet, 1987.

**Capitolo 7. Il risveglio evocativo. È solo fantasia?**

1 C. G. Jung, *Ricordi, sogni, riflessioni*, Milano, Rizzoli, 1992, p. 498.

2 J. Hillman, *Storie che curano*, Milano, Raffaello Cortina, 1984, p. 117.

3 *Ivi*, pp. 151-152

4 L. Pederzoli, E. De Stefano, P. Tressoldi, *Hypno-Death-Experiences*: *Esperienze di morte in regressione ipnotica*, evenlab.org, 13 gennaio 2019.

☞ https://www.evanlab.org/wp/wp-content/uploads/2022/02/D11-HypnoDeathExperiences-in-regressione.pdf.

5 C. G. Jung, "Aion, Ricerche sul simbolismo del Sé". In C. G. Jung, *Opere 9/2*, Torino, Bollati Boringhieri, 1982, p. 8.

6 C. G. Jung, "I fondamenti psicologici della credenza negli spiriti". In C. G. Jung, *Opere 8*, Torino, Bollati Boringhieri, 1976, p. 334.

7 C. G. Jung, "Coscienza, inconscio e individuazione". In C. G. Jung, *Opere 9*, Torino, Bollati Boringhieri, 1980, p. 276.

8 B. K. Hölzel, J. Carmody, M. Vangel, C. Congleton, S. M. Yerramsetti, T. Gard, S. W. Lazara, *Mindfulness practice leads to increases in regional brain gray matter density*, www.ncbi.nlm.nih.gov, 30 gennaio 2012.

☞ https://www.ncbi.nlm.nih.gov/pmc/articles/PMC3004979/.

A. A. Taren, J. D. Creswell, P. J. Gianaros, *Dispositional Mindfulness Co-Varies with Smaller Amygdala and Caudate Volumes in Community Adults*, journals.plos.org, 22 maggio 2013.

☞ https://journals.plos.org/plosone/article?id=10.1371/journal.pone.0064574.

*La meditazione fa bene alla salute?*, focus.it, 26 agosto 2014.

☞ https://www.focus.it/scienza/salute/la-meditazione-fa-bene-alla-salute.

P. Kaliman, M. J. Álvarez-López, M. Cosín-Tomás, M. A. Rosenkranz, Antoine Lutz, R. J. Davidson, *Rapid changes in histone deacetylases and inflammatory gene expression in expert meditators*, sciencedirect.com, febbraio 2014.

☞ https://www.sciencedirect.com/science/article/abs/pii/S0306453013004071.

M. Kox, L. T. van Eijk, J. Zwaag, P. Pickkers, *Voluntary activation of the sympathetic nervous system and attenuation of the innate immune response in humans*, pnas.org, Maggio 2014.

☞ https://www.pnas.org/doi/full/10.1073/pnas.1322174111.

M. Kozhevnikov, J. Elliott, J. Shephard, K. Gramann, *Neurocognitive and Somatic Components of Temperature Increases during g-Tummo Meditation: Legend and Reality*, journals.plos.org, 29 marzo 2013.

☞ https://journals.plos.org/plosone/article?id=10.1371/journal.pone.0058244.

A. Aubrey, *To Lower Blood Pressure, Open Up And Say 'Om'*, npr.org, 21 agosto 2008.

☞ https://www.npr.org/2008/08/21/93796200/to-lower-blood-pressure-open-up-and-say-om.

F. Zeidan, J.A. Grant, C.A. Brown, J.G. McHaffie, R.C. Coghill, *Mindfulness meditation-related pain relief: Evidence for unique brain mechanisms in the regulation of pain*, sciencedirect.com, 29 giugno 2012.

☞ https://www.sciencedirect.com/science/article/abs/pii/S0304394012004806.

E. Epel, J. Daubenmier, J. T. Moskowitz, S. Folkman, E. Blackburn, *Can meditation slow rate of cellular aging? Cognitive stress, mindfulness, and telomeres*, pubmed.ncbi.nlm.nih.gov, Agosto 2009.

☞ https://pubmed.ncbi.nlm.nih.gov/19735238/.

E. Luders, N. Cherbuin, F. Kurth, *Forever Young(er): potential age-defying effects of long-term meditation on gray matter atrophy*, frontiersin.org, 21 gennaio 2015.

☞ https://www.frontiersin.org/journals/psychology/articles/10.3389/fpsyg.2014.01551/full.

D. Goleman, *La Forza della Meditazione*, Milano, Rizzoli, 2003.
R. K. Wallace, H. Benson, "The physiology of meditation". *Scientific American Magazine*, vol. 226(2) (1972), pp. 84-91.
K. Eppley, A. Abrams, J. Shear, "Differential effects of relaxation techniques on trait anxiety: a meta-analysis". *Journal of Clinical Psychology*, 45(6) (1989), pp. 957-974.
F. Travis, et al. "Effects of Transcendental Meditation Practice on brain functioning and stress reactivity in college students". *International journal of psychophysiology*, 71(2) (2009), pp. 170-176.
R. H. Schneider, et al. "Stress Reduction in the Secondary Prevention of Cardiovascular Disease". *Circulation: Cardiovascular Quality and Outcomes*, 5(6) (2012), pp. 750-758.
A. Beltramini, *Meditare fa bene, è scientifico*, focus.it, 27 ottobre 2017.
☞ https://www.focus.it/scienza/salute/meditare-fa-bene-e-scientifico.
E. Spagniuolo, *Controllare la temperatura corporea? Con la meditazione si può*, focus.it, 16 aprile 2013.
☞ https://www.focus.it/scienza/salute/controllare-la-temperatura-corporea-con-la-meditazione-si-puo.

9 R. Serrarese, Daniel Lumera: «La meditazione è vera medicina. Ogni giorno abbiamo 65.500 pensieri negativi: ecco come liberarsene», corriere.it, 3 novembre 2024.
☞ https://www.corriere.it/sette/24_novembre_03/daniel-lumera-meditazione-intervista-fe7e0572-4d5d-405f-8b54-db0aa62bdxlk.shtml.

10 F. Montecucco, S. Ghiroldi, M. Chiaruttini, G. Pagliaro, *Ricerche neuropsicologiche sulla coerenza EEG di coppia come parametro di quantificazione dell'empatia tra terapeuta e paziente e come strumento di formazione didattica all'approccio psicoterapeutico*, neuropsicosomatica.com.
☞ https://www.neuropsicosomatica.com/pnei/wp-content/uploads/2018/02/coerenza_egg_empatia.pdf.

11 *Meditazione, psyche e cervello*, psicologiadelbenessere.it.
☞ https://psicologiadelbenessere.it/meditazione-psiche-e-cervello/.
N. F. Montecucco, *Cyber. La visione olistica. Una scienza unitaria dell'uomo e del mondo*, Roma, Edizioni Mediterranee, 2000.

12 E. Facco, E. Casiglia, B E. Al Khafaji, F. Finatti, G. M. Duma, G. Mento, L. Pederzoli, P. Tressoldi, *Neurofenomenologia delle OBE (Out-of-Body Experiences) Indotte da Suggestioni Ipnótiche*, evanlab.org.
☞ https://bit.ly/3O59KYm.
L. Pederzoli, W. Giroldini, G. M. Duma, G. Mento, E. Prati, P. Tressoldi, *OBE indotta ipnoticamente: studio neurofenomenologico*, evanlab.org, 31 gennaio 2022.
☞ https://www.evanlab.org/wp/wp-content/uploads/2022/02/D3-OBE-indotta-ipnoticamente-Studio-neurofenomenologico.pdf.
P. Tressoldi, L. Pederzoli, P. Caini, A. Ferrini, S. Melloni, E. Prati, D. Richeldi, F. Richeldi, A. Trabucco, *OBE (Out of Body Experience) indotta tramite suggestione ipnotica. Parte seconda: Quanti corpi ci sono là fuori? Notizie sul Corpo Sottile e sul Corpo Psichico*, evanlab.org.
☞ https://bit.ly/496NkQh.

**Capitolo 8. Alcune prove della reincarnazione**

1 S. Lönnerstrand, *Iniziazione alla reincarnazione. Il ritorno di Shanti Devi: un caso straordinario*, Roma, Edizioni Mediterranee, 1999.

2 *Idem.*

3 M. Calgaro, *La storia di James Leininger: reincarnazione o molto altro?*, Milano, Lampi di Stampa, 2022.

4 Dal Vangelo secondo Matteo, 17,10-13, laparola.net.
☞ https://www.laparola.net/wiki.php?riferimento=Mt+17.

5 Dal Vangelo secondo Matteo, 11,14, laparola.net.
☞ https://www.laparola.net/wiki.php?riferimento=Matteo+11,+12-14;+17,+10-13.

6 Dal Vangelo secondo Giovanni, 3, 1-12, laparola.net.
☞ https://www.laparola.net/testo.php?riferimento=Giovanni+3 3A1-12&versioni[]=Nuova+Riveduta.

7 Dal Vangelo secondo Giovanni, 9, 1-2, laparola.net.
☞ https://www.laparola.net/wiki.php?riferimento=Giovanni+9#.

8 Lettera di San Paolo ai Romani, 9, 1-33, bibbiaedu.it.
☞ https://www.bibbiaedu.it/INTERCONFESSIONALE/nt/Rm/9/.

9 Dal Vangelo secondo Tommaso, famigliafideus, p. 45.
☞ https://famigliafideus.com/wp-content/uploads/2016/05/IL-VANGELO-DI-TOMMASO-IL-LIBRO.pdf, p. 42.

10 *Ivi*, p. 45.

11 *Ivi*, p. 13.

12 *Ivi*, p. 46.

13 *Ivi*, pp. 47-48.

14 *Ivi*, p. 46.

15 Il Vangelo di Maria Maddalena, alchimus.it, vv. 235-236.
☞ https://www.alchimus.it/wp-content/uploads/2017/09/Vangeli-apogrifi-Il-Vangelo-di-Maria-Maddalena.pdf.
G. Rosati, *Gesù il ribelle palestinese*, Milano, Armenia Edizioni, 2021.

16 R. Kasser, M. Meyer, G. Wurst (a cura di), *Il vangelo di Giuda*, Novara, National Geographic-White Star, 2006.
B. Ehrman, *Il vangelo del traditore. Una nuova lettura del Vangelo di Giuda*, Milano, Mondadori, 2010.

17 *Idem.*
Ireneo di Lione, *Contro le eresie*, Roma, Città Nuova, 2009.

18 H. Krosney, Il vangelo perduto, Novara, White Star, 2006.
E. Noffke, *Il vangelo di Giuda. La verità storica tra scoop e pregiudizi*, Torino, Claudiana, 2006.
E. Pagels, K. L. King, *Il vangelo ritrovato di Giuda. Alle origini del Cristianesimo*, Milano, Mondadori, 2007.
T. Wright, *Giuda e il vangelo di Gesù*, Brescia, Queriniana, 2007.

**Capitolo 10. Cosa accade quando si muore?**

1 P. T. De Chardin, *La scienza di fronte a Cristo. Credere nel mondo e credere in Dio*, Verona, Gabrielli Editori, 2002.
2 H. P. Blavatsky, *La dottrina segreta, vol. II, Antropogenesi*, The Theosophical Publishing Society, 1888, trad. it. di Stefano Martorano, Roma, Istituto Cintamani, 2006.
☞ http://www.istitutocintamani.org/libri/Dottrina_Segreta_Antropogenesi.pdf.
C. W. Leadbeater, *I Maestri e il Sentiero*, Torino, Marcovalerio Editore, 2006.
A. A. Bailey, *Esteriorizzazione della Gerarchia*, Perugia, Nuova Era Edizioni, 2004.

**Capitolo 11. Risveglio evocativo o ipnosi regressiva? Dall'antico Egitto a oggi**

1 C. Musès, "Trance-induction techniques in ancient Egypt". In C. Musès, A. M. Yung (a cura di), *Consciousness and Reality*, New York, Outerbridg and Lazard, 1972, pp. 9-17.
2 Papyrus Chester Beatty 3, britishmuseum.org.
☞ https://www.britishmuseum.org/collection/object/Y_EA10683-2.
Papyrus Chester Beatty 11, britishmuseum.org.
☞ https://www.britishmuseum.org/collection/object/Y_EA10691-4.
E. Bresciani, *La porta dei sogni. Interpreti e sognatori nell'Egitto antico*, Torino, Einaudi, 2005.
3 M. Crepaldi, *L'ipnosi nella preistoria*, scuoladiipnosi.net, 24 giugno 2020.
☞ https://www.scuoladiipnosi.net/blog/lipnosi-nella-preistoria.
4 *"Non siamo soli": l'ex funzionario Usa Louis Elizondo rivela i segreti sugli Ufo dopo le dimissioni*, lastampa.it, 22 agosto 2024.
☞ https://www.lastampa.it/esteri/2024/08/22/news/louis_elizondo_imminent-14574393/.
5 M. H. Erickson, *Opere*, vol. I, Roma, Astrolabio, 1982, p. 513.
*Il potere dell'autoipnosi: il cervello rallenta per vincere l'ansia e il dolore*, repubblica.it, 3 gennaio 2023.
☞ https://www.repubblica.it/salute/2023/01/03/news/autoipnosi_psicologia-380252946/.
6 C. G. Jung, "L'uomo arcaico". In C. G. Jung, *Il problema dell'inconscio nella psicologia contemporanea*, Torino, Einaudi, 1959, p. 167.
7 C. G. Jung, "Simboli della trasformazione". In C. G. Jung, *Opere 5*, Torino, Bollati Boringhieri, 1965, p. 430.
8 J. Hillman, *Storie che curano*, Milano, Raffaello Cortina, 1984, p. 117.
9 J. Hillman, *Il codice dell'anima*, Milano, Adelphi, 1997, pp. 20-60.
10 *A cosa servono i sogni? Una finestra aperta sulla nostra interiorità*, ansa.it, 16 aprile 2024.
☞ https://bit.ly/4ejdqA8.

**Capitolo 13. Attivare il potere creativo, ribellarsi alla mediocrità e superare l'ombra**

1 C. G. Jung, "Psicologia analitica e «weltanschauung»". In C. G. Jung, *Il problema dell'inconscio nella psicologia contemporanea*, Torino, Einaudi, 1959, p. 217.
2 J. Hillman, *Storie che curano*, Milano, Raffaello Cortina, 1984, p. 70.

3 J. Hillman, *Il codice dell'anima*, Milano, Adelphi, 1997, pp. 305-6.
4 C. G. Jung, "Psicologia analitica e «weltanschauung»". In C. G. Jung, *Il problema dell'inconscio nella psicologia contemporanea*, Torino, Einaudi, 1959, p. 217.
5 C. G. Jung C. G., "Aion, Ricerche sul simbolismo del Sé". In C. G. Jung, *Opere 9*, Torino, Bollati Boringhieri, 1982, p. 8.
6 C. G. Jung, *Ricordi, sogni, riflessioni*, Milano, Rizzoli, 1992, p. 498.
7 J. Hillman, *Il codice dell'anima*, Milano, Adelphi, 1997, pp. 20-27.
8 D. Kalsched, *Il trauma e l'anima*, Bergamo, Moretti & Vitali, 2013, p. 89.
9 C. G. Jung, "Psicologia e religione". In C. G. Jung, *Opere 11*, Torino, Bollati Boringhieri, 1979, p. 84.
10 J. Hillman, *Il codice dell'anima*, Milano, Adelphi, 1997, p. 111.
11 *Ivi*, pp. 331-332.
12 *Ivi*, p. 189.
13 Platone, *Repubblica*, VII, 514a – 520c.
14 G. Aluffi, *La nostra vita? Comandata dagli ormoni*, larepubblica.it, 17 agosto 2024.
☞ https://www.repubblica.it/salute/2024/08/17/news/vita_influenza_ormoni-423446960/.
15 E. Jünger, *Trattato del ribelle*, Milano, Adelphi, 1990, pp. 41-42.

**Capitolo 15. La meditazione personalizzata**

1 D. W. Orme-Johnson, C. N. Alexander, J. L. Davies, H. M. Chandler, W. E. Larimore, "International peace project in the Middle East: The effect of the Maharishi Technology of the Unified Field". Journal of Conflict Resolution, 32(4) (1988), pp. 776-812.
2 *Idem.*
3 J. S. Hagelin, D. W. Orme-Johnson, M. Rainforth, K. Cavanaugh, C. N. Alexander, "Results of the National Demonstration Project to Reduce Violent Crime and Improve Governmental Effectiveness in Washington, D. C.". Social Indicators Research, 47 (1999), pp. 153-201.
4 J. L. Davies, C. N. Alexander, "Alleviating political violence through reducing collective tension: Impact assessment analyses of the Lebanon war". Journal of Social Behavior and Personality, 17(1) (2005), pp. 285-338.
D. W. Orme-Johnson, M. C. Dillbeck, C. N. Alexander, "Preventing terrorism and international conflict: Effects of large assemblies of participants in the Transcendental Meditation and TM-Sidhi programs". *Journal of Offender Rehabilitation*, 36 (1-4) (2003), pp. 283-302.
5 F. Gastaldi, La meditazione e i possibili rischi che gli scienziati stanno studiando, vanityfair.it, 11 giugno 2024. https://www.vanityfair.it/article/la-meditazione-e-i-possibili-rischi-che-gli-scienziati-stanno-studiando.
6 Per approfondire, si vedano le note n. 14 del capitolo 3 e n. 7 del capitolo 7.
7 N. Maffini, Mindfulness. La meditazione nella pratica clinica, ospedalemarialuigia.it, 2 dicembre 2019.
☞ https://www.ospedalemarialuigia.it/psicologia-applicata/mindfulness/.

C. E. Parsons, C. Crane, L. J. Parsons, L. O. Fjorback, W. Kuyken, *Home practice in Mindfulness-Based Cognitive Therapy and Mindfulness-Based Stress Reduction: A systematic review and meta-analysis of participants' mindfulness practice and its association with outcomes*, sciencedirect.com, agosto 2017.
☞ https://www.sciencedirect.com/science/article/pii/S0005796717300979?via%3Dihub.

8 R. Màdera, Carl Gustav Jung, Milano, Feltrinelli, 2016 p. 96.
C. G. Jung, *Ricordi, sogni, riflessioni*, Milano, Rizzoli, 1992, p. 498.
J. Hillman, *Il codice dell'anima*, Milano, Adelphi, 1997, pp. 20-60.

**Capitolo 16. Il potere delle visualizzazioni in stato meditativo**

1 I. H. Robertson, *Il cervello plastico*, Milano, Rizzoli, 1999, pp. 53-54.

**Capitolo 17. L'importanza delle storie**

1 *10 capolavori della letteratura che sono (stati) proibiti nel mondo*, primabergamo.it, 10 marzo 2015.
☞ https://primabergamo.it/persone/10-capolavori-della-letteratura-che-sono-stati-probiti-nel-mondo/.

**Capitolo 19. Le sette vie per l'anima e le sette leggi universali**

1 T. Campion, *Come sfuggire ai confini del tempo e dello spazio, secondo la CIA*, vice.com.
☞ https://www.vice.com/it/article/7k9qag/gateway-cia-esperimenti-coscienza.
http://papers.ssrn.com/sol3/papers.cfm?abstract_id=2443719http://dx.doi.org/10.2139/ssrn.2443719.

2 G. Xu, T. Mihaylova, D. Li, F. Tian, P. M. Farrehi, J. M. Parent, G. A. Mashour, M. M. Wang, J. Borjigin, *Surge of neurophysiological coupling and connectivity of gamma oscillations in the dying human brain*, pnas.org, 1 maggio 2023.
☞ https://www.pnas.org/doi/10.1073/pnas.2216268120.
S. Parnia, K. Spearpoint, G. de Vos, et all, "AWARE-AWAreness during REsuscitation-A prospective study". *Resuscitation*, 85(12) (2014), pp. 1799-1805.
J. K. Penberthy, M. Pehlivanova, T. Kalelioglu, C. A. Roe, C. E. Cooper, D. Lorimer, E. Elsaesser, "Factors moderating the impact of after death communications on beliefs and spirituality". *Omega, Journal of Death and Dying*, 87(3) (2023), pp. 884-901.
P. Tressoldi, L. Pederzoli, P. Caini, A. Ferrini, "Out of Body Experience Induced by Hypnotic Suggestion. Part 1: Phenomenology and Perceptual Characteristics", researchgate.net.
☞ https://www.researchgate.net/publication/314827785_Out_of_Body_Experience_Induced_by_Hypnotic_Suggestion_Part_1_Phenomenology_and_Perceptual_Characteristics.

3 Ermete Trimegisto, Kybalion, famigliafideus.com.
☞ https://famigliafideus.com/wp-content/uploads/2016/05/KIBALYON-E.-Trismegisto.pdf.

**Capitolo 20. Dopo la morte ognuno vive il proprio inferno, purgatorio o paradiso**

1 R. A. F. Thurman (A cura di), *Bardo Thodol. Il libro tibetano dei morti,* Milano, Neri Pozza, 2003.

**Capitolo 23. Da chi è stato creato l'uomo? L'antico Egitto e il cerchio magico**

1 S. Sani (A cura di), *Le strofe della sapienza,* Venezia, Marsilio, 2000, pagg. 47-147.

2 R. La Paglia, *Mitologia aliena,* Torino, Uno Editori, 2015.

3 A proposito di Enoch: si apprende dai vangeli apocrifi che egli non morì, essendo un individuo gradito a Dio, ma fu prelevato da esseri arrivati a bordo di una grande luce, al pari di Gesù, Elia e Mosè.

P. Sacchi (a cura di), *Apocrifi dell'Antico Testamento,* vol. 1 e 2, UTET 1981 (*Libro di Enoc,* pp. 413-668; *Frammenti aramaici di Enoc,* pp. 669-724; dal vol. 2 *Libro dei segreti di Enoc,* pp. 477–596), Milano, Utet, 1989.

4 *Esistono oltre 6 miliardi di pianeti come la Terra nella nostra galassia, l'annuncio degli scienziati,* passioneastronomia.it, 24 settembre 2024.

☞ https://www.passioneastronomia.it/esistono-oltre-6-miliardi-di-pianeti-come-la-terra-nella-nostra-galassia-lannuncio-degli-scienziati/.

**Parte II**

**Capitolo 25. Frammenti di risvegli evocativi**

1 G. Cobucci, *La NASA ha scoperto due occhi giganti che ci guardano da 80 milioni di anni luce,* tech.everyeye.it, 1° novembre 2024.

☞ https://tech.everyeye.it/notizie/nasa-scoperto-due-occhi-giganti-guardano-80-milioni-anni-luce-753401.html.

**Capitolo 27. Un Amore millenario**

1 M. della Valle, *La croce in oriente,* treccani.it.

☞ https://www.treccani.it/enciclopedia/la-croce-in-oriente_(Enciclopedia-Costantiniana)/.

A. Cameron, *Il potere di Costantino. Dimensioni e limiti del potere imperiale,* treccani.it.

☞ https://www.treccani.it/enciclopedia/il-potere-di-costantino-dimensioni-e-limiti-del-potere-imperiale_(Enciclopedia-Costantiniana)/.

*Storia Palestina: Dall'antichità al 1917,* assopace.org.

☞ https://www.assopace.org/index.php/pubblicazioni-assopace/documenti/105-focus-palestina/storia-palestina/176-storia-palestina-dall-antichita-al-1917#.

2 E. Bisio, *Lex Aelia Sentia, Lex Iunia e manumissio censu,* vitaepensiero.it, 22 ottobre 2022.

☞ https://jus.vitaepensiero.it/news-papers-lex-aelia-sentia-lex-iunia-e-manumissio-censu-6017.html.

3 J. Baylin, D. Hughes, *La neurobiologia della terapia focalizzata sull'attaccamento. Migliorare la connessione e la fiducia nel trattamento dei bambini e degli adolescenti*, Sassari, Ist. Scienze Cognitive, 2017.

J. Bowlby, *Attaccamento e perdita, Vol. 1. L'attaccamento alla madre*, Torino, Bollati Boringhieri, 1972.

J. Bowlby, *Una base sicura*, Milano, Raffaello Cortina Editore, 2008.

R. Travaglini, "I disturbi del comportamento alimentare possono essere considerati una dipendenza? La prospettiva della teoria dell'attaccamento". In *Dipendenze Patologiche*, Vol. 4 (2) (2009), pp. 51-58.

K. Blum, T. Werner, S. Carnes, P. Carnes, A. Bowirrat, J. Giordano, M. Oscar-Berman, M. Gold, "Sex, drugs, and rock 'n' roll: hypothesizing common mesolimbic activation as a function of reward gene polymorphisms". In *Journal of Psychoactive Drugs.*, 44(1) (2012), pp. 38-55.

A. Bartels, S. Zeki, "The neural basis of romantic love". In *Neuroreport*, 11(17) (200), pp. 3829-3834.

K. Blum, L. C. Chen, J. Giordano, J. Borsten, T. J. H. Chen, M. Hauser, T. Simpatico, J. Femino, E. R. Braverman, D. Barh, "The addictive brain: all roads lead to dopamine". In *Journal of Psychoactive Drugs*, 44(2) (2012), pp. 134-143.

J. Frascella, M. N. Potenza, L. L. Brown, A. R. Childress, "Carving addiction at a new joint? Shared brain vulnerabilities open the way for non-substance addictions". In *Annals of the New York Academy of Sciences*, 1187 (2010), pp. 294-315.

S. Sussman, "Love addiction: definition, etiology, treatment. Sexual Addiction & Compulsivity". In *The Journal of Treatment & Prevention*, 17(1) (2010), pp. 31-45.

R. La Paglia, *Mitologia aliena*, Torino, Uno Editori, 2015.

P. Sacchi (a cura di), *Apocrifi dell'Antico Testamento*, vol. 1 e 2, UTET 1981 (*Libro di Enoc*, pp. 413-668; *Frammenti aramaici di Enoc*. pp. 669-724; dal vol. 2 *Libro dei segreti di Enoc*, pp. 477-596), Milano, Utet, 1989.

# Indice

PARTE II